반야경의 사상 개설

프라즈냐 총서
54

반야경의 사상 개설

| 반야사상의 전개와 그 수행론 |

이광준 저

운주사

머리말

필자는 선심리학禪心理學을 공부하면서 선사상의 사상적인 배경은 어디에 있는 것일까, 하는 막연한 생각을 한 적이 있었다. 10여 년 전 『반야심경』에 대한 사상적인 의미를 생각하면서 관심을 가지고 글을 쓰다 보니 자연히 반야경의 전체적인 사상체계를 접하게 되고, 반야경에 관심을 갖게 되었다. 그리고 반야경을 보면서는, 해탈 업보 윤회를 벗어나기 위해서 닦고 아공편진我空偏眞의 도리를 깨닫기 위해서 수행하는 것이 소승선小乘禪이고, 거기에 더하여 아법이공我法二空의 도리로 나타나는 진리를 깨닫기 위한 수행법이 대승선大乘禪이라고 하는 사실도 알게 되었으며, 이 경계선에 『능가경』과 『반야경』의 존재가 자리하고 있는 것도 알게 되었다.

그리고 이 관심을 한 권의 저술로 손을 대기까지는 오래전부터 알고 지내던 금강선원의 선원장이자 현재 동국대학교의 역경원장을 맡고 있는 혜거 스님의 한 말씀, 제대로 좀 해보자고 하면서 물심양면으로 지원해 주시던 영향이 컸다. 시간은 걸렸지만 이에 6백 권 반야경의 방대한 사상을 간략히 추려 반야경의 종류와 그 요점을 중심으로 소개하기로 하고, 깨달음 중심의 반야경에 대한 그 사상의 흐름과 수행론에 대한 견해를 몇 가지 살펴봄으로써 그 뜻을 대신하고자 한다.

불교는 인간이 부처가 된 역사이다. 반야경이란 무엇인가? 하는 문제에 답하기 위해서는 먼저 불교란 무엇인가를 알지 않으면 안된다. 불교의 역사를 다른 종교의 역사와 비교했을 경우 가장 두드러진 특징으로서 말할 수 있는 것은, 다른 종교의 역사가 인간이 신神을 믿는 역사임에 반하여, 불교의 역사는 인간이 부처가 된 것으로부터의 역사라고 하는 것이리라. 인간이 부처를 믿는 것만이 아니라 부처가 된다고 하는 것이 불교의 근본을 이루고 있는 것이다. 2,500여 년에 걸친 불교의 오랜 전통을 형성하여 온 힘은 각기 그 시대에 나타난 사람들의 독창적인, 성불成佛을 이루기 위한 수행으로서 나타나는 힘이었다. 그러면 그러한 부처로 되는 인간은 어떠한 인간이 되는 것일까.

불교, 즉 부처님의 가르침이 목적으로 하는 것은 무상정등정각(無上正等正覺: anuttara-samyak-saṁbodhi, 아뇩다라삼먁삼보리)을 인간들에게 얻게 하기 위한 것이라고 보아도 좋은 것이다. 이 위없는 무상無上의 보리(菩提: 智)는 자기의 마음을 행적行的·지적智的으로 밝혀가서 자기의 밑바탕에 놓여 있는 인간의 본성뿐만 아니라, 모든 생물 및 다른 모든 사물과 자기와의 평등성(一如라든지 眞如와 心性이라고 하는)에까지 꿰뚫어봄으로써 자기 존재가 자연계의 모든 사물과 동일한 '존재의 근원'에 뿌리내리고 있는 것임을 깨닫기에 이르게 된다. 이러한 깨달음에 이름으로써 자기自己는 자기중심성을 벗어나서 무아無我, 즉 일체에 평등한 마음으로 되는 것이다.

그리고 반야경의 출현으로부터 비롯되었다고 보이는 대승불교는, 용수龍樹의 공사상으로부터 미륵彌勒·무착無着·세친世親의 유식불교, 중국과 한국, 일본의 선·정토·천태·화엄·진언 등의 다양한 종파로 분류되고 있지만, 그러나 그들의 근본에는 위와 같은 무상보리의 사고방식이 일관되게 존재하고 있다. 여기에서 무상보리無上菩提란 더 이상 위없는 깨달음을 말하는 것이고, 이 더 이상 위없는 깨달음이란 공空으로부터 전개되는 모든 현상을 반야지般若智로서 깨달아 무명無明의 세계로부터 명明의 세계에 이르는 깨달음을 말하는 것이다. 『반야경』의 주 사상으로서의 공空과 반야般若는 바로 무상보리 사상의 주춧돌이 되어 있는 것이다. 공空 그것은 현상계를 전개시키는 근원이고, 반야는 그 깨달음의 세계로 이끄는 주체이기 때문이다.

그러면 우리들 범부는 어떻게 하면 그러한 깨달음의 세계에 이를 수가 있을까. 그것은 『반야경』에 의하면, 범부라고 하는 존재가 무아無我임을 깨닫고 십선十善과 연각의 인연법, 성문의 4성제·보살의 6도와 37보리분법 등을 수행하여 열반에 이른다고 한다. 그리고 이 반야바라밀의 깨달음의 정신적인 경지는 언제나 엄격한 선 명상에 있어서 최종적으로는 지식에 화를 입지 않는 순수 의지, 즉 무분별지無分別智라고 하는 반야지혜에 의해서 자기 계발이 기대되는 것이다. 아집我執을 여의고 조용히 선 명상하는 가운데 깨닫게 되는 반야의 자비심의 발로야말로 반야경의 명제命題라고 할 수 있는 것이다.

그러나 본서에서 필자는 반야경의 그 깊은 뜻을 전체적으로 소개하기에는 너무도 방대하여, 반야경의 사상적인 흐름과 그 대표적인 주석서들 몇 가지, 그리고 반야사상에 기초한 대표적인 경전들을 소개하고, 반야경이 말하고 있는 반야바라밀과 공사상의 내용 및 그 의미를 살펴보겠다. 그리고 뒤편에서는 수행의 목표인 열반(성불)을 위한 반야의 수행론을 중심으로 그 요점을 추려 정리하고, 어떻게 하면 열반(성불: 불국정토)의 세계로 갈 수 있는지를 반야경의 입장에서 살펴보겠다. 이에 필자는, 무아관無我觀으로 이어져 가는 공관空觀을 접하는 것은 성불의 길로 가는 길목임을 깨닫고 마음수행을 하고자 하는 염원으로 이 글을 쓰고, 니르바나의 세계, 성불의 세계를 향하여 정진하는 마음으로 이 글을 쓴다. 모든 인연 있는 분들께 감사하는 마음으로 머리말을 대신하고, 반야경의 연구에 용기를 불러내 주시던 혜거 스님께 다시 한 번 감사의 말씀을 드린다.

2022년 8월 좋은날
이광준 합장

일러두기

본문에서 다음의 사전 명칭은 다음과 같이 약칭으로 표기한다.

한국불교전서 → "한불전"으로 약칭

전관응 감수, 『불교학대사전』, 홍법원, 1988年 → "홍법원"으로 약칭

李智冠 편, 『伽山佛教大辭林』, 가산불교문화연구원, 1998~현재 → "伽山"으로
　　약칭

大正新修大藏經 → "大正藏"으로 약칭

卍續藏經 → "卍續藏"으로 약칭

龍谷大學 編, 『佛教大辭彙』, 富山房, 大正 3年~11年 → "龍谷"으로 약칭

望月信亨 編, 『望月佛教大辭典』, 世界聖典刊行協會, 昭和8年~11年 → "望月"로
　　약칭

多屋賴俊 外 2人 編, 『佛教學辭典』, 法藏館, 昭和54年 → "多屋"으로 약칭

總合佛教大辭典 編輯委員會 編, 『總合佛教大辭典』, 法藏館, 2005年 → "總合"으로
　　약칭

南傳大藏經 → "南傳"으로 약칭

III. 해탈·성불의 길 293

제1장 반야경 해제

I. 반야경

1. 경명經名에 대하여

600권에 달하는『대반야경』의 본디 이름은『마하반야바라밀다경摩訶般若波羅蜜多經』이다. 반야경이라고 부르는 이 경의 경명은 대大, 즉 마하摩訶를 뺀『반야바라밀다경般若波羅蜜多經』을 줄인 것으로 반야경 전에 속하는 경전들을 통틀어 지칭한다.『마하반야바라밀다경』의 경명은 범어 prajñā-pāramitā-sūtra를 중국의 한역자가 한자음으로 음사한 것이다. 반야(般若, prajñā)는 지혜를 의미하며, 바라밀다(波羅蜜多, pāramitā)는 완성 또는 궁극의 경지를 뜻하므로 반야바라밀다는 지혜의 완성을 뜻하며, 지혜의 완성을 뜻하는 경이 곧『반야바라밀다경』이다. 그래서 반야경을 불교의 진실한 예지叡智를 설하는 경이라고 한다.

또 한역자는 바라밀·바라밀다를 도피안到彼岸이라고 번역하고 있다. 바라밀다의 원어原語 pāramitā는 본래 최고를 뜻하는 형용사의 파생어인 pārami에 상태나 성질을 나타내는 접미어 tā를 붙여서 추상 명사화한 말로서 궁극의 상태, 궁극의 경지, 완성 등을 의미하지만 한역자가 도피안이라고 해서 피안彼岸, 즉 깨달음의 세계에 도달한다고 해석하고 있는 것은 반야바라밀다의 교의적敎義的 해석이다. 반야바라밀다의 어학적 해석은 어디까지나 지혜의 완성을 의미하는 것이다. pāra에 '건너편 언덕(彼岸)'의 뜻이 있고, 간다고 하는 동사의 어근語根인 i를 연결지어 '건너편 언덕으로 간다'는 뜻을 취하여 도피안이란 역어譯語가 생겼다.[1]

그러므로 반야경은 깨달음으로 이끄는 부처님의 지혜를 중심 주제로 하는 지혜의 경전이라고 할 수 있다. 구역에서는 『반야바라밀경』이라 하고, 신역에서는 『반야바라밀다경』이라고 한다. 수십 부에 달하지만, 『인왕반야경』 1부를 제외하고는 모두 현장이 한역한 『대반야경』 600권에 포섭된다.

2. 반야경과 대승불교

대승경전 중에서 가장 먼저 성립된 경전은 반야경이다. 그것은 반야경이 대승(mahāyāna)이라고 하는 말을 최초로 이름한 경전인 점에서도 알 수 있다. 대승을 자칭하는 반야경 계통의 경전들은 10세기에 걸친

---

1 한글대장경, 대반야경① 해제편, 동국역경원, 1987.

오랜 시일에 걸쳐 성립되었다. 대승이라고 하는 말을 최초로 명확하게 사용한 것은 『소품반야경小品般若經』의 작자들이었다. 이들 『소품반야경』의 작자들이 『소품반야경』을 짓기 이전에 이미 대승불교 운동은 인도의 여러 곳에서 일어나 추진되고 있었다. 그들이 설하는 반야바라밀의 새로운 법이야말로 모든 부처의 어머니(佛母)라고 주장하고 반야바라밀의 습득習得 없이는 6바라밀의 완성은 불가능하다고 하며, 반야의 공지空智로써 무생법인無生法忍을 얻는 것이 불퇴전 대승보살의 모습이라고 설하였다. 이것은 『소품반야경』의 작자들이 스스로를 대승보살이라고 칭하는 것이다. 이러한 그들은 당연히 소승小乘인 이승(二乘: 聲聞과 緣覺)의 입장을 부정한다.

『소품반야경』의 한역본漢譯本 중 가장 오랜 번역인 『도행반야경道行般若經』에 의하면 반야의 법문法門이 먼저 남천축南天竺에 유포되고 이어서 서천축西天竺에 유포되었음을 설하고 있다. 소품반야의 원본이 되는 범문의 『팔천송반야八千頌般若』에서는 남방 → 동방 → 북방이라고 설하고 있으나, 남인도南印度에서 소품반야가 최초로 탄생하여 북인도가 종착지임을 말하고 있는 점은 같다.

대체로 범본梵本의 완성 연대를 범본이 한역된 연대로부터 100년~50년을 소급하여 추정하는 학설에 따르면 지루가참支婁迦讖이 167년(一說 150년) 중국에 와서 179년 『도행반야경』을 번역한 때로부터 100년을 소급한 70년대 이전에 『도행반야경』의 범본 형태가 이루어졌다고 추정된다. 그리고 최초의 반야경으로 인정되고 있는 『팔천송반야』, 즉 『소품반야경』의 원초적 형태가 성립한 연대를 티베트역이 처음으로 이루어지는 57년에서 50~100년을 소급해서 서기전 1세기

경으로 추정하는 것이 오늘날 정설이 되고 있다.[2]

이상과 같이 반야 계통 경전들의 제작이 계속된 기간은 실로 10세기에 걸친 것이었으며, 이 기간은 대승불교가 반야에서 시작해서 반야로 끝났다고도 할 수 있는 대승불교의 역사이기도 한 것이다.

3. 반야경전의 성립

오늘날 전해지고 있는 반야 계통의 경전들은 한역경전만 해도 42종種, 범본은 10종 이상, 티베트역은 12종 이상에 달한다. 이러한 복잡한 성립사成立史를 추정해 보면 범본의 반야경이 『팔천송반야』에서 차츰 보다 분량이 많은 반야경으로 파생된 것으로 본다.

그러나 6백 부 반야경과 소품계 반야의 최초의 한역인 『도행반야경』이 179년에 한역된 뒤 408년 구마라집鳩摩羅什에 의해서 이역이 이루어지고, 다시 980년에서 1015년 사이에 송宋의 시호施護에 의해서 소품계의 이역인 『불모출생삼법장반야바라밀다경佛母出生三法藏般若波羅蜜多經』이 나온 것으로 보아서 소품계의 한역사는 물경 800여 년을 웃돌고, 최초의 한역으로부터 800여 년이 지나 한역된 소품계의 최종 형태를 갖게 되었음을 알 수 있다.

그 이후 291년에 서진西晉의 무차라無叉羅에 의해서 『방광반야경』이 한역되고, 구마라집이 장안長安에 도착하여 403~404년에 『대품반야경大品般若經』을 먼저 번역하고 이어서 『대품반야경』을 포함한 주석서

---

2 한글대장경, 전게서 참조.

註釋書인『대지도론大智度論』을 2년에 걸쳐 번역한 다음, 408년에야 3개월 동안에『소품반야경』를 번역하고 있는 것이다.

이 반야경의 설시를 반야시般若時라 한다.『대승본생심지관경』권1에 이르기를, 마가다국 왕사성 기사굴산에서『대반야경』,『법화경』의 일승과『심지경』을 설하셨다고 한다. 천태지의天台智顗는 부처님께서 설한 경전의 가르침을 그 설법 순서에 따라 다섯 단계로 배열했는데, 반야시는 네 번째에 해당한다. 곧 화엄·아함·방등시方等時 이후의 22년간이 반야계 경전을 설하신 때를 말하고, 다음이 법화·열반시를 가리키는 말로, 경전의 명칭에 의해 이름을 붙인 것이다. 반야계 경전은 대승 진리의 핵심인 공空을 확립하고 명확히 한 것이다.

이 시기는 부처님께서 수보리 등을 위해 반야를 설하여 그들로 하여금 대승을 우러러 사모하게 하고, 이승二乘으로 말미암아 다시 앞으로 나아가 대승의 공에 이르게 하기 때문에 반야전교般若轉敎라고 한다.『천태사교의』[3]에 이르기를, "『법화경』「신해품」에 말하였다. 이때 장자가 병이 들어 스스로 오래지 않아 죽을 것을 알고 가난한 아들에게 말하였다. '나는 지금 금은과 같은 진귀한 보화가 창고에 가득하니 그것들을 얼마든지 필요한 대로 가져다 써라.' 이것은 무엇을 뜻하는 것인가. 방등方等의 뒤를 이어 반야를 설하신 것을 밝힌 것이다. 반야의 관혜觀慧가 곧 가업家業이다. 수보리와 사리불이 명을 받아 가르침을 굴렸던 것, 이것이 곧 깨달아 아는 것이다"라고 하였다.[4]

---

3 대정장 46, p.775.
4 한글대장경, 전게서, "가산", '반야경'조 참조.

4. 반야경의 내용과 사상

현장의 방대한 6백 부 반야경이 수용하고 있는 반야경들 속에서 사상적
으로 어떤 경이 근본적인 반야경인가 하는 점은 6백 부 반야경의
1회로부터 5회에 이르는 10만송·2만 5천송·8천송이 가장 근본이
된다고 보는 견해가 지배적이다. 다른 한편으로는 십본반야十本般若라
고 해서 한역된 반야경전들 중에서 ①소품반야 ②대품반야 ③인왕반
야仁王般若 ④금강반야金剛般若 ⑤반야심경 ⑥유수반야濡首般若 ⑦문
수반야文殊般若 ⑧승천왕반야勝天王般若 ⑨대반야大般若·6백 부 반야
⑩이취반야理趣般若를 반야경의 주요경전으로 꼽는다.

그리고 반야경을 설한 모임을 현장은 모든 반야경은 16번의 모임에
서 각각 다른 내용이 설해졌다고 보았으며, 그 모임은 또 4곳에서
나뉘어 행해졌다고 보았다. 그리고 16회의 모임에서 설해진 6백 부
반야경 중 1회에서 5회까지, 즉 대품과 소품반야의 분량이 565권에
달하고, 그 가운데서도 10만송 반야가 1권에서 400권에 달하는 방대한
양으로 구성되어 있는 점에 대해서, 『반야바라밀다경』에서는 무제한
하기가 극에 달하여 있을 정도로 동일한 말과 글귀가 그대로 반복되고
있다.

왕사성王舍城의 영축산에서 세존은 수보리의 물음에 대하여 '지혜의
완성'을 설한다. 그리고 세존은 자신이 옛날 인행시因行時에 완전한
깨달음을 이룬 연등불燃燈佛 밑에서 이 바라밀을 수행하여 부처가
될 수기授記를 받고 오늘날 부처가 되었음을 설한다. 또 이어서 세존은
대략 "내가 완전한 열반에 들었을 때 이 몸은 공양을 받고 탑에 안치安置

될 것이다. 그 탑에 등燈을 밝히고 꽃을 올려 공양할 것이다. 그러나 과연 많은 복덕福德을 얻을 수 있을 것인가. 그렇지 않다. '지혜의 완성'을 서사書寫하고 수지受持하고 독송하는 쪽이 훨씬 크다"라고 가르치고 있다. 이것은 8천송 반야의 설이지만 소품반야 계통의 경전들도 이 점을 대동소이하게 설하고 있다.[5]

5. 반야경을 설한 이유

공경空經은 공空의 가르침을 설한 경전이다. 예를 들면 반야부般若部 경전을 가리킨다. 『석화엄교분기원통초釋華嚴敎分記圓通鈔』 권2[6]에 이르기를, "『법고경法鼓經』에서 공문空門을 시교始敎, 불공문不空門을 종교終敎라고 하였다. 그러므로 그 경에 말하기를, '가섭이 부처님께 아뢰었다. 여러 대승경전에는 공의 뜻을 많이 설합니다. 부처님께서 가섭에게 말했다. 일체 모든 공경은 보충설명이 있다. 오직 이 경만이 무상無上의 도리를 설하여 보충설명이 있지 않다'라고 하였다. 그리고 이어서 부처님께서는 중생의 근기에 맞추어 여러 가지로 설법을 하는데, 공에 대한 경을 설한 까닭은 중생이 여래장如來藏이 상주한다는 것을 들으면 해이해져서 정진하지 않을 것에 대비하여 설한 것이다'라고 밝히고 있다.[7]

---

5 한글대장경, 전게서, "가산", '반야경'조 참조.

6 한국불교전서 4, p.281.

7 "가산", '반야경'조 참조.

6. 대품계 반야경과 『소품반야경』

대품계 반야경이란 구마라집鳩摩羅什이 번역한 『마하반야바라밀경』
(줄인 이름은 『대반야경』이다) 27권 90품과 같은 부류의 경전을 통틀어서
일컫는 말이다. 이에 대하여 구마라집이 번역한 『소품반야바라밀경』
10권과 같은 부류의 경전은 소품계 반야경이라고 한다. 대품계의
산스크리트 원전으로 『일만오천송반야』·『이만오천송반야』·『일만
송반야』 등이 있고, 이것에 대응하는 일련의 티베트역본과 한역본을
일괄하여 대품계라고 한다. 이 계통에서 초기의 형태를 간직한 것은
한역 『방광반야경放光般若經』으로, 티베트역본 『일만오천송』에 가까
운 내용을 수록하고 있다. 이밖에 『광찬반야光讚般若』·『대품반야바라
밀다경』 제2회·『대품반야바라밀다경』 제3회 등이 이 계통에 속하는
경전이다.

　내용은 지혜의 분석이 보다 진전되어, 일체지一切智·도종지道種智·
일체종지一切種智 등의 3지三智가 확립된 것을 특색으로 하는데, 이것
은 성문·연각 등이 갖춘 이승의 지혜, 보살의 지혜, 제불諸佛의 지혜라
고 하는 반야바라밀의 지혜의 구별 방식이 완성된 것이다. 또한 10지설
十地說·다라니설陀羅尼說·18공성설十八空性說 등도 새롭게 설해지고
있어서 대승불교의 근본교설이 확립되었음을 알 수 있다.

　한편, 『소품반야경小品般若經』으로는 408년 구마라집(鳩摩羅什, 343
~413)이 한역한 10권 29품으로 『마하반야바라밀경』, 『소품반야바라
밀경』, 『소품경小品經』, 『신소품경新小品經』, 『팔천송반야경八千頌般
若經』 등이라고도 하며, 『도행반야경道行般若經』, 『대명도무극경大明

度無極經』등의 이역본과 티베트역본과 범본梵本이 있다. 『대반야경』
제4분(권538~555)의 별역이고, 구마라집이 한역한 27권본 『대품반야
경』과 구별하기 위하여 이와 같이 부른다. 대승불교 초기의 반야공관般
若空觀을 설하는 경전으로 보살의 반야바라밀·제법諸法의 무소득無所
得과 공空·대승의 의의 등에 대하여 설하고 있다.[8]

7. 반야경의 발전

반야경은 소승 아비달마의 분별주의에 대한 부정을 그 주된 특성으로
한다. 아비달마는 모든 존재를 자세히 분석하고 분류하는데, 그것이
심화된 결과 5온·12처·18계 등의 모든 존재를 존재의 구성요소로서
실체적으로 보는 학설을 세웠다. 유부로 대표되는 아비달마불교는
진리의 객관적 정립성을 중시하여 진리는 대상을 구별하는 인식에
의해서 얻어진다고 보았다. 그러나 반야경은 이러한 경향을 전면적으
로 반대하고, 진리는 대상을 구별하는 인식에 의해서가 아니라 구별을
넘어선 종합적이고 전일적이며 직관적 인식에 의해 얻어진다고 하는
데, 바로 이러한 인식을 가능케 하는 것이 무분별지인 반야이다. 반야경
은 이렇게 아비달마불교를 비판하면서 등장했기 때문에 아비달마의
기본적 법상法相을 그대로 사용하는 경우가 많고, 이러한 이유 때문에
반야경을 대승 아비달마라 칭하기도 한다. 그러나 반야경에 나타나는
아비달마적 경향은 유부의 아비달마의 문제점을 파척하기 위해 도입된

---

8 한글대장경(동국대역경원 간행, 이하 동국역경원)의 반야부 경전의 해제편과 "가산伽
  山"의 반야경 항목을 참고함.

것이기 때문에 그 목적에 있어서 근본적으로 차이가 있다. 반야경의 핵심에는, 진리는 객관적인 모습에서 찾아지는 것이 아니고, 진리를 추구하는 주체의 무한한 작용 안에서 진실로 드러날 뿐이라는 명제가 들어 있다.

반야경은 보살이 반야바라밀을 설하거나 행하기는 하지만, 어떤 특정한 것에 대해 이것이 반야바라밀이라고 생각해서는 안 된다는 것을 곳곳에서 강조하고 있는 것이 그 증례가 된다. 반야경에는 또한 처음으로 대승이라는 용어가 사용되어서, 소승의 수행자와 구별되는 대승의 수행자로서의 보살이라는 사고방식이 확립되었으며, 그 보살의 실천도로서 반야바라밀을 중심으로 하는 6바라밀六波羅蜜이 설해졌다. 이로써 지혜와 삼매는 상호적으로 기능하는 것으로 구체적으로 취급되었다.

한편, 인도에서 성립되고 인도와 티베트에서 크게 유포된 반야경의 해석서로는 미륵의 『현관장엄론現觀莊嚴論』이 있다. 이것은 『이만오천송반야』를 8장에 걸쳐 요약한 것으로, 4세기경 반야경의 유가행파적 이해를 보여주는 자료라고 할 수 있다. 각 장은 깨달음의 단계에 응해서 여덟 가지의 현관現觀에 배당되고, 차례대로 보다 높은 지혜를 얻어 마지막 단계에 이른 행자에게는 불과佛果로서의 법신이 설해진다. 이 논서는 지혜의 경전인 반야경을 수행의 주제로 하여 8현관에 의해 체계화한 것이다. 본서의 주석서로는 21가지가 있는데, 모두가 티베트역으로 현존한다.

기타 교리면에서 끼쳤던 영향력을 고려할 때, 용수龍樹가 지은 『대지도론』을 가장 먼저 꼽을 수 있다. 본서의 산스크리트어 원본은 전해지

지 않고, 구마라집의 한역본만 전해진다. 『대품반야』라고 약칭되는
『마하반야바라밀경』의 주석서로 모두 100권으로 이루어졌다. 전반
34권은 『대품반야』 초품의 주석이다. 구마라집에 의하면 본래 본
논서는 천여 권에 달하지만, 중국 사람들은 간단한 것을 좋아하기
때문에 『대품반야경』의 제2품에서 마지막 제90품까지의 주석을 초역
抄譯하여 본서의 나머지 66권에 모두 수록하였다고 한다. 본 논서는
용수의 또 다른 저술인 『중론』이 반야공의 입장을 밝힘에 있어서
철저히 부정적인 방식으로 접근한 것에 반해, 적극적이고 긍정적으로
제법실상을 설명하려고 노력한 점에 그 특색이 있다.

그 외에도 중국에서는 용수가 지은 『중론』, 『십이문론』, 그리고
제바가 지은 『백론』 등의 삼론三論에 『대지도론』을 더해 사론四論이라
고 일컬어지면서 연구가 성행하였다.[9]

8. 한국의 경우

한국에서 반야경은 여러 측면에서 매우 중시되었다. 원효元曉는 『대반
야경』의 주석서인 『대혜도경종요大慧度經宗要』 1권을 지었고, 이밖에
도 도증道證의 『대반야경적목大般若經籍目』 2권, 의적義寂의 『대반야
경강요大般若經綱要』 1권과 『대반야경유찬大般若經幽贊』 1권, 둔륜遁
倫의 『대반야경소大般若經疏』 1권과 『대반야경약기大般若經略記』 2권
등이 있다. 이들은 모두 신라시대의 고승들이라는 공통점이 있다.

---

9 "가산伽山", '반야경'조 참조.

한국에서의 반야경에 대한 연구는 신라시대에 집중되었고, 고려시대
에는 국가의 번영과 복락을 위한 사경, 간행, 독송 등에 집중했던
것을 알 수 있다.[10]

II. 반야경의 유래

1. 현장삼장玄奘三藏의 천축 구법

1) 반야경을 찾아 천축天竺으로 떠나다

인도 네팔의 싯다르타 태자가 일체중생을 구제하시고자 지존의 왕위를
버리고 19세로 궁전을 나와 멀리 단특산檀特山에 들어 12년간 난행고행
難行苦行을 하였다. 그리고 마침내 31세로 대원 성취하여 깨달음을
여시고 붓다(Buddha)가 되셨다. 그리고 12월 8일 설산을 내려와 처음
중생을 위해서 ①『화엄경』을 설하셨다. 이 최초의 3·7일간을 화엄시
華嚴時라고 한다. 그러나 이『화엄경』은 대승불교의 가르침이기 때문
에 대지상근大智上根의 인간은 들으면 알겠지만 중지중근中智中根 이하
의 사람들은 들어도 알지를 못했다. 이에 세존은 녹야원에서 중근中根
및 하근下根의 사람들을 위해서 3승小乘의 법을 설하셨다. 이것을
②『아함경』이라고 한다. 거기에서 3승의 근기의 사람들은 대승大乘의
가르침을 버리고 소승의 법만을 믿게 되었다. 세존은 또 그 때문에
그 소승들의 편벽된 고집을 부리는 것을 어여삐 여겨 ③『방등경』을

---

10 "가산伽山", '반야경'조 참조.

설하셨다. 그러나 이 『방등경』을 듣고서는 또 방등불이方等不二의 편견을 일으키는 것을 보시고 마침내 ④『대반야경』 600권을 설하셨다. 거기에서 비로소 일체의 편견이 안개 걷히듯이 밝아지게 되었다고 하는 것이다. 그리고 이들을 모두 포섭하기 위해서 설한 것이 ⑤『법화·열반경』인 것이다.

그런데 이 반야경이 천축(印度), 중국, 한국, 일본에 알려지게 된 것은 당나라 무덕 연간(武德年間, 618~626)에 현장삼장(玄奘三藏, 602~664)이라고 하는 지덕 겸비한 고승이 불교를 깊이 존숭하여 태종황제의 뜻을 빌려 인도로 건너가 『대반야경』을 구하여 돌아옴으로써 비롯된 것이다. 당태종은 처음에는 재능이 뛰어나고 인격이 수려함을 아까워하여 멀리 서역 지방이나 인도에 가는 도중에 반드시 여러 가지 험난한 일을 당할 것을 염려하여 허하지 않았다. 그러나 현장삼장은 반야경을 얻어 오겠다고 하는 일념뿐이었다. 현장은 생각하기를, '이제부터 나는 서역 인도로 가서 『대반야경』을 구하여 돌아오겠다'고 결심을 하고 수승한 제자 2인을 데리고 당토唐土를 출발하여 인도로 향하였다.

2) 노승老僧으로부터 『반야심경』을 받다

현장은 구법求法을 위해서 천신만고를 마다하지 않고 3인의 제자와 함께 장도壯途에 올랐지만 3인의 제자는 마침내 온갖 어려움에 견디지 못하고 도중에 귀중한 구도求道를 위한 희생이 되고 말았다. 그래도 현장은 혼자서 허전한 마음으로 뜻을 굽히지 않고 길 안내자도 없는 어려운 길을 혈혈단신으로 나아갔다. 정면에는 험악한 고산이 가로막혀 있고 운무에 싸여 한 치 앞도 보이지 않을 때도 있었다. 아마도

지금 생각해 보면 화염산이나 아니면 투르판 지역이 아닌가 추측이
된다. 어느 날 첩첩산중 멀리 저 건너 숲속에 한 채의 집이 보였다.
현장은 크게 기뻐하면서 길가에 앉아 두리번거리며 가시밭길을 헤쳐
가며 그 집에 이르러 보니 한 사람의 노승이 있어 중병의 병상에
누워 있었다. 그 사람의 인상을 보니 병으로 노쇠하기는 하였지만
어딘가 품격이 있어 범인은 아닌 것처럼 보였다.

현장은 방으로 들어가 "나는 당토唐土로부터 서역 천축국으로 경經을
구하러 가고 있는 사람입니다. 오늘 하룻저녁 잘 부탁드립니다" 하고
인사를 드렸다. 병승病僧은 말도 할 수 없을 정도로 병약한 것 같아
다만 머리로 끄떡일 정도였다. 현장은 그것으로 승낙을 받은 것으로
생각을 하고 짚신을 벗고 마루 위로 올라 지그시 노승의 모습을 보니
전신에 악창惡瘡이 심하고 농膿이나 즙汁이 흘러 악취가 풍기고 있었다.
그러나 돌볼 사람도 없는 것 같아서, 마음을 먹고 잠시 숨을 돌리고
자신이 식사를 준비하고 병승에게도 권하고, 때로는 농혈로 더러워진
의복을 세탁하고 마치 스승이나 양친을 시봉하듯이 며칠간을 정중하게
간병을 하였다.

이에 병상의 노승은 매우 기뻐하면서 병도 차츰 좋아져 말도 할
수 있게 되면서 현장의 후의에 감사를 하면서 말하기를, "이번에 나는
생각지 않게 당신의 간병을 받아 병도 좋아졌는데 무엇 하나 예를
드릴 것이 없습니다. 여기부터 인도로 가기까지는 가는 길이 매우
험하고 사마자邪魔者가 많이 살고 있으니, 나는 당신에게 한 권의
좋은 경전을 드리겠습니다. 이것을 암송하고 밤낮 창唱하고 있으면
안개도 자연히 걷히고, 악수독사惡獸毒蛇도 해치는 일이 없을 것이며,

당신의 염원도 무사히 이룰 것입니다."라고 하였다.

그러면서 노승은 현장에게 한 권의 경을 입으로 외워 전해주었는데, 그것이『반야심경』이었던 것이다. 이에 현장은 매우 기뻐하면서 경을 받아 적고 얼마 후 전부를 암기하고 밤낮 염송할 수 있게 되었다. 그때 노스님이 말하기를, "이미 이 고마운 경문을 외웠으면 이 앞으로 가는 도중에서는 위험한 일은 없을 것입니다. 하루속히 인도에 가서 목적하는 경을 구해 오십시오."라고 하였다. 현장은 기쁨에 넘쳐 깊이 노스님의 호의에 감사하면서 이별을 고하고는 그 심경을 외우면서 갔다고 한다. 그리하여 옛 원시시대에 있어서의 인육人肉을 천신에 공양하는 시대의 제물로 희생이 될지도 모르는 목숨이 위험한 지경을 만나서도 무사히 지나갔다고 하는 것이다. 그리하여 마침내 인도에 도착하여 18년간이라고 하는 장기간의 공부를 하고, 숙원의『대반야경』을 구해 가지고 당나라로 돌아왔다고 하는 것이다.[11] 그리고 지나고 보니 그 병상의 노승은 관음보살의 화신이었던 것이다.

2. 현장의 귀국과 역경사업

1) 18년 만의 귀국과 역경

현장삼장이 떠난 지 어언 18년, 천축국 언어를 익히고 경전을 짊어지고 귀국하자, 제자들은 너무 기뻐 한 번 죽었다 만난 사람과 같은 심경이었다. 그리고 무사히 장도壯途의 여행을 마친 것을 축하하여 당의 태종황

---

11 吉田龍英,『佛敎哲學入門』, 靑梧堂, 昭和17, pp.126~130 참조.

제는 현장이 『대반야경』을 얻어 귀국하였다는 소식을 듣고, 서둘러 칙사를 보내어 현장을 궁중으로 맞아들인 후 장도의 공로功勞를 상찬하고 여러 가지 것들을 하사하였다. 그 후 당태종은, 우리의 원효 대사와 의적 대사께서 함께 찾아갔었다고 전해지는, 옥화궁玉華宮의 현존 옥화사에서 현장삼장에게 명하여 6백 권의 『대반야경』을 번역케 하고 당시의 박사 2백여 인에 명하여 현장이 번역한 경전을 서사書寫케 했다. 그중 6백 권 중에 3백 권부터 그 이하는 종남산의 취미궁翠微宮에서 번역한 것으로 전해진다.[12]

2) 『반야심경』은 반야경의 비문秘文

이 반야경전에는 현장의 『반야바라밀다심경』과 구마라집이 번역한 『마하반야바라밀대명주경』이 있고, 또 티베트에서는 『불모반야바라밀다심』으로 번역하고 있는 것이 있다. 그 밖에도 의정義淨의 『불설반야바라밀다심경』, 법월法月, 법성法成, 반야般若, 이언利言 등의 『반야바라밀다심경』, 시호施護의 『불설성불모반야바라밀다경』 등이 있다. 그리고 더 멀리는 오吳의 지겸支謙이 225년경에 번역한 『마하반야바라밀다주경呪經』이 있다. 이러한 이유로 『반야심경』은 대반야경전 중에서도 가장 긴요한 비문秘文이고, 공덕이 광대한 것은 현장삼장이 천축국으로 가는 도중에서 위난을 면한 것으로도 알 수 있지만, 불과 260자의 『반야심경』을 아침저녁으로 배독拜讀하고 있으면 칠난七難이 소멸하고 칠복七福이 생기는 것 틀림없으니 중요하게 받들지 않으면

---

12 吉田龍英, 상계서, pp.133~134.

안 된다고 하는 것이다.

또 한마디 더해 두자면 유명한『서유기西遊記』라고 하는 책이 있는데, 이 책은 현장 법사의 인도 여행담을 재료로 하여 손오공孫悟空, 저팔계豬八戒, 사오정沙悟淨의 3인을 제자로 하여 천축국으로 가고 오던 화염산을 비롯한 투르판이나 파미르고원 등의 수없이 많은 여행 도중의 위험이나 여러 가지 모험담을 소설로 만든 것이라고 한다. 그 문장은 기괴하기 비할 데 없는 이야기로 되어 있지만, 전혀 근거 없는 이야기가 아니라 권선징악의 하나로서 사심邪心을 경계하는 방편으로 현장 법사의 구법활동을 응용한 것이라고 한다. 마하는 반야바라밀의 공능을 강조하는 표현이고, 보통 반야바라밀이라고 부른다. 반야바라밀은 모든 대승의 교리를 포섭하며 일체법은 생겨나는 것도 없고 멸하는 것도 없는 우주의 진리를 밝히고 있는 것이다.

III. 반야학

1. 반야학이란

반야학般若學이란 중국에서 반야부 경전에 의지하여 반야공의 이치를 중점적으로 연구하는 학문적 경향을 가졌던 일군一群의 인물 또는 학파를 통틀어서 일컫는 말이다. 동한東漢 말년에 지루가참支婁迦懺이『반야도행품경般若道行品經』을 번역해 내기 시작하고부터 불교의 반야류 경전은 끊임없이 중국으로 흘러들어 가서, 위진 남북조의 여러 대를 거쳐서 현학玄學의 영향 하에 하나의 학풍을 형성하여 많고도 다양한 반야경 역본譯本을 출현시켰다. 요진姚秦 시기에 구마라집은 장안長安에서 경經을 번역하면서, 인도의 용수龍樹와 제바提婆의 중관학설中觀學說을 계통적으로 번역해 내고, 나중에는 반야종지般若宗旨의 계통적 소개로 반야학의 선전과 강론을 시작하였다.

당시에는 반야 이론에 관한 연구를 반야학이라고 일컫고, 위진 남북조 시기 불교의 기초 이론이 되었으며, 이러한 반야사상에 대한 경전들이 스님들과 지식인에 의해 연구되고 토론되면서, 4세기 전반에 걸쳐 중국에서는 반야학이 지배적 위치를 차지하게 되었다. 나중에 승조僧肇의 『조론肇論』이 세상에 알려지면서 비교적 충실하게 용수, 제바의 반야종지를 소개했지만, 반야학이 대중화되는 데 가장 크게 기여한 사람은 도안(道安, 312~385)·혜원(慧遠, 334~416) 등인데, 이들은 모두 중국 현학의 사고방식에 따라 반야종지를 해석하고, 특히 도안은 『도행반야경』을 연구하여 『도행경집이주道行經集異注』 1권을 저술하였다.

반야부 경전에 대한 토론이 널리 행해지면서 각자 자신이 이해한 것을 이론화했는데, 이는 육가칠종六家七宗이라는 이름으로 전해진다. '칠종'은 본무종本無宗·본무이종本無異宗·식함종識含宗·즉색종卽色宗·환화종幻化宗·심무종心無宗·연회종緣會宗 등이며, 본무이종은 본무종의 지파라고 보기 때문에 하나로 묶어 '육가'라고 한 것이다.

한漢나라가 멸망하면서 당대의 지식인들은 도가道家의 허정虛靜과 무위자연無爲自然 사상에서 삶의 위안을 찾았는데, 이들을 신도가新道家라고 부른다. 자연에 대한 이들의 관심은 현상세계의 배후에 있는 궁극적 실재에 대한 사유라는 형태로 나타나게 되고, 이 사유의 결과

만물의 본체로서의 무無의 개념이 정립되었다. 그리고 이 무와 완전한
합일을 이룬 사람을 성인聖人이라고 규정한다. 성인이란 무와 하나가
되어 일체의 분별을 벗어나 무한한 자유를 얻은 사람을 의미한다.
이러한 신도가의 사유와 반야학이 만나게 되면서 양자 사이에는 동질
성에 대한 인식이 발생하게 되었다. 신도가에서의 무無는 불교의 공空
에 대비되었고, 무와 합일한 성인은 공과 합일한 부처님과 대비되게
되었다.[13]

2. 격의불교格義佛教[14]

반야사상과 노장사상의 결합을 가장 잘 보여준 스님은 지둔(支遁,
314~366)이다. 지둔은『장자莊子』「소요유逍遙遊」를 주석하면서, 본
래 행복이란 모든 사람이 자신에게 부여된 능력과 자질에 따라서
사는 것이라는 이전의 숙명론적인 해석으로부터 벗어나 본성의 의미를
보편론적으로 해석하기를 시도하였다. 그리하여 자연의 올바른 길을
따라 무궁토록 완전한 자유를 누리는 지인至人의 경지에 도달하는
것이 행복이라고 개념 지었다. 이러한 독창적인 해석으로 인해 노장의
개념은 반야의 교리와 가까운 것으로 간주되었으며, 그 때문에 경전의

---

13 "가산伽山", ‘반야학’조; 김승동 편,『불교·인도사상 사전』, ‘반야학’조 참조.
14 격의格義란 외교外教에 그 의미를 맞추어 해석하는 것으로, 즉 중국의 위진魏晉
   시대에 노장사상이 활발하게 유행되고 있었을 때에 불교의 반야 공리空理를
   설명하는 데 양자를 비교 유추하여 설명한 그 편의적 해석법을 말하는 것이다.
   "總合", p.180, ‘格義佛教’條.

38

한역이나 풀이에 있어서 두 사상을 유사 비교하는 일이 잦았는데, 이를 격의불교格義佛教라고 한다.

이 격의불교는 과도기적 학풍이었기 때문에 불교학을 전공하기를 역설한 부진符秦의 도안道安 시대부터 점차 배척되기에 이르렀다. 이렇게 중국의 반야학이 불완전한 모습에서 탈피하여 정확한 반야 이해를 완성하게 된 것은 구마라집이 장안에 도착한 이후부터이다. 구마라집은 반야부 경전과 이에 대한 대표적 논서인『중론』,『백론』,『십이문론』(묶어서 三論이라 한다) 등을 한역하고, 이 경론을 강의하였다. 그의 노력에 힘입어 제자들 중 반야학에 조예가 깊은 인물이 수없이 배출되었는데 그 대표자가 승조僧肇이다. 그는「부진공론不眞空論」을 지어 그 이전에 이루어진 반야에 대한 해석을 서술하고 비판하였다. 이러한 비판을 토대로 승조는 반야공이란 모든 존재는 연기에 의해 생멸하는 것이기 때문에 존재한다고 해도 참된 유有가 아니고 없어진다고 해서 참된 무無가 아니니, 유와 무가 모두 자성적 실체가 없어서 참이 아닌 것을 말한다고 정의하였다.

또한「반야무지론般若無知論」에서는 "반야가 삼승의 종극宗極이고 진실한 가르침이다"라고 선언하고, 반야란 일상적 지식과는 다른 성인의 지혜로 특정한 대상에 한정된 앎을 갖지 않고 특정한 모양도 없지만, 오히려 그 때문에 어느 것에도 구속되지 않고 자유자재하여 알지 못하는 것도 없게 되는 것이라고 정의하였다.[15]

---

15 "가산伽山", '반야학'조; "總合", p.180, '格義佛敎條 참조. 김승동 편, '격의불교'도 참조할 것.

3. 삼론학파의 형성

이후 남북조 시대에 접어들면서 중국불교는 성실종·비담종·열반종 등이 발전하고, 반야학은 한동안 소강상태에 접어든다. 구마라집의 제자들이 강남으로 남하하여 반야사상을 강론하기는 하였지만, 이 시대의 대세는 『열반경』과 『성실론』이 장악하였다. 그리하여 『열반경』과 『성실론』의 대세에 묻혀 그 세력을 상실하였던 반야학이 다시 부흥하게 된 것은 『성실론』과 반야학은 서로 다른 사상적 입각점을 지니고 있고, 『성실론』은 대승의 근본사상이 아니고 소승이라는 자각을 시발점으로 한다.

이러한 시대 분위기와 함께 고구려 출신의 승랑僧朗이라는 인물이 등장한다. 승랑은 북지에서 구마라집의 반야사상을 배우고, 강남으로 내려와 반야부 경전을 철학적으로 체계화한 논서인 삼론三論을 중요시하고 거듭 강의하면서 반야학의 기틀을 마련하였다. 이러한 흐름은 그 문하에게 지속적으로 전해져서 승전僧詮 → 법랑法朗 → 길장吉藏에 이르러 삼론학이라는 학파가 형성되기에 이른다. 길장에 의해 집대성된 삼론학파는 중국불교에서 반야학이 최종적으로 그 모습을 드러낸 것이며, 사실상 반야학파라는 명칭을 부여받을 수 있는 조건을 갖춘 최초의 학파라고 할 수 있다. 삼론학에 의해 중국에서 반야학은 그 절정을 맞이하고, 이후 삼론학의 반야 이해는 종파불교의 성립과 함께 각 종파의 기본사상으로 흘러 들어가게 되었다.[16]

---

16 이상은 "가산伽山", '반야학'조 참조.

제2장 반야경과 그 주석서들

I. 반야경의 분류

반야경의 온전한 명칭은 『반야바라밀다경』이고, 반야부 경전에는 다음과 같은 경들이 있다. 명칭이 다른 같은 이역본도 많고 또 별로 알려지지 않은 반야부 경전도 많으므로 몇 가지를 추려 간략히 소개한다.

1. 『대반야바라밀다경』 → 『대반야경』

1) 반야부 경전의 총서

『대반야바라밀다경(Mahāprajñā pāramitā-sūtra)』이란 당唐나라 때 현장玄奘이 한역한 600권으로, 줄여서 『대반야경』·『대반야』 등이라고도 한다. 반야부의 여러 경전들을 집대성한 총서로, 반야부는 전 경장經藏의 3분의 1을 차지하는데, 이 경은 반야부의 4분의 3을 차지하는 가장 방대한 경전이다. 반야부의 성립 연대에 대해서는 이견이 없지 않으나, 대체로 제1기는 『도행반야경』·『소품반야경』, 제2기는 『대품반야경』·『금강반야경』, 제3기는 『대반야경』 및 반야부의 나머지 경전들이 성립되었다고 하고 시기는 중기 대승경전이 성립할 시기에 해당한다.

본 경은 현장이 660년 1월 1일부터 663년 10월 20일까지 4년여에 걸쳐 옥화궁사玉華宮寺에서 현자들과 더불어 번역하였다. 현장은 인도 여행에서 자신이 가지고 온 세 가지 산스크리트본을 교합하여 번역하였고, 구성은 전체 4처四處 6전六轉 16회十六會로 이루어져 있다. 곧 왕사성王舍城 기사굴산(耆闍崛山: 제1~6회, 15회), 사위성舍衛城 기수급고독원(祇樹給孤獨園: 제7~9회, 11~14회), 타화자재천궁(他化自在天宮: 제10회), 왕사성의 죽림정사(竹林精舍: 제16회) 등 네 곳에서 여섯 번을 옮겨 다니며 16회에 걸쳐 설한다. 그리고 이 16회 중 제1, 3, 5, 11, 12, 13, 14, 15, 16회 등 9회는 현장이 새로이 번역한 것이고, 나머지 제2, 4, 6, 7, 8, 9, 10회 등 7회는 그 전에 번역되어 있던 것을 다시 번역한 것이다. 이 중 제2회는 『대품반야경』, 제4회는 『소품반야경』, 제6회는 『승천왕반야경』, 제7회는 『문수반야경』, 제8회는 『유수보살경』, 제9회는 『금강경』, 제10회는 『이취경』에 각각 해당한다. 또한 제1회는 전체 600권 중 400권이나 되지만, 제8회와 제9회는 단 1권으로 되어 있고, 내용과 형식에서도 회별로 차이가 많다.

2) 사상과 내용

한편, 이 경전의 사상과 내용은 다른 반야부 경전과 마찬가지로 반야공般若空 사상을 천명하고 있고, 6바라밀 중 특히 반야바라밀을 강조하고 있다. 반야는 부처님을 낳는 어머니(佛母)이고 6바라밀의 원천이며 모든 부처님의 법이 반야로부터 나온 것이므로 반야바라밀을 성취함으로써 6바라밀을 성취할 수 있다고 하는 것이다. 현장은 처음에 이 경을 이전의 전례에 따라 추려서 번역하려고 하였으나, 번역을 시작하기로 한 그날 밤의 꿈에 여러 가지 두려운 일을 보고 나서 전체를 모두 번역하기로 하였다고 한다. 이것은 진호국가鎭護國家의 묘전妙典, 인천人天의 대보大寶로 삼기 위해서였던 것이다. 그 때문에 중국·한국·일본 등에서는 국가에 천재天災·병란兵亂·질병·기근 등의 어려운 일이 닥쳤을 때 이 경을 고승들에게 독송케 하거나 강설을 하도록 하고, 서사 유포시키면서 받들어 공양하였던 것이다.

이 경 자체에서도 수지·독송·서사·유포를 권유해 권398에서는 "암송하여 지니는 자, 서사하는 자, 전독하는 자, 사유하는 자, 경에 설한대로 행하는 자, 다른 사람을 깨닫게 하는 자는 이 인연으로 말미암아 모두 악취에 떨어지지 않는 법을 얻을 것이다"라고 하였다. 이 경전은 방대한 경전이어서 같은 반야계 경전인 『대품반야경』이나 『소품반야경』 또는 『금강반야경』 등에 비하면 많이 읽히거나 연구되지 못하고 있다. 현장 한역 600권은 반야를 설한 여러 경전을 집성한 것으로, 만유萬有는 실유實有가 아니라 모두 공空이고 무상無常이라고 하는 대승불교의 근본사상을 설하고 있다.

44

2. 『마하반야바라밀다경』 → 『대품반야경』

1) 『대품반야경』이란

이 경은 후진後秦 때인 404년에 구마라집이 한역한 27권의 『마하반야바라밀다경摩訶般若波羅蜜多經』을 말하는 것으로 이것도 『대품경』・『대반야경』・『대품반야경』 등이라고도 부른다. 이는 2만 5천송으로 이루어진 반야경을 일컫는 것으로, 곧 『이만오천송반야二萬五千頌般若』이다. 그러나 구마라집이 이 경을 한역하고는 경명을 『마하반야바라밀경』이라 하였기 때문에 지금도 그 이름으로 통용되고 있다. 그런데 구마라집은 Aṣṭasāhasrikā-prajñāpāramitā, 즉 『팔천송반야』도 번역하여 그 역시 『마하반야바라밀경』이라고 하고 있어서 양자 간에 혼동이 자주 발생한다. 그리하여 전자가 27권, 후자가 10권으로 번역되어 있음에 착안하여 전자를 『대품반야경』, 후자를 『소품반야경』이라 하여 구별해 왔다.

이 경의 동본이역으로는 286년에 서진西晉의 축법호竺法護가 한역한 『광찬반야경』10권, 291년 서진의 무라차無羅叉가 한역한 『방광반야경』 20권이 있다. 6바라밀 중 반야바라밀에 오온, 12처, 18계 등의 법상과 37조도품 등의 수행체계와 4과와 불업佛業 등을 포섭하여 불생불멸, 불가득인 공空을 설명하고 있고, 대승불교의 초기에 반야공관般若空觀을 설하고 있는 기초경전이다.

2) 주석서

이에 대한 주석서로는 용수龍樹의 『대지도론』100권, 길장吉藏의 『대

품경의소大品經義疏』10권, 『대품경유의大品經遊意』1권, 진제眞諦의
『대품반야경현문大品般若經玄門』4권 등이 있다.

3. 『방광반야바라밀다경』 → 『방광반야경』

1) 『방광반야경』이란

서진西晉의 무라차無羅叉와 축숙란竺叔蘭이 291년에 함께 한역하였다.
20권으로 『방광경放光經』·『방광반야바라밀경』 등이라고도 한다. ①
원본은 산스크리트본『이만오천송반야』인데, 동본이역으로는 앞서
말한『대품반야경』과 ②서진西晉의 축법호竺法護가 286년에 한역한
『광찬반야경』10권, ③후진後秦의 구마라집이 404년 한역한『마하반
야바라밀경』27권, ④당나라의 현장玄奘이 660~663년에 한역한『대
반야바라밀다경』(『대반야경』) 제2회(모두 600권 중 401~478권에 해당)
등이 있다. 중국에서는『광찬반야경』이 먼저 한역되었으나 널리 유통
되지 못하고 있다가, 동본이역의『방광반야경』이 한역됨으로써 노장
학老莊學의 유행이라는 흐름을 타고 반야학이 본격적으로 시작되는
계기가 마련되었다.

2) 내용

본 경은 반야바라밀법과 그 공덕을 서술하고 아울러 중생들에게 이것
을 수학할 것을 권장하는 내용으로 구성되어 있다. 제1권은 「방광품」·
「무견품」·「가호품」 등으로 이루어져 있다. 제2권은 「학오안품」에서
「본무품」까지의 8품으로 이루어지고 있고, 이 가운데 「묘도품」은

반야바라밀이 불도수행을 하는 가장 뛰어난 방법임을 설하고, 「행품」
에서는 진정한 보살행을 설하였으며, 「학품」에서는 보살이 반야바라
밀을 배우는 목적을 설하고 있다. 제3권의 「공행품空行品」에서는 반야
바라밀을 닦을 때 공의 이치에 맞게 닦아야 한다고 설하고, 제4권의
「치지품治地品」에서는 보살이 거쳐야 할 단계로서 10지地를 설하고
있다.

　그리고 제11권의 「불화합품」은 마구니의 방해를 극복하기 위해서는
반야바라밀을 체득해야 한다고 설한다. 제13권은 「견고품」에서 반야
바라밀이 열반의 경지이며 깨달음의 경지로서 매우 깊음을 설하고,
제18권의 「주이공품」은 보살은 아공我空과 법공法空의 두 가지 공에
머물러서 중생을 교화함을 설한다. 제20권의 「제법등품」은 모든 존재
는 공空이며 평등하다고 설하고, 「제법묘화품」은 모든 존재가 허깨비
와 같은 것이라고 설하며, 「살타파륜품」은 보살은 목숨을 아끼지
말고 반야바라밀을 구해야 한다고 설하고, 「법상품」은 법상보살이
살타파륜보살에게 '공이 곧 여래이다'라고 설하고 있다.

4. 『소품반야바라밀경小品般若波羅蜜經』

구마라집이 한역한 10권 29품의 『마하반야바라밀경』이다. 이름을
줄여서 『소품반야경』, 『신소품반야경』이라고도 한다. 원문은 『도행
반야경』의 원전인 범문梵文 『팔천송반야경』에 상당하며, R. Mitra의
원문출판(Bibliotheca, India, 1887-9)과 사자현師子賢의 『범문석론梵文
釋論』 및 rin-chen hbyun-gnas shi-ba의 『반야바라밀다팔천송난석최

상심수般若波羅蜜多八千頌難釋最上心髓』등이 있다.

전진前秦 담마비曇摩蜱와 축불념竺佛念이 함께 번역한『마하반야초
경摩訶般若鈔經』은 줄여서『초경鈔經』이라고 하고 역경譯經 장소명場所
名에 따라『장안품경長安品經』이라고도 한다. 이것은『도행반야
경』·『대반야』제4회·『소품반야경』등과 같은 이역異譯이며, 모두
5권 13품으로 구성되어 있다.

5. 『인왕반야바라밀경』 → 『인왕경』

1)『대반야경』의 결경

이 경의 정확한 경명經名은『인왕반야바라밀경仁王般若波羅蜜經』또는
『인왕호국반야바라밀경』인데 줄여서『인왕반야경仁王般若經』또는
『인왕경仁王經』이라고 한다. 그러므로 경명으로 보거나 또는 경의
내용으로 보거나 틀림없는 반야부 계통의 경전이지만, 다른 반야경들
과는 달리『대반야경』600권 안에는 포함되어 있지 않다. 그러나
이 경은 예부터 대반야경의 결경結經이라고 하여 여러 가지 반야경전을
종결짓는 경으로 전하여 오고 있다. 이 경의 한역본은 다음과 같은
두 가지가 현존한다. (1)『인왕반야바라밀경』2권, 구마라집 번역.
(2)『인왕호국반야바라밀경』2권, 불공不空 번역. 이 가운데 구마라집
번역을 구역이라 하고, 불공 번역을 신역이라고 한다.

2) 내용

이 경은 2권 8품으로 구성되어 있는데, 8품의 품명品名은 다음과 같다.

(1)「서품」, (2)「관공품觀空品」, (3)「보살교화품菩薩敎化品」, (4)
「이제품二諦品」, (5)「호국품護國品」, (6)「산화품散華品」, (7)「수지
품受持品」, (8)「촉루품囑累品」. 여기에서 (1)의 「서품」이 서분序分,
(2)의 「관공품」에서 (7)의 「수지품」까지가 정종분正宗分, 그리고 (8)
의 「촉루품」이 유통분流通分에 해당한다. 서분에서는 석존 당시 인도
의 16대 국왕이 자리를 함께하고, 특히 파사익왕이 중심이 되어 석존과
문답을 시작하는 광경이 서술되고 있다. 다음 정종분에서는 반야가
능히 지켜져야 하는 이유 즉 내호內護를 밝히고, 반야에 의해 지켜지는
국토 즉 외호外護를 밝힌 다음, 그 인과 관계도 명시하고 있다. 그리고
유통분에서는 불멸 후에 정법正法이 쇠퇴함을 예언하고 7난이 없어지
고 7복이 일어나도록 하기 위해 16대 국왕에게 반야의 법문을 간직할
것을 당부한다.

요컨대 이 경의 내용은 국가를 정당하게 수호하여 영구히 번영케
하는 호국경전으로서의 근본 의의를 천명하고자 한 것이다. 다시
말하면 국토를 안온하게 하고 국가를 융창하게 하는 방책을 불교의
본의本義로부터 논증하고자 하여 내외의 수호와 인과의 상호 의지
관계에 의할 것을 명시하고, 그의 본질을 반야바라밀다, 즉 불지佛智를
깨닫는 데 있다고 한 것이다.

6. 『실상반야바라밀경』 → 『실상반야경』

1) 실상반야란

1권으로 된 이 경은 6세기 말에 인도의 학승 보리유지가 번역하였다.

'실상반야'란 부처의 지혜로 관찰한 세상만물의 진실한 모습이라는 뜻이다. 이 경에서는 만물의 진실한 모습이란 무엇이며 그것을 체득하기 위하여 보살이 어떻게 불도를 닦아야 하는가에 대하여 설하고 있다. 이 경의 다른 번역본으로는 중국 당나라 때의 고승 현장이 번역한 『대반야바라밀다경』(600권) 안에 있는 『반야이취분』을 비롯하여, 금강지金剛智가 한역한 『금강정유가이취반야경』 1권, 불공不空이 한역한 『대락금강불공진실삼마야경』(줄여서 『이취경』·『반야이취경』 등이라고도 한다), 시호施護가 한역한 『변조반야바라밀경』 1권, 법현法賢이 한역한 『최상근본대락금강불공삼매대교왕경』 7권 등 5종이 있다. 이 경은 다른 반야경전들과는 달리 뜻을 이해할 수 없는 말로 된 밀교적인 색채가 진한 것이 특징이다.

이 경에서는 부처님이 보살들이 깨달아야 할 대상인 만물의 진실한 모습이란 무엇인가에 대하여 설하고 있다. 부처님은 세상 만물은 평등하다는 교리를 설하면서 이 평등한 것이 모든 것의 진실한 모습이라고 하였다. 다시 말하여 세상 만물은 천태만상으로 제각기 자기 특성을 가지고 존재하는 차별적인 것으로 보이지만, 사실은 허깨비와 같이 그 자체의 본성이 없는 공한 것이다. 그러나 사람들은 허깨비와 같은 사물 현상의 차별성에 사로잡힘으로써 괴로움이요 즐거움이요, 혹은 지옥이요 극락이요 하면서 온갖 번뇌에 시달리게 된다는 것이다.

여기서 부처님은 온갖 번뇌와 악덕을 낳는 근본인 탐욕과 분노, 무지도 다른 모든 것과 마찬가지로 그 본성은 역시 평등한 것이라고 하였다. 그러면서 부처님은 사람들이 이 평등성의 교리를 자신의 것으로 받아들이고 그대로 사고하고 잘 배운다면 지옥과 같은 험한 세상에 태어나지 않고 깨달음을 얻게 될 것이라고 하였다.

2) 수행방법

다음으로 부처님은 보살들이 세상만물의 진실한 모습을 깨닫기 위하여 어떻게 수행을 해야 하는가를 설하고 있다. 부처님은 먼저 보살들이 온갖 그릇된 견해에서 벗어나기 위해서는 모든 것은 그 자체의 본성이 없는 공한 것이며 그 어떤 독자적인 모습도 없는 '공'의 이치를 깨달아야 한다고 한다. 또한 보살들은 불도를 깨닫기 위하여 부처님을 잘 섬겨야 한다고 한다. 부처를 잘 섬긴다는 것은 첫째로 보살들이 깨달음을 얻으려는 마음을 가지는 것이며, 둘째로 모든 중생들을 구제하는 것이며, 셋째로 부처의 교리를 확고히 견지하는 것을 의미한다고 하였다.

다음으로 부처님은 보살들이 모든 것의 진실한 모습을 깨닫게 되면 어떤 이익을 받는가에 대하여 설한다. 부처님은 먼저 이러한 보살들은 가장 큰 즐거움을 얻을 수 있으며, 모든 악마들을 굴복시키고 자유로운 존재로 되며, 그의 소원대로 온 세상의 중생들을 구제하여 그들에게 큰 이익을 줄 수 있다고 한다. 그러면서 이들은 마치 연꽃이 진흙 속에서 피어나면서도 진흙에 더럽혀지지 않는 것처럼 온갖 악덕이 지배하는 이 세상에 있으면서도 그에 물들지 않는 깨끗한 사람이라고 하였다.

끝으로 부처님은 이 경의 공덕에 대하여 이 경의 귀한 글을 한 자라도 얻어들을 수 있는 사람은 이미 전생에서부터 부처님을 섬겨온 사람이라야 하며, 또한 그는 사람들이 이 경을 귀중히 여기고 항상 몸에 지니고 다니면 온 세상 사람들의 존경을 받을 것이며, 아득한 먼 옛날의 일까지도 빠짐없이 다 알 수 있는 신비한 지혜를 얻으며, 온갖 악마들의 침범을 받지 않고 항상 천신들의 호위를 받을 수 있다고 한다. 그리고 이들은 자기 소원대로 '극락세계'에 갈 수 있다고 설하고 있다. 이상과 같이 『실상반야경』에서는 '반야바라밀'을 체득해야 한다는 것을 강조하고 있다.

7. 『금강반야바라밀경』 → 『금강경』

1) 『금강경』이란

『금강경(金剛經, Vajra-cchedikā-prajñāpāramitā-sūtra)』은 『금강반야바라밀경』의 줄인 이름으로 1권이며, 여러 가지의 한역본이 있다. 4처處 16회會에 걸쳐 설한 반야부 600권 중 제2처(舍衛國 給孤獨園) 제9회(能斷金剛會) 제547권에 해당된다. 부처님께서 사위국에서 수보리 등을 위하여 처음에 객관적 경계가 공空함을 설하고, 혜慧도 또한 공함을 보이며, 보살의 6바라밀도 모두 공함을 밝히고 있다. 곧 공혜空慧로써 체體를 삼고 무상無相으로 종宗을 삼아 일체법이 무아임을 나타낸 것이다. 경의 전체적인 내용은 일체의 대상에 대하여 상相에 집착하지 말고 공한 이치를 깨달아 깨달은 대로 실천하면 그 복이 다른 어떤 것과 비교할 수 없을 만큼 크다는 것을 밝힌 것이다.

이 경전의 성립 시기는 그 내용에 있어서 공空사상을 해명하는 것을 주된 내용으로 하면서도 '공'이라는 단어를 한 번도 사용하지 않았다는 점 등을 근거로 하여 대승불교 중에서도 아직 대승과 소승의 대립 관념이 발생하지 않은 최초기最初期에 해당하는 것으로 추정되고 있다.

　『금강경』에서는 본래의 공空·무상無常을 여섯 가지 비유로 설한 것으로 '금강경육비유金剛經六譬喩'가 있다. 즉 순간적으로 생성 소멸하는 꿈·환영·물거품·그림자·이슬·번개 등 여섯 가지의 존재를 비유로 들어 모든 존재가 시시각각으로 변화하여 실다움이 없음을 가리키는 것이다. 『금강경』은 여섯 종류의 한역이 있는데 역본마다 조금씩 내용이 다르다. 구마라집 한역에는 몽夢·환幻·포泡·영影·로露·전電 등 6유이지만, 보리유지菩提流支 한역에는 성星·예翳·등燈·환幻·로露·포泡·몽夢·전電·운雲 등 9유를 열거하고 있다.

2) 주석서

이 『금강경』의 인도주석서로는 무착보살과 세친보살의 『반야론』을 비롯한 수많은 논서들이 있고, 중국과 한국, 일본에서도 『영험기』를 비롯한 수많은 논서들이 나왔다. 그중의 『반야론』을 소개하면 『반야론般若論』은 『금강반야바라밀경론』의 줄임말로, 무착無著보살과 세친世親보살이 지은 두 가지 논이 있고, 무착 혹은 미륵보살의 저술로 보이는 『능단금강반야경론송』과 무착이 짓고 세친보살이 주석한 『능단금강반야경론석』, 공덕시功德施가 저술한 『금강반야경파취착불괴가명론』 등이 있다. 그리고 중국의 선종禪宗에서는 초조 달마로부터 4조 도신道信에 이르기까지 『능가경』을 소의경전으로 삼고 있었는데, 5조 홍인弘忍 대사가 소의경전을 『금강경』으로 대체하고, 6조 혜능慧能은 홍인에게서 이 『금강경』의 강의를 듣다가 "마땅히 머무는 바가 없이

그 마음을 일으켜야 한다(응무소주이생기심應無所住而生其心)"라는 구절
에서 크게 깨닫고『육조단경』을 지었다고 하고, 그 밖에도『금강경오
가해』등 수많은 주석서가 있다.

　우리나라에서는 삼국시대 중엽 불교가 전래된 이래로 크게 성행하여
간행되거나 역간譯刊된 관계문헌이 약 50여 종에 이르며, 1945년
이후 지금까지 약100여 종 이상의 한역본과 해설서가 출간되었다.
특히 조선시대 초기 함허당涵盧堂 득통得通의『금강경오가해설의』는
쌍림부대사雙林傅大師·육조대감六祖大鑑·규봉종밀圭峰宗密·예장종
경豫章宗鏡·야보도천冶父道川 등 다섯 명의 주석에 자신의 설의說誼와
결의決疑를 덧붙여 엮은 책으로『금강경』에 대한 선종의 이해를 일목요
연하게 정리하였다.[1]

8.『반야바라밀다심경』→『반야심경』

1)『반야심경』이란

『반야심경(般若心經, Prajñā-pāramitā-hṛdaya-sūtra, Mahā-prajñāpāram-
itā-hṛdaya-sūtra)』의 원명은『반야바라밀다심경』이고, 이에는 범어
원본에 대본大本과 소본小本의 두 가지가 있다. 한역본은 모두 일곱
가지가 있는데, 보통『반야심경』이라고 하면 당나라의 현장玄奘이
649년(정관 23)에 한역한 것을 일컫는다.

　프라즈냐(prajñā)는 반야라고 음사하고 지혜智慧라고 한역한다. 무

54

명無明에 의해 생겨난 온갖 종류의 분별심, 그리고 그에 의해 생겨난 판단과 사유 등을 모두 제거한 상태에서 나타나는 근원적 지혜를 가리킨다. 파라미타(pāramitā)는 바라밀다라고 음사하고, 도피안到彼岸 또는 도무극度無極 등으로 한역한다. 생사윤회의 이 언덕에서 열반이라는 저 언덕에 도달한다는 뜻이며, 또 완전히 도달한다는 뜻 등이 있다. 반야바라밀은 합쳐서 지혜의 완성 또는 지혜를 통해 저 언덕에 도달한다는 것 등의 뜻이다. 흐뤼다야(hṛdaya)는 심心으로 한역한다. 본심, 골자, 핵심이라는 뜻으로 가장 중요한 것을 가리킨다. 본 경전이 모든 경전의 핵심이라는 점을 강조한 것이다. 수트라(sūtra)는 경經으로 한역한다. 이상과 같은 경의 제목에 의해 그 내용이 반야에 의해 모든 번뇌로부터 벗어난 세계인 저쪽 경계에 도달하게 하는 중요한 가르침을 설한 것임을 알 수 있다.

2) 내용

내용은 관자재보살이 사리불을 위하여 반야공의 이치를 설하는 것이다. 먼지 유명한 '색즉시공色卽是空, 공즉시색空卽是色'이라는 명제가 설해진다. 색즉시공이란, 색은 물질적 현상으로 존재하는 것을 통틀어서 일컫는 말인데, 이 모든 것은 자성적 실체가 없기 때문에 공성空性의 것이라는 것을 말한다. 공즉시색이란 색이 비록 공성의 것이지만 그것이 아무것도 없는 허무적 상태를 의미하는 것이 아니라, 공에 의해 비로소 색이 그 존재성을 부여받음을 의미한다. 자성적 실체가 없기 때문에 모든 존재는 인연성에 의해서 비로소 존재할 수 있게 된다. 인간을 포함한 만물을 구성하는 다섯 가지 요소, 곧 오온五蘊

중 하나인 색色에 대한 해명에 근거하여 나머지 네 가지 요소, 즉 수受·상想·행行·식識도 또한 공성의 것이면서 동시에 허무적 존재와는 차원이 다른 것임을 설한다. 이렇게 해서 자성적 실체가 없는 모든 존재는 생겨나지도 않고 멸하지도 않으며, 더럽혀지지도 않고 깨끗해지지도 않으며, 늘어나지도 않고 줄어들지도 않는다는 이치를 설한다.

이밖에 감각기관인 안이비설신의眼耳鼻舌身意 등의 육근六根, 그 대상경계인 색성향미촉법色聲香味觸法 등의 육경六境, 감각기관과 대상경계의 접촉에 의해서 생겨나는 인식인 안식·이식·비식·설식·신식·의식 등의 육식六識, 무명無明에서부터 생로병사에 이르는 십이연기十二緣起, 고통에서부터 벗어나 열반의 세계에 이르는 과정을 설한 고집멸도苦集滅道의 사제四諦 등이 모두 공성의 것이라고 설한다. 보살은 반야바라밀에 의지하여 이러한 진리를 깨우쳐서 지혜를 완성하여 모든 것에 대해 집착하지 않고 얽매임이 없기 때문에 두려움이 없고 망상을 떠나 열반에 든다고 설한다. 이어서 삼세의 부처님도 모두 반야바라밀에 의지하여 이러한 지혜의 완성으로 깨달음을 얻었음을 설한다. 마지막으로 지혜의 완성을 이루자고 하는 진언을 설하였으니, "가테가테 파라가테 파라상가테 보디 스바하(gate gate pāragate pāra-saṃgate bodhi svāhā)"이다. 마지막 진언은 지혜의 완성을 통해 생사윤회의 세계에서 완전한 열반의 세계, 붓다의 세계로 건너가도록 하는 본 경의 취지를 분명히 드러내고 있는 것이다.[2]

---

2 『반야심경』에 대한 연구는 이광준, 『반야심경 제대로 공부하기』(운주사, 2021)가 도움이 될 것이다.

9. 여타 반야경전들

1) 『도행반야바라밀경』 → 『도행반야경道行般若經』

후한後漢 때 월지국月支國 사람 지루가참支婁迦讖에 의하여 번역되었으며, 『마하반야바라밀도행경』 또는 『반야도행품경』, 『마하반야바라밀경』이라고도 한다. 이 경은 후한 영제靈帝 광화光和 2년에 한역된 것으로 반야경 계통의 최초 역경이다. 이역異譯으로는 축법호竺法護의 『신도행경新道行經』 10권, 구마라집의 『소품경小品經』 7권, 지겸支謙의 『명도경明度經』 6권, 담마비曇摩蜱의 『수보리경須菩提經』 7권 등이 있으며, 축법호 역을 제외하고 현장의 『대반야경』 제4회를 포함시키기도 한다. 이 경은 '반야바라밀'의 법과 이를 수지受持하는 공덕에 관하여 설하고 이러한 도를 수행할 것을 권하는 내용으로 되어 있는데, 모두 30품의 10권 혹은 8권으로 구성되어 있다.

2) 『대명도경大明度經』

반야부 경전으로 오吳나라 지겸支謙에 의하여 한역되었으며, 『명도경明度經』이라고도 한다. 명도明度란 반야바라밀의 의역이며, 밝은 지혜로 중생을 제도한다는 뜻이고, 6권 혹은 4권으로 되어 있다. 모두 30품으로 되어 있으며, 『대반야경大般若經』 4회 · 『도행반야경道行般若經』 · 『소품반야경小品般若經』 등과 내용은 거의 같으나 품의 구성이 다르다.

3) 『불설불모출생삼법장반야바라밀다경佛說佛母出生三法藏般若波羅蜜多經』

일반적으로 경 이름을 간략하게 줄여서 『삼법장경三法藏經』이라고 부른다. 『대반야바라밀다경』의 제4회 및 5회, 『도행반야경』, 『마하반야초경』, 『마하반야바라밀경』, 『대명도경』, 『불설불모보덕장반야바라밀경』 등이 모두 동일한 내용의 이역본들이다. 이처럼 많은 이역본에서 알 수 있듯이, 이 경은 반야부 경전들 중에서도 가장 중요한 위치를 차지하고 있다. 현존하는 여러 가지 이역본 중에서도 시호施護가 한역한 『삼법장경』은 가장 상세하고 정밀한 번역본으로 평가받고 있다. 특히 그 원본에 해당하는 산스크리트어본 『팔천송반야경八千頌般若經』과 내용상 가장 일치하는 것도 바로 이 경이다. 여러 이역본 중에서 이 번역본과 가장 유사한 것은 지루가참支婁迦讖이 한역한 『도행반야경』이다.

『삼법장경』의 내용은 전체 25권, 총32품으로 구성되어 있다. 경의 내용은 깨달음의 모태가 되고 모든 불도의 근본이 되는 『반야바라밀다경』 전체의 골격을 이루고 있다. 그중에도 주요 내용은 반야바라밀다야말로 중생을 제도하고 깨달음으로 이끄는 유일 최상의 길이라는 것을 역설하고 보살수행의 길을 제시하는 데 있다.

4) 『광찬반야바라밀경』 → 『광찬경光讚經』

이 경은 축법호竺法護가 서진西晉 태강太康 7년(286)에 한역한 것으로, 『광찬반야경』·『광찬마하반야경』이라고도 한다. 본 경은 범본梵本 『이만오천송반야바라밀다경』에 해당하는 현장이 한역한 『대반야경』 제2회 85품 중 앞에서부터 27품(401~427)까지와 동본同本이며, 구마

라집이 서기 403년에 한역한『마하반야바라밀경』27권 90품 중 앞에서
부터 29품(1~11권)까지에 해당한다.

5)『성불모소자반야바라밀다경聖佛母小字般若波羅蜜多經』

이 경은『성불모소자반야경聖佛母小字般若經』·『승불모소자반야바라
밀다경』이라고도 한다. 송宋의 천식재天息災가 함평咸平 3년(1000)에
한역한 것이다. 본 경은 왕사성 취봉산에서 부처님께서 중생을 제도하
기 위해 소자반야小字般若를 설해 주실 것을 요청하는 관자재보살에
대하여 소자반야로서 진언眞言을 설하고, 이것이야말로 여러 부처님
의 어머니이며, 따라서 모든 부처님께서는 이것에 의지해서 무상정등
보리無上正等菩提를 얻는 것이므로, 일체중생도 이것을 듣고 수지 독송
하고 필사함으로써 무상정등보리를 얻는다고 설하고 있다.

6)『관상불모반야바라밀다심경觀想佛母般若波羅蜜多心經』

천식재天息災가 함평 3년(1000)경에 한역한 것이다. 이것은 반야보살
의 주문呪文과 관문觀門을 실한 경전이다.

7)『성불모반야바라밀다경聖佛母般若波羅蜜多經』

이 경은 송宋의 시호施護가 980년에 한역한 것으로『제불모경諸佛母
經』이라고도 한다. 본 경은 왕사성 취봉산에서 부처님을 모시고 있던
여러 보살 중에서 사리불이 관자재보살에게 반야 법문과 그 수행법을
물음에 대하여 관자재보살이 오온五蘊의 자성自性이 공空한 것임을
관觀하도록 설하고, 그와 동시에 반야법문에 대해서도 그것을 닦아야

함을 밝힌 경이다.

8) 『육바라밀경』

그 밖에 『대반야경』의 끝부분에는 『육바라밀경』, 즉 보시반야바라밀
경·지계·인욕·정진·선정·지혜반야바라밀경 등이 있다.[3]

II. 『성실론』의 제법개공론

1. 공사상의 논서

『성실론』은 제법개공諸法皆空을 설하는 소승불교 가운데 반야경의
사상에 가장 가까운 논설을 하고 있는 논서이다. 이 『성실론』은 불멸후
900년인 4세기경, 살바다부(有部)의 학자 구마라타의 상수제자 가리
발마訶梨跋摩의 저술로, 16권(혹은 20권)의 논서로서 411~412년간에
구마라집에 의해 번역된 것이다. 그는 소승의 유부를 스승에게 배우고
대중부를 비롯한 기타 제부諸部의 제일 장점을 취하여 이 논을 공적公的
인 것으로 했던 것이다. 그러므로 이 논은 대소승에 통하는 논서가
되었던 것이다. 이 논에서는 우주의 모든 현상은 임시(假)로 존재하는
것이므로 결국 공空으로 돌아가는 것이라고 논하고, 이 관觀으로 말미
암아 4제四諦의 실의를 체달한다고 하며, 8정도에 의하여 모든 번뇌를
멸하고 무여열반의 경지에 이른다고 논하고 있다.

---

3 이상은 한글대장경, 동국역경원의 '반야경' 각 항목 해제편과 "가산伽山"의 '반야경'
   관련 조를 참조함.

이 논은 중국에서 요진姚秦 시대의 구마라집 삼장이 이를 한역하고
승예僧叡에게 명하여 이를 강론한 것이 시초이다. 우리나라에서는
고구려의 혜관慧灌이 수나라에 가서 가상사 길장에게『삼론』과『성실
론』의 깊은 뜻을 배워 오고, 삼론종과 함께 일본의 스이코 천황(推古帝)
33년(625) 일본에 전하였으며, 이『성실론』을 백제의 승려 도장道藏이
덴무(天武) 천황 연간(?~686)에『성실론의소』를 지어 이를 강연한
것이 처음이다. 그리고 신라에서는 원광 법사가 진나라에 가서 이
성실종을 전해오고, 원효도『성실론소』10권을 지었다. 이 논에서는
『구사론』이 우주 만유를 5위75법으로 분류한 데 대해 5위84법의 이론
을 세웠던 것이다.

2.『성실론』의 공사상

원래 이『성실론(satya siddhi-śastra)』의 종지는 '제법개공'을 가지고
그 중심으로 삼은 것이다. 그리고 이 논의 골자로서는 이제분별二諦分
別과 이무아관二無我觀이 있다. 이제二諦란 즉 세속제문世俗諦門과 제
일의제문第一義諦門으로 보통 진속이제眞俗二諦라고 하는 것과 같은
의미이다. 그리고 이무아관二無我觀이란 첫째 인무아人無我, 둘째 법
무아法無我로 이 이무아二無我를 가유假有이라고 하는 것은 즉 세속제
문이고, 인·법 모두 진실공眞實空이라고 하는 것은 제일의제문을 말하
는 것이다.

그리고『성실론』이 설하는 공관은 대승불교의 체공관體空觀에 대해
석공관析空觀이다. 체공관이란 현상의 본체를 관찰하여 진공묘유眞空

妙有인 것을 아는 것이지만, 『성실론』의 석공관은 갈라놓고 나서 일원
一元에 이르고 그 일원까지도 공空이라고 하는 것이다. 예컨대 가옥은
목재로 되어 있으니 공空이고, 그 목재는 분자로 되어 있으니 공이고,
그 분자分子도 원자原子로 되어 있으니 공空이고, 그 원자도 전자電子로
되어 있으니 공이고, 그 전자도 세력의 인연 화합에 의해 나타난
가상(假相: 임시적인 형상)인 것이므로 공이고, 그 세력도 역시 절대성을
갖는 것이 아니라 인연소생의 것이므로 공이라고 하고, 이로써 일체제
법의 개공皆空인 소이를 밝히고 있는 것이다.

다음에 본 『성실론』의 인생관은 어떤 것인가 하면 유전문流轉門과
환멸문還滅門의 둘을 세워 염세주의·금욕주의를 실행하고, 4제 8정도
에 의하여 온갖 번뇌를 멸하여 무여열반無餘涅槃에 드는 것을 목적으로
하는 점은 『구사론』과도 다름이 없다. 유전문이란 4성제 가운데 고苦·
집集의 이제二諦에 의해 우리들을 고苦의 집集이라 하고, 도제道諦의
8정도를 수행하여 고를 멸하여 모두 없애버리면 즉 상적열반常寂涅槃
의 경계에 깨달아 드는 것이라고 하는 것이다.

3. 『성실론』의 내용

내용은 발취發聚·고제취苦諦聚·집제취集諦聚·멸제취滅諦聚·도제취
道諦聚의 5취聚 202품品으로 분류된다. 발취(1~35품)에는 불법승의
삼보三寶에 대한 설명이 있다. 고제취(36~94품)에서는 현실을 구성하
는 심리적 요소와 물질의 요소에 대해서 설명한다. 집제취(95~140품)
에서는 업業과 번뇌에 대해서 설명한다. 멸제취(141~154품)에서는

열반에 대해서 설명하고, 도제취(155~202품)에서는 깨달음을 실현하기 위한 지혜와 선정禪定에 대하여 설명한다.

이 책에서는 설일체유부의 삼세실유三世實有에 반대하고 경량부經量部의 과미무체過未無體에 동의하고 있으며, 중도中道사상을 드러내고 또 유부有部의 중음中陰사상을 부인하고, 심성본정설心性本淨說을 주장한다. 번뇌에 있어서는 대중부의 심불상응心不相應보다 유부有部의 심상응心相應에 따르고 있으며, 만법萬法의 분류를 5위84법, 5위87법으로 분류하고 있고, 심소유법의 별체別體를 부인한다. 또 제법연기관諸法緣起觀·아법양공설我法兩空說·본성불관本性佛觀·멸제滅諦, 곧 열반·이제二諦와 중도中道를 논하고 있다.[4]

III. 반야경의 주석서

1. 『대품반야경』의 주석서

1) 『대지도론』

『대지도론大智度論』이라고 하는 논서는 『마하반야바라밀다경』(27권본 大品般若經)의 석론釋論을 뜻한다. 때문에 이 논의 이름을 『마하반야바라밀다경석론』이라고도 하며, 특히 삼론종三論宗에서는 삼론종의 소의경전인 『중론』·『백론』·『십이문론』과 합하여 사론四論이라 하여 소의경전으로 삼고 있다. 그러나 이 논서는 삼론(『中論』·『百論』·『十二

---

4 한글대장경, 동국역경원, '성실론' 해제편 참조.

門論』)과 같이 공문空門을 역설하고 있지만, 삼론과 달리 공론空論의 극極에 이르러서는 유론有論을 설하고 있는 것이다. 즉 반야의 공사상을 기본적인 입장으로 하면서도 『중론』에 보이는 부정적인 면과 비교할 때, 오히려 적극적으로 제법실상諸法實相의 긍정적인 면을 강조하고 있고 대승의 보살사상과 6바라밀의 실천을 강조하고 있는 것이다. 이러한 점이 이 논의 저자로 알려진 용수(龍樹, 150~250)보살이 정토교와 밀교의 조사祖師로서 후세에 흠모를 받게 되는 논거가 되고 있는 것이다.

그러나 용수의 『대지도론』은 단순한 석론에 그치지 않고 그 석론 사이에 여러 가지 해석은 물론, 전설과 비유와 역사적 인물·지명·부파명部派名·경전명 등을 설명하는 당시의 불교백과전서와 같은 내용을 지니고 있다. 따라서 그 설명은 복잡다단한 문제들에 이르고 있고, 아비달마는 물론 초기 대승불교의 교리를 망라하고 있다고 볼 수 있다.

그리고 『대지도론』은 보살은 "삼십칠보리분과 그 밖의 여러 성문법 聲聞法을 구족해야 한다"고 설하는 『대품반야경』의 가르침에 따라 보살은 일체의 선善과 일체의 도를 배워야 하므로 성문법도 배워야 하고, 삼십칠보리분은 부처님께서 대자비로써 설하신 것이므로 받아들이는 사람이 저마다 능력에 따라 해석할 뿐이라고 말하고 있다. 그러나 『대지도론』은 보살과 성문을 철저하게 자별하여 설하고 있다. 즉 대승의 수행자와 소승의 수행자 사이의 다른 점을 구체적으로 또한 알기 쉽게 거듭 반복해서 설하고 있다. 예를 들면 제4권에서 "마하연摩訶衍은 광대하다. 모든 승乘과 모든 도道는 모두 마하연으로 들어간다. 성문승聲聞乘은 협소해서 마하연을 받아들이지 못한다. 비유컨대 항하恒河가 대해大海를 받아들이지 못하는 것과 같다. 그것은 협소하기 때문이다"라고 말하고 있다. 또한 "마하연은 부처님의 진법眞法으로서 부처님의 입으로 설해진 것이다. 성문승의 사람은 어기지 말라. 또 그대는 마하연 가운데 태어나야 한다"라고 하였다.

이상과 같은 대승과 소승에 대한 차별화는 제18권에서 보다 구체적으로 말하고 있다. 즉 "성문법 중에 사제四諦가 있다고 하여도 무상·고苦·공空·무아無我로써 제법의 실상實相을 관하되 지혜를 구족하지 못한다. 불법을 얻고자 하지 않으므로 실다운 지혜가 있다 하여도 반야바라밀이라고 이름하지 않는다" 하고, 동시에 보살에 대해서는 보살은 초발심으로부터 크고 넓은 서원을 세우고 대자비가 있고 모든 공덕을 구하여 삼세三世와 시방十方의 모든 부처님에게 공양하고 크고 예리한 지혜가 있어서 제법실상을 구한다고 하였다. 따라서 성문승은 사제四諦를 학습하나 대원大願이 없고 대자비가 없고 제법실상을 모르며, 보살승은 6바라밀을 수행하고 대원이 있고 대자비가 있으며 제법실상을 아는 것으로 차별화가 된다.

『대지도론』은 제11권에서 소승의 바라밀에 대해 "중생을 위하지 않고 또 제법실상을 알기 위한 보시도 아니다. 다만 생로병사를 벗어나기를 구하는 것, 이것을 성문의 보시바라밀이라고 한다. 모든 중생을 위하여 보시하고, 또 제법실상을 알기 위해서 보시하는 것, 이것을 모든 부처와 보살의 보시라고 한다"고 하였다. 이것은 대승과 소승의 바라밀의 개념을 구별하면서 동시에 『대지도론』이 항상 모든 수행을 반야바라밀과 연결시키고 있음을 말해주는 것이고, 또 『대지도론』의 입장을 밝히는 특징 중 하나이다.

또한 『대지도론』에서는 석론의 본론에 들어가기에 앞서 공空은 연기緣起와 동의어로 쓰이고 있음을 밝히고 있다. 즉 제1권에서 제기된 "부처님은 어떠한 인연 때문에 『마하반야바라밀경』을 설하시었는가?" 하는 물음에 대한 답에서 『대지도론』의 기본적인 입장이 표명되어 있다. 예를 들면 반야바라밀은 보살을 위한 가르침이라든가, 부처님이 설한 초전법륜의 내용은 반야바라밀이라든가(이것은 옛날의 경전, 즉 소승경전과 반야사상을 연결 짓는 구실을 한다), 또 초전법륜의 내용은 중도이므로 반야바라밀 역시 중도라고 생각하며, 아비달마의 법상法相에 집착하지 않고 반야바라밀을 바탕으로 해서 성문법을 닦을 것을 강조하며, 반야바라밀은 보살에게 용기를 주고 보살이 불퇴전의 자리에 들게 하기 위해서 없어서는 안 될 것이라고 하는 등, 반야경에 있어서의 일반적인 기본입장을 취하고 있는 것이다.

또 『대지도론』은 반야경의 주제인 제법실상을 밝히고 유무有無의 이견二見을 초월하는 것이 반야바라밀이라고 주장한다. 『대지도론』은 또 부처님이 반야바라밀에 의해서 여러 가지 신통력을 나타내어 불가사의한 공덕을 베푸는 것은 곧 중생을 불도佛道에 나아가게 하고 구제하기 위해서라고 한다. 이것은 『대지도론』의 밀교에 대한 입장이라고도 볼 수 있다.[5]

---

5 한글대장경, 동국역경원, '대지도론' 해제편 참조.

2) 『현관장엄론(現觀莊嚴論, Abhisamayālaṃkāra)』

미륵의 저술로 전해지고 있으며, 티베트에서는 미륵 5부론五部論의 하나로 본다. 『이만오천송반야경』(구마라집 역의 『대품반야경』)의 강요서로 272송頌으로 이루어지고, 반야바라밀의 실천에 의한 깨달음을 수행의 순서에 따라 8단계로 나누어 설한다. 유가행파의 반야경 이해를 보여주는 논서로서 중시되고 있으며, 하리바드라(Haribhadra, 獅子賢) 등에 의한 많은 주석서가 있다.

범본梵本은 여러 종류가 알려져 있으며, 체르바스키(Th. Stcherbatsky) 와 오버밀러(E. Obermilla, 1929), 오기하라(荻原雲來, 1935), 투치(G. Tucci, 1932) 등에 의해 간행되고, 티베트역에도 주석서를 포함한 여러 권이 현존하고 있다. 본서는 특히 티베트에서 반야경 연구의 필요불가결한 입문서로서 중시되고 있다. 한역본은 없고, 중국에는 거의 알려지지 않았던 것 같다.[6]

2. 『소품반야경』의 주석서

1) 『불모반야바라밀다원집요의론佛母般若波羅蜜多圓集要義論』

대역용大域龍보살이 저술하였고, 시호施護 등이 송宋 태평흥국太平興國 5년(980) 이후에 한역한 것이다. 이것은 불모반야佛母般若라고도 하는 『팔천송반야경八千頌般若經』을 해석하기 위하여 저술한 것으로서, 명본明本에 '용수 지음(龍樹造)'이라고 되어 있는 것은 잘못인 것으

---

6 "總合", pp.336~337.

로 보인다. 1권 56송頌으로 구성되어 있는데, 16공空과 10분별산란分別
散亂의 지견止遣인 변계·의타·원성이라는 삼성三性의 뜻에 통달한다
면 반야공성의 본의에 따른다고 말하는 이유를 설한다. 전해져 온
본 송頌과 같이 교리와 교설을 내용으로 담고 있는 것은 구절의 제한
때문에 극히 난해한 것으로 되어 있어 그것이 어떠한 의미인가를
알기 힘든 것이다. 주석서를 함께 읽어야 그 의미를 알 수 있는 것으로
서, 그렇지 않고 본 송만으로는 그 의미를 아는 것이 불가능하다.
본 송에 대해서는 삼보존三寶尊이 지은『석론釋論』4권이 있다. 여기에
는 물론 본 송도 그대로 들어 있기 때문에 이『석론』만 있으면 충분하다
고 볼 수 있다.[7]

그 밖에 팔천송반야를 게송 형식으로 표현한『불모보덕장반야바
라밀경』이 있다. 조송趙宋 때 법현法賢이 한역한 3권으로 고려장 34
(pp.241~251), 대정장 8(pp.676~684)에 수록되어 있다. 줄여서『보
덕장경』이라고도 한다.『팔천송반야경』의 각 품이 전하는 요지를
게송의 형식으로 표현한 경으로, 그중 제2「제석품」부터 제11「마품
魔品」까지는『화엄경』의 십지十地와 십바라밀十波羅蜜에 배대하고 있
는 것이 특징이다.[8]

2)『불모반야바라밀다원집요의석론佛母般若波羅蜜多圓集要義釋論』

삼보존三寶尊보살이 저술하고, 시호施護 등이 송宋 태평흥국太平興國
5년(980) 이후에 한역한 것이다. 본 송은 대역용이 지은『불모반야바라

---

7 한글대장경, '불모반야바라밀다원집요의론'조 해제편 참조.
8 "伽山", '불모반야바라밀다원집요의론'조 참조.

밀다원집요의론』을 주석한 것이다. 송송頌을 들어서 한 문장과 한 구절의 각각 용어에 대하여 자세하게 주석하고 있다.

처음에 16종의 공空을, 다음으로 10분별산란分別散亂의 지견止遣을, 다음으로는 변계·의타·원성의 3성性을 상세히 주석하고, 그것들을 가지고 반야공성般若空性이라는 묘한 이치와 그것의 진실한 의미를 천명하고 있다.[9]

IV. 반야경의 중국 해설서

1. 달마의 『소실육문少室六門』

1) 달마 대사

달마(達磨, Dharma, ?~528)는 중국 남북조 시대의 선승으로 중국 선종禪宗의 시조이다. 범명은 Bodhi-Dharma라 하고 보리달마라 음역하는데, 달마는 그 약칭이다. 남인도 향지국香至國의 셋째 왕자로 성장하여 대승불교의 승려가 되어 선禪에 통달하여 반야다라般若多羅 존자의 법통을 이은 뒤, 벵골 만에서 배로 떠나 오랜 항해 끝에 중국 광동에 이르렀다. 그리고 지금의 남경인 금릉金陵에 가서 양무제를 만났다. 그때 달마 대사의 나이가 130세였다고 한다. 양무제는 불심천자佛心天子라 불릴 정도의 사람이어서 항상 가사를 걸치고 『방광반야경』을 강의했고 또 『오경의주五經義注』200여 권 및 그 밖의 많은 저술도

---

9 한글대장경, '불모반야바라밀다원집요의석론'조 해제편 참조.

있었다. 그는 달마 대사를 만나자 먼저 "짐朕은 절을 세우고 경을 간행하며 승려들을 권장하오. 그러니 그 공덕이 얼마나 되겠소?" 하고 질문하자, 달마는 "무공덕無功德"이라고 말했다. 그 후 달마는 양자강을 건너가 위(魏, 北魏)나라로 갔다. 그리고는 숭산 소림사에서 9년간 면벽面壁의 침묵을 시작하였다.

선禪은 멀리는 석가모니 부처님으로부터 시작되고 가깝게는 달마 대사로부터 시작된다. 세존이 가섭 존자에게 마음과 마음으로 전한 이른바 삼처전심三處傳心, 즉 영산회상에서 염화미소拈花微笑하고, 다자탑多子塔 앞에서 자리를 나누며, 쌍림雙林에서 관 밖으로 발을 내보인 데로부터 시작해서 달마 대사가 중국에 건너와 소림굴에서 9년 면벽 후 혜가에게 법을 전한 데서부터 시작된다. 그러니 선의 원조遠祖는 석가요, 종조宗祖는 달마가 된다.

그의 전기에 대해서는 여러 설이 있다. 양무제와 회견하여 문답한 이야기, 제자인 혜가가 눈 속에서 팔을 절단하여 구도심求道心을 보이고 선법을 전수받은 이야기, 관 속에 두 짝의 신만 남겨 놓고 서천으로 돌아갔다는 이야기 등 여러 가지 설화가 있다. 현대에 들어와서 돈황 출토의 자료에 의하여 그가 이입사행二入四行을 설교한 것이 사실로 밝혀졌는데, 그것은 달마의 근본 사상으로 이입理入은 정사正師의 가르침을 받고 중생의 일체가 동일진성同一眞性을 본유本有하는 사실을 믿는 것을 말하며, 행입行入은 수연행隨緣行·무소구행無所求行·칭법행稱法行·보원행報冤行 등을 말하지만, 달마는 4권 『능가경』을 중시하고 이입二入, 즉 이입理入·행입行入과 사행四行의 가르침을 설파하여 당시의 가람불교伽藍佛教나 강설불교講說佛教와는 전혀 다른, 좌선을

통하여 그 사상을 실천하는 새로운 불교를 강조한 성인이었다.[10]

2) 『소실육문』

『소실육문少室六門』은 대정신수대장경 48(pp.365~376)에 수록되어
있다. 선가의 요체를 기술한 「심경송心經頌」, 「파상론破相論」, 「이종입
二種入」, 「안심법문安心法門」, 「오성론悟性論」, 「혈맥론血脈論」 등 여
섯 문으로 구성되어 있다. 첫째, 「심경송」은 현장玄奘이 한역한『반야
심경』의 구절마다 5언 8구의 게송을 붙여 모두 37게송으로 구성하였
다. 둘째, 「파상론」은『관심론』과 일치하는 작품으로 북종北宗 신수神
秀의 저술로 평가한다. 셋째, 「이종입」은 「이입사행론二入四行論」 또
는 「사행론」이라고도 한다. 넷째, 「안심법문」은『종경록』 권97과,
대혜종고大慧宗杲가 엮은『정법안장』 권2상 등에 수록되어 있고, 다섯
째, 「오성론」은 보리·열반 등의 무차별관에 입각한 선론이며, 여섯째,
「혈맥론」은 1153년 임철任哲이 「서문」을 붙여 별도로 간행한 것도
있다.[11]

『소실육문』에 설한 달마의 가르침의 내용을 집약하여 보면 다음과
같다.

1. 모든 사물의 형체는 공하다는 공관空觀을 설하였다.

2. 인간의 마음에는 지혜로움이 있는 반면 망식妄識도 있다는 사지四
智와 팔식八識을 설하였다.

3. 모든 형상에 대한 집착을 타파하고 사물의 진여성眞如性과 마음의

---

10 "홍법원", '달마'조 참조.
11 "伽山", '소실육문'조.

불성佛性을 깨닫도록 설하였다.

4. 불자가 실천해야 하는 삼취정계三聚淨戒와 6바라밀을 설하였다.

5. 문자에 구애받지 않는 불립문자관不立文字觀을 설하였다.

6. 모든 사물과 마음의 본성을 보고 깨닫는 견성법見性法과 마음의 체성을 알게 하는 심법心法을 설하였다.[12]

이와 같이 달마 대사는 『소실육문』의 어록에서 여러 학설을 깊이 있게 설명하고 있다.[13]

3) 「심경송」: 공사상의 실천수행

「심경송心經頌」은 『소실육문』의 제1문門에 해당하는 글로, 현장玄奘 역본 『반야심경』의 각 구절에 5언 8구의 게송을 붙여 37게송으로 구성하였다. 보리달마菩提達磨에 가탁된 저술로 보는 설도 있지만, 『반야심경』을 선禪의 관점에서 해설한 내용이다.[14]

달마 대사는 「심경송」에서 진리의 공空사상을 설명하고 있는데, 이들 공사상은 용수龍樹의 공사상을 이은 것이라고 보는 견해도 있다. 물질(色蘊)과 정신(識蘊)이 공한 것이고 모든 것이 공했다는 사상을 논하고 있다. 정신과 물질의 바탕인 진여성은 공한 것이며, 욕계와 색계와 무색계 등의 삼계도 또한 공한 것이라고 한다. 공성空性은 청정과 부정의 상대적인 면까지도 초월한 것이라고 하였다. 그러므로 공空에는 본래 한 물건도 없는 것이라고 하였다. 달마 대사의 제자와

---

12 『少室六門』 참고.

13 吳亨根, 『인도불교의 선사상』, 한성, 1992, p.292.

14 "伽山", '심경송'조.

신도들이 달마의 탑 이름을 공관空觀이라고 이름을 붙인 것은 우연이
아니라 대사가 평소에 공관에 통달하였고 공사상을 대중들에게 널리
펼친 근거에서 비롯되었다고 볼 수 있다.

공空은 모든 사물이 인연의 모임이기 때문에 자체를 관찰하면 모두
공한 이치를 갖고 있음을 뜻한다. 마음에 집착과 망각의 번뇌가 없으면
공한 진리를 나타내는 것이다. 이러한 사물과 마음을 직관하여 공한
진리를 깨닫는 것을 중요시한다. 이와 같이 선정의 수행은 공의 진리를
깨치는 데 있으며, 공의 진리를 깨치면 모든 진리를 깨닫고 성불할
수 있으므로 공의 도리는 매우 중요한 것이다. 그러므로 달마 대사는
물질은 공한 것이고(色卽是空), 공은 물질인 것이며(空卽是色), 마음도
공한 것으로서 공의 진리를 깨달으면 구경의 열반에 도달할 수 있다고
본 것이다. 공성은 곧 불성佛性을 말하며 모든 형상(相)의 바탕이
되기 때문에 공성을 깨닫는 것이 견성見性이라고 하는 것이다.[15]

2. 승조의 『조론』

1) 『조론肇論』이란

중국 동진東晉 때 구마라집鳩摩羅什의 수제자인 승조(僧肇, 383~414)가
지은 책으로, 노장사상에 조예가 깊었던 승조가 스승인 구마라집의
역경사업에 참석하여 스승으로부터 배운 용수 등 중관파中觀派의 여러
논서에 의거해 불교 교의의 주요한 문제를 명확히 한 것이다. 삼론종에

서 말하는 만유제법萬有諸法이 자성이 없어 공하나 그것은 상대적인
공이 아니라 언어 사려가 끊어진 절대적인 묘공妙空이라는 이치를
논한 논서이다.[16] 4세기 후반의 석도안釋道安, 혹은 5세기 초에 활약한
구마라집 무렵부터 격의불교格義佛教를 벗어나 인도불교의 반야공관
般若空觀 사상을 정확히 이해하려는 움직임이 일어났다. 승조는 그
대표적인 인물로서 구마라집의 문하門下에 있었던 것과는 상관없이
『조론』에서 중국의 노장적인 언사言辭를 사용해 인도불교의 반야사상
을 논술·해석하여 명확히 하고자 하였다. 본서에는 노장의 술어나
개념이 많이 사용되지만 구마라집이 전한 중관불교中觀佛教를 깊이
이해한 바탕 위에서 찬술된 것으로 당시 중국인의 불교 이해를 단적으
로 보여주는 것이다.

2) 『조론』의 내용

논의 처음에 전체를 총괄하고 있는 「종본의宗本義」 1장이 있어 본무本
無, 실상實相, 법성法性, 성공性空, 연회緣會라고 하는 불교의 근본의를
들고, 이것을 융통하여 일의一義로서 논하고 ① 물불천론物不遷論, ②
부진공론不眞空論, ③ 반야무지론般若無知論 (附)劉遺民書問·答劉遺民
書, ④ 열반무명론涅槃無名論 등 4편을 수록하고 있다. 「물불천론」과
「부진공론」에 대한 찬술의 전후가 명확하지 않지만 「물불천론」은
반야지혜의 입장에서는 일체의 것이 천류遷流하지 않는 것을 설하고,
「부진공론」은 만상萬象은 진(眞: 有)은 아니고, 공空이라는 것을 명확

---

16 "홍법원", '조론'조.

히 한 것이다. 「반야무지론」은 406년(弘始 8)경에 저술된 것으로,
반야에 대한 이단異端의 논이 분분할 때 진秦나라에 구마라집이 당도하
여 대승大乘, 특히 용수의 중관불교의 경론을 번역하였다. 승조는
그 역경사업에 가장 일찍부터 참가했지만, 이『조론』은 구마라집으로
부터 받은 반야의 진의眞意를 노장의 어구를 사용하여 해석한 것으로,
이를 중국 사상계에 제공한 것이라고 할 수 있다. 「열반무명론」은
열반이 언어로 표현될 수 없음을 후진後秦 황제 요흥姚興에게 교시教示
한 것이다.『조론』은 그 후 중국인의 불교 속에 깊이 침투하여 중국불교
사상사에 큰 영향을 끼쳐 6세기말 혜달慧達의『조론소肇論疏』, 명明
덕청德清의『조론약주』등 20여 종의 주소注疏가 있다. 본서의 조론
사상은 정토교의 개조 담란曇鸞의『왕생론주往生論註』등에 영향을
주었고, 당대唐代 중기 이후 중국선의 형성이나 화엄사상의 전개에도
중요한 역할을 부과하였다.[17]

3. 혜능의 『육조단경』

1) 『육조단경』이란

『육조단경六祖壇經』은『마하반야바라밀경』, 즉『반야경』의 법을 설한
육조혜능六祖慧能의『육조단경』을 말한다. 선종의 제6조 혜능이 소주
韶州의 대범사大梵寺에서 설한 법을 문인 법해法海가 기록하여 이루어
졌다. 여러 가지 판본이 있지만 현존하는 가장 오랜『단경』인 돈황본의

---

17 김승동 편,『불교·인도사상사전』, 부산대학교출판부, 2001년, p.1892; 駒澤大學,
  『禪學大辭典』, '肇論'조 참조.

제목은 『남종돈교최상대승마하반야바라밀경육조혜능대사어소주대
범사시법단경南宗頓教最上大乘摩訶般若波羅蜜經六祖慧能大師於韶州大
梵寺施法壇經』이며 후미에는 '남종돈교최상대승단경법南宗頓教最上大
乘壇經法'이라는 제목이 달려 있고, 대승사본大乘寺本은 『소주조계산
육조사단경韶州曹溪山六祖師壇經』, 흥성사본興聖寺本은 『육조단경』덕
이본德異本과 종보본宗寶本은 『육조대사법보단경』으로 되어 있다.
『단경』이란 이들 여러 판본의 제목들에 공통적으로 쓰이는 줄여진
이름이다.

2) 『단경』의 선사상

『단경』은 돈오·견성·무념 등의 사상을 강조하며, 『금강경』을 비롯한
반야사상의 영향도 적지 않다. 또한 『단경』은 이전의 선법禪法들을
비판적으로 정리하고 있을 뿐만 아니라 조사선祖師禪의 단서가 되는
사상도 다수 발견되어 중국 선종사에 있어서 분수령이 되는 문헌이라
할 수 있다. 반야사상이 『육조단경』의 선법에 영향을 준 하나의 예를
들면 다음과 같은 반야삼매나 공심정좌의 선법을 들 수 있을 것이다.
　단경의 반야삼매(般若三昧, prajñā-samādhi, prajñā-samādhi-mukha)
란 반야의 바른 지혜에 머무르는 삼매를 말한다. 『단경』의 중심사상
중 하나로 북종선北宗禪의 『능가경』 전수에 대응하여 『금강반야경』을
전법의 징표로 삼는 전통과 관련되며, 이것이 남종선南宗禪 초기의
종지인 무념無念과 다르지 않은 선법으로 전개되었다. 종보본 『단경』[18]

---

18 대정장 48, p.350.

에 "깊고 미묘한 법계와 반야삼매에 들어가고자 하는 자라면 반야행을 닦고 『금강반야경』을 수지·독송해야 한다. 이로 말미암아 견성하게 되니, 이 『금강반야경』의 공덕이 한량없고 끝이 없다는 것을 알아야 한다"라고 하고, 또 돈황본 『단경』[19]에 "만일 본심을 안다면 이것이 바로 해탈이고, 이미 해탈을 얻었다면 그것이 곧 반야삼매이며, 반야삼매를 깨닫는 것이 곧 무념이다. 무엇을 무념이라 하는가? 무념의 법이란 모든 법을 보면서도 그 모든 법 하나하나에 집착하지 않고, 모든 곳을 두루 돌아다니지만 그 어떤 곳에도 집착하지 않고 항상 자신의 본성을 청정하게 유지하는 것을 말한다"라고 하였다.

그리고 공심정좌空心靜坐란 마음을 비우고 고요히 앉아 있다는 뜻으로, 종보본 『단경』에 "내가 공을 설하는 것을 듣고 바로 공에 집착하지 말라. 무엇보다 공에 집착해서는 안 된다. 마음을 비우고 고요한 상태를 유지하며 앉아 있는 것은 무기공無記空에 집착하는 것이다"라고 하였다. 이것은 좌선의 함정을 지적하는 것으로, 정定만 있고 혜慧가 없는 무기공이 그릇됨을 보여주는 말이다. 참으로 마음을 비웠다는 것은 정혜定慧가 평등하게 갖추어진 것이며, 고요함과 움직임이 상호 소통되어 걸림이 없는 상태를 말한다.

공심정좌와 유사한 뜻으로, 주심관정住心觀靜이란 말도 보인다. 곧 종보본 『단경』에 "마음을 머물러 고요함을 관하는 것(住心觀靜)은 병이며, 선이 아니다. 오랫동안 앉아 몸을 구속하는 것이 근본적인 도리에 무슨 보탬이 되겠는가(住心觀靜 是病非禪 長坐拘身 於理拘益)"라

---

19 대정장 48, p.340.

고 하였다.[20]

4. 길장의 주석서

1) 『대품경의소大品經義疏』(10권)

길장(吉藏, 549~623)은 수隋나라 사람이며, 만속장卍續藏 38에 수록되어 있다. 구마라집이 한역한 『대품반야경』의 강요綱要를 기술하고 문의文意를 기술한 것으로 모두 10문으로 구성되어 있다. ①석경제釋經題: 마하·반야·바라밀·수다라 등의 뜻을 풀이하였다. ②서설경의序說經意: 경을 설한 종종의 인연을 아홉으로 정리하고 있다. ③명부당다소明部儻多少: 반야바라밀의 종류를 양종兩種반야(공성문·제대보살), 3종반야(광찬·방광·도행), 오시五時반야(마하·금강·천왕문·광찬·인왕), 팔부반야(십만게·이만오천게·이만이천게·팔천게·사천게·이천오백게·육백게·삼백게) 등으로 세분하였다. ④변개합辨開合: 반야의 제부諸部를 연 이유와 오시五時를 일부一部로 합한 이유를 밝혔다. ⑤명전후明前後: 반야를 설한 전후에 대해서 논하였다. ⑥변경종辨經宗: 반야의 종체宗體를 논하였다. ⑦명현밀明顯密: 현밀의 사교四敎와 방정방정傍正의 사문四門을 밝혔다. ⑧변교辨敎: 여래의 경교經敎를 논하였다. ⑨명전역明傳譯: 경전을 전역傳譯한 사람들의 사적事蹟과 그 진행과정을 기술하였다. ⑩의문해석依文解釋: 본문에 따라서 내용을 풀이하였다.

---

20 "가산伽山"의 '육조단경'조 참조.

이상 10문 중에 제1문에서 제9문까지는 1권에 수록되어 있고, 제10 문은 2권에서 10권에 걸쳐 수록되어 있으나 2권은 누락되었다. 또 지은이는 『열반경』·『화엄경』·『사분율』·『대지도론』·『성실론』 등의 경·율·론과 도안道安·구마라집·승조僧肇·승전僧詮 등 논사들의 글을 많이 인용하였다.[21]

2) 『대품유의大品遊意』(1권)

대정장 38(pp.63~68)에 수록되어 있다. 『대품경유의』라고도 한다. 『마하반야바라밀다경』(대정장 8, pp.217~424)에 대한 개설서라고 할 수 있다. 전체의 구성은 석명(釋名: 경의 제목을 풀이함), 변종체(辨宗體: 경의 근본적인 뜻을 밝힘), 회교(會教: 교상판석教相判釋), 파야부당(波若 部儻: 관련된 반야부 경전의 소개), 명연기(明緣起: 본 경이 성립된 과정을 밝힘)의 5장으로 나누어서 서술하고 있다. 중국 남북조 시대에 발달한 여러 불교 종파의 교설을 인용하고, 그 교설의 문제점을 조목조목 비판하면서, 궁극적으로는 무득정관無得正觀이라는 삼론학의 입장을 밝히고 있다.[22]

---

21 "伽山", '대품경의소'조.
22 "伽山", '대품유의'조.

제3장 반야사상에 기초한 경과 논서들

I. 반야사상에 기초한 대표적인 경전

1. 『능가경』

1) 『능가경』이란

『능가경楞伽經』은 3역이라 하여 『능가아발다라보경』과 『입능가경』, 『대승입능가경』을 꼽는다. 그중에서 송나라 때 한역된 구나발다라求那跋陀羅의 『능가아발다라보경楞伽阿跋多羅寶經』은 전체 4권으로 이루어져 있으며 송역宋譯이라고 한다. 위나라 때 보리유지菩提流志가 한역한 『입능가경』은 흔히 위역魏譯이라 하며, 『십권능가경十卷楞伽經』이라고도 한다. 보리유지의 한역본은 3역 중에서 가장 방대한 양으로 이루어져 있으나 문장은 가장 평이하다는 평가를 받고 있다. 능가 3역은 각각의 내용 구성과 본문의 분량은 서로 차이가 나지만 산스크리트어 이름은 Laṅkāvatāra-sūtra이고, 그에 따라 산스크리트어를 음역

한 경 이름이 『능가경』이다. 실차난다(實叉難陀, Sikṣānanda, 652~710)
가 당나라 때 한역한 『대승입능가경』은 당역唐譯이라고 부르고, 또
능가 3역 중에서 가장 뒤늦게 한역되었기 때문에 흔히 『신역대승입능
가경新譯大乘入楞伽經』이라고도 한다.

　전체 7권으로 이루어진 『대승입능가경』은 10품으로 나누어져 있다.
『입능가경』이 18품, 『능가아발다라보경』이 4품으로 구성되어 있는
것과 비교하면 품의 수와 각 품의 제목은 이역본마다 제각각 다르다.

　먼저 제1품에는 부처님에게 설법을 권청하는 라바나왕이 등장한다.
부처님은 바닷가에 있는 마라야산摩羅耶山 꼭대기의 능가성楞伽城으
로 가서 여러 비구와 보살 대중들과 함께 머물고 있었다. 그때 라바나왕
은 온갖 보물들을 부처님에게 바치면서 대승의 이치를 가르쳐 달라고
청한다. 그러자 부처님은 라바나왕을 위해 설법의 문을 열기 시작한다.

　제2품에서부터는 대혜보살의 질문에 대해서 부처님께서 답변하시
는 형식으로 전개된다. 여기서 부처님은 일체 모든 것이 다 공空에
불과한 것임을 밝히고 있다. 또한 일곱 가지 자성自性, 즉 집集자성·성
性자성·상相자성·대종大種자성·인因자성·연緣자성·성成자성 등을
설명하고, 아뢰야식을 비롯한 식識에 대해서 논의를 펼친다. 또한
탐애貪愛는 어머니요, 무명無明은 아버지라고 하면서 아뢰야식과 여래
장이 무엇인지 밝힌 다음에 바라밀을 실천하는 보살행으로써 윤회를
벗어나 열반의 경지에 이를 것을 강조하고 있다.

　무엇보다도 『능가경』의 요점은 유심唯心에 의한 자내증自內證에
있다. 모든 것은 마음이 스스로 나타난 것임을 깨닫지 못하고 외계의
여러 대상에 집착하여 망상과 분별심을 내는 것이 바로 미혹이며

무명無明이다. 그러므로 가장 중요한 것은 자신의 마음을 깨달아서 모든 분별심을 떠나야 한다는 것이다.

그 밖에도 여러 불교 학파의 학설들이 한데 어우러져 『능가경』 속에 녹아 있다는 점도 큰 특색으로 꼽을 수 있다. 즉 반야·법화·화엄 등 불교의 모든 핵심사상이 하나로 융해되어 『능가경』 속에 들어 있다. 그리고 『능가경』에서 가장 주목할 만한 것은 여래장과 아뢰야식을 결합시켜서 설명하고 있다는 점이다. 이 점은 후대의 불교사상에 큰 영향을 주었던 것으로 평가된다. 또한 중국 선종의 제1조인 보리달마 조사가 제2조 혜가에게 전수한 것이 바로 이 『능가경』(4권본)이었다는 사실에서도 후대 선종의 중심 경전으로 자리 잡은 까닭을 쉽게 짐작할 수 있다.[1]

경전의 배경이 되는 곳은 스리랑카의 능가산(Laṅkā: 스리랑카의 동남쪽에 있는 산으로 현재의 이름은 아담봉이다)이고, 대혜(大慧, Mahāmati)보살을 상대로 설하고 있다. 산스크리트 원전의 성립 시기는 400년경으로 보는 것이 일반적이다.

2) 특징적인 내용

이 경전의 특징적인 내용은 다음과 같다.

첫째로 여래장사상과 유식사상을 결합시켜 『대승기신론』의 일심이문(一心二門: 心眞如·心生滅) 사상의 선구를 이루고 있는 점, 둘째로 오법설(五法說: 名·相·分別·正智·眞如)과 8식설八識說 및 3성설三性說

---

1 한글대장경, 동국역경원, '능가경' 해제 참조.

을 채택하여 『해심밀경』 등 유식 계통의 사상을 계승하면서 후기 유식학설, 특히 호법(護法, Dharmapāla, 530~561)의 유식에 영향을 미친 점, 셋째로 중생을 깨달음으로 이끌기 위하여 여러 가지 교법이 있지만, 그것들에게 차별이 있는 것은 아니며, 그 모든 것은 오직 일불승一佛乘뿐이라고 하여 『법화경』의 회삼귀일會三歸一의 사상이 이 경에서 다시 환기되고 있다는 점, 넷째로 선禪에는 성문·연각·외도 등의 어리석은 범부가 행하는 선(愚夫所行禪), 법무아法無我의 뜻을 관찰하는 선(觀察義禪), 망상妄想이 일어나지 않는 진여에 입각한 선(攀緣如禪), 여래지如來智에 들어가서 세 가지 낙주(三樂住)를 얻는 여래선如來禪 등 네 가지가 있다고 하여, 선의 역사에서 주목할 만한 자료를 제공하고 있다는 점이다.

　이 경전에서 특히 강조되고 있는 사상은 무분별에 의한 깨달음이다. 중생은 미혹으로 대상에 집착하기 때문에 과거로부터 쌓아온 습기習氣로 말미암아 모든 형상이 자신의 마음(自心)에 의해서 나타난 것임을 알지 못한다. 그러므로 의식의 본성에 의지하여 모든 현상이 자신의 마음으로부터 나타난 것임을 철저하게 깨닫는다면 집착하는 주체(能取)와 집착하게 되는 대상(所取)의 대립을 떠나서 무분별의 세계에 이를 수 있다. 이러한 의미에서 여래장설이나 무아설도 무분별의 경지에서 이를 수 있는 방편이 된다고 한다. 또 성스러운 지혜의 작용에 관해서 크게 강조하고 있으며, 무분별을 스스로 체험하는 철저한 깨달음에 의해서만 진리의 세계를 획득할 수 있다는 일관된 입장을 보여주고 있다.[2]

2. 『유마경』

1) 『유마경維摩經』이란

전체 2권으로 이루어진 이 경은 오吳나라 때(223~253) 지겸支謙이 한역하였다. 산스크리트어 이름은 Vimalakīrti-nirdesa이고, 갖추어 부르는 경經 이름은 『유마힐소설부사의법문경維摩詰所說不思議法門經』이며, 흔히 『보입도문경普入道門經』, 『불법보입도문경佛法普入道門經』, 『불법보입도문삼매경佛法普入道門三昧經』 등으로도 부른다.

　유마힐이라는 재가 거사가 수많은 불제자들을 당혹하게 만들면서 종횡무진으로 대승불교의 심원한 철학을 전개하고 있는 이 경전은 가장 대표적으로 꼽히는 대승경전이다. 2세기경에 처음 성립된 『유마경』은 중국에서 일곱 차례나 한역되었는데, 유마 7역 중에서 현재 남아 전하는 것은 세 본뿐이며, 그 세 본 중에서도 지겸의 한역이 가장 앞선 것이다. 나머지 두 본은 구마라집鳩摩羅什이 한역한 『유마힐소설경維摩詰所說經』과 현장玄奘이 한역한 『설무구칭경說無垢稱經』이다.

2) 전체적인 내용

『불설유마힐경』은 전체 14품으로 구성되어 있다.

　제1 「불국품佛國品」에서는 경전의 성립 배경으로 부처님께서 유야리국維耶離國의 나씨수奈氏樹 동산에 계실 때 중생들이 불도를 깨달으

---

2 "가산伽山", '능가경'조. 자세한 것은 한글대장경, '입능가경'을 참조할 것.

면 이 세계가 곧 그대로 청정한 불국토가 된다고 설하면서 그 세계를 보여주셨다.

제2 「선권품善權品」에서는 유야리의 성에 사는 장자 유마힐이 등장한다. 그가 앓아눕자, 국왕에서부터 장자와 거사 등 수많은 사람들이 그에게 병문안을 간다. 유마힐은 그들에게 육신의 무상함과 4대四大의 허망함에 대하여 설법하고, 여래의 몸, 즉 법신法身에 대하여 설명한다.

제3 「제자품弟子品」에서는 부처님의 제자들도 유마힐의 덕이 높다는 것을 칭송하고 있다. 대가섭은 말하기를 "유마힐의 설법을 듣는다면 누구든지 아뇩다라삼먁삼보리의 깨달음을 얻을 정도로 그의 지혜는 뛰어나다"고 한다.

제4 「보살품菩薩品」에서는 미륵보살을 비롯하여 여러 보살이 등장하여 유마힐과 논박을 펼친다. 유마힐은 대승불교에 토대를 둔 수행관을 설명하고, 진정한 보살이란 일체중생에게 법을 보시하는 데 있다고 한다.

제5 「제법언품諸法言品」은 문수사리가 유마힐에게 병문안을 가는 내용이다. 그는 보살과 제자, 천인天人들을 이끌고 유마힐에게 간다. 유마힐은 나 자신에 대한 집착에서 병이 생겨난다고 하면서 중생이 병들었기에 자신도 병이 들었다고 한다. 그리고 보살행을 강조한다.

제6 「부사의품不思議品」에서는 소승에 비해서 대승이 훨씬 우월하다는 것을 여러 가지 비유를 들어 설명하고 있다. 예컨대 대승보살이 용이나 코끼리와 같다면, 소승의 비구들은 마치 노새와 같다고 한다.

제7 「관인물품觀人物品」에서 유마힐은 사람이란 마치 물 위에 비치는 달과 같이 실제로는 존재하지 않는 허망한 것임을 알아야 한다고 말한다. 중생이 보는 것은 다만 미혹한 분별에 의한 것일 뿐이므로 결코 집착하지 말아야 한다는 것을 일깨운다.

제8 「여래종품如來種品」에서는 생사윤회를 일으키는 온갖 번뇌가 바로 여래의 씨앗이 되므로 번뇌가 곧 깨달음이며, 생사가 곧 열반이라고 한다.

제9 「불이입품不二入品」에서는 둘이 아닌 오직 하나의 불도에 들어가는 길을 말한다. 30여 명의 보살들이 불이법문不二法門에 대해서 말하고 난 뒤, 유마힐의 차례가 되자 그는 아무 말 없이 침묵을 지킨다. 어떠한 말이나 문자로도 설명이 전혀 필요 없는 것, 그것이야말로 진정 둘이 아닌 법에 이르는 길이기 때문이다.

제10 「향적불품香積佛品」에서는 진정한 공양이란 무엇인가에 대해서 설명한다. 유마힐은 참된 공양이란 계율에서 나온다는 것을 일깨워준다. 이 품에서는 사바세계란 본래 청정한 곳이므로 고통이 가득하여도 분별심이나 염오심을 내지 말라고 한다.

제11 「보살행품菩薩行品」에서는 보살이 부처가 되기 위해서는 어떤 수행을 해야 하는지 말한다. 부처님은 온갖 대해大海의 원천과 깊고 얕음은 측량할 수 있어도 보살의 지혜와 앎과 정념定念과 다라니와 변재의 대해大海는 측량할 수가 없다고 말한다. 또한 유마힐이 보여주는 신통력은 성문승이나 독각승들이 결코 따라갈 수 없다고 밝히고 있다.

제12 「견아촉불품見阿閦佛品」에서 유마힐은 진정으로 여래를 보는 것이 무엇인지에 대해서 말한다. 부처님은 유마힐이 중생을 구제하기 위해서 묘락세계로부터 이 사바세계로 내려온 보살임을 밝히고 있다.

제13 「법공양품法供養品」에서는 제석천이 등장하여 이 경의 뛰어남을 말하고, 부처님은 약왕여래의 말을 빌어서 공양주에서도 가장 뛰어난 것은 바로 법공양이라고 설명한다.

제14 「촉루미륵품囑累彌勒品」은 이 경의 귀결로서 많은 사람들이 『유마경』을 수지 독송할 수 있도록 미륵보살과 아난에게 부탁하는 내용이다.

이상과 같이 유마힐이라는 재가자를 등장시켜서 그 누구보다도 불도의 이치에 통달하였음을 말한 것은 바로 대승보살의 이념을 구현시키고자 한 것으로, 깨달음은 출가자의 전유물이 아니라는 대승불교의 보살정신, 그 핵심을 설하고 있는 경전이다.[3]

3. 『설무구칭경』

1) 『설무구칭경說無垢稱經』이란

가장 대표적인 대승경전으로 꼽히는 이 경의 내용은 반야사상에 토대하고 있다. 특히 대승보살의 실천도를 중시하고, 정토사상을 두드러지게 반영하고 있다. 흔히 '불가사의한 해탈 법문'이라 부르기도 하는데 예로부터 가장 많이 읽히고, 또 가장 많이 인용되는 경전으로도 유명하다.

현장(玄奘, 600~664)이 당唐나라 때(627~649) 전체 6권으로 한역한

---

3 한글대장경, 동국역경원, '유마경' 해제 참조.

이 경은 흔히 『유마경』의 이역으로 알려져 있으며, 간단히 줄여서 『무구칭경無垢稱經』 또는 『유마힐경維摩詰經』이라 부른다.

2) 전체적인 구성

『설무구칭경』의 구성은 다음과 같다.

제1권은 「서품」과 「현부사의방편선교품」, 제2권은 「성문품」과 「보살품」, 제3권은 「문질품問疾品」과 「부사의품」, 제4권은 「관유정품觀有情品」과 「보리분품」 및 「불이법문품」, 제5권은 「향대불품香臺佛品」과 「보살행품」이 들어 있고, 제6권은 「관여래품」과 「법공양품」 및 「촉루품」으로 되어 있다.

구마라집 한역본과 현장의 한역본은 모두 3분分 14품으로 구성되어 있다. 각 품의 내용 역시 『유마힐소설경』과 『불설유마힐경』의 줄거리와 크게 다를 바 없다. 전체 14품을 통해서 재가자인 『유마힐』은 편협한 소승에서 벗어나 대승자의 상을 실제 생활에서 실천하는 것이 최상의 불도수행의 길이라고 강조하고 있다.[4]

4. 『승만경』

『승만경』이라고 하는 이름은 『승만사자후일승대방편방광경勝鬘師子吼一乘大方便方廣經』의 약칭으로, 이 경은 그 제목이 나타내고 있듯이 승만勝鬘 부인이 일승대방편一乘大方便의 뜻을 사자후하는 것이다.

---

4 한글대장경, 동국역경원, '설무구칭경' 해제 참조.

그리고 대승사상의 극치를 이루고 있는 재가자在家者 유마힐과는 그 점에 있어서 비견할 만하다 하겠다.

고려대장경은 이 경을 15장으로 나누고 있으나 다른 대장경에서는 그렇게 나누고 있지 않다. 일본의 대정 신수대장경이 고려대장경을 활자화活字化 한 것이므로 이 대장경은 고려대장경에 따르고 있다.

이 경의 사상을 살펴보면, 이 경이 설하고자 하는 주안점은 섭수정법 攝受正法에 있다. 처음 승만 부인이 삼취정계三聚淨戒를 굳게 지닐 것을 서약하고, 다시 세 가지 대원大願을 세움과 동시에 정법正法의 섭수를 강조하고 이 정법은 대승이며, 이 일승一乘 이외의 이승·삼승 이라고 하는 것은 없다고 한다. 따라서 이러한 정법의 섭수에 따른 이치를 설하기 위하여 이 경은 소승과 대승을 비교하고, 각각 그 주장을 밝히고 필경 대승은 소승을 초월한다고 하는 까닭을 밝혔다. 동시에 이승을 지양하고 일승으로 돌아가 성문승聲聞乘과 연각승緣覺 乘을 회통하여 필경은 일불승一佛乘으로 들게 하여 이 일승은 여래의 구경법신究竟法身이 개현한 것이라고 주장한다.

그리고 또 후반에 들어가서는 여래장의 사상을 역설하고 있다. 즉 이승二乘의 사성제四聖諦는 참다운 성제聖諦가 아니고, 일체의 번뇌 를 끊는 제1의지第一義智의 설하는 것이야말로 참다운 성제라고 한다. 따라서 이 제1의지가 설하여 밝히는 성제는 중생이 본래부터 갖추고 있는 여래장이며, 번뇌 속에 있는 것을 여래장이라고 이름하지만 이것이 개현開顯하면 곧 여래의 법신이고, 이승二乘의 공지空智는 아직 이 여래장을 보지 못한다. 부처의 "깨달은 지견(證見)"만이 볼 수 있는 멸제滅諦야말로 여래의 법신인 것이다. 따라서 이것은 자성청정의

여래장이다. 뿐만 아니라 이 여래장은 염染과 정淨의 법이 의지하고
서는 것으로 번뇌 속에 있으면서도 그 자성은 변하지 않는다. 이러한
이치를 아는 자를 불자佛子라 한다.

이러한 이 경의 사상은 첫째, 부처에 비해서 이승(성문연각)을
업신여기고, 둘째, 이승을 일승으로 회귀시키며, 셋째, 법신의 상주常
住를 주장하고, 넷째, 여래장을 설하여 중생이 본래 갖추고 있는 성품을
열어 보이는 것 등을 들 수 있다.

이 같은 것은『유마경』,『법화경』,『열반경』,『화엄경』,『기신론』
등에서 강조하고 있는 것들이다.

한편 여러 성문과 연각들을 앞에 두고 설하는 것은 유마힐과 좋은
대조를 이루고 있다. 유마힐의 논진은 도도하고 날카로우며, 때로는
수미산을 누르는 것과 같다. 그러나 승만 부인의 설법은 여인의 설법답
게 날카롭게 찌르는 것은 없으나 그 논진은 당당하고 경의 체제가
간명하여 이해에 도움을 주고 있어 거침이 없음은 주인공을 염두에
두고 있음을 알 수 있다.

이 같은 경이 결집되게 된 것은 인도에 있어서 대승사상이 최고조에
달했을 무렵의 산물이라고 곧 추정할 수 있으며, 따라서 이 경의
성립연대도 그러한 경의 성립연대와 서로 앞서거니 뒤서거니 할 것이
다. 그리고 이 경이 한역漢譯된 시대는 중국불교의 최전성기에 해당하
는 시기였다고 볼 수 있다.[5]

---

5 한글대장경『승만사자후일승대방편방광경』, 해제편 발췌.

5. 『법화경』의 제법실상론

1) 『묘법연화경妙法蓮華經』이란

이 경은 반야부 경전을 설하고 난 후 사람들이 공사상에 빠지게 됨을 염려하신 탓인지 근본사상은 실상에 두면서도 인간들을 생각하는 구제사상이 특징이다. 또한 중국에서 한역된 후 수隋의 천태대사 지의(智顗, 538~597)에 의해 이 경에 담겨져 있는 깊은 뜻과 사상이 교학적·사상적으로 조직·정리됨으로써 천태사상이 발전을 보게 되어 화엄사상華嚴思想과 함께 중국 불교학의 쌍벽을 이루게 된 너무도 유명한 경전이다. 이 경의 내용과 사상은 철두철미 대승불교적인 것인데, 그중에서도 이 경의 주 안목을 요약하자면 회삼귀일會三歸一과 구원성불久遠成佛의 두 가지라고 할 수가 있다.

  (1) 회삼귀일會三歸一이란 회삼승귀일승會三乘歸一乘의 준말로 달리 개삼현일(開三顯一: 삼승을 열어 일승을 나타냄)이라고도 한다. 이는 제2「방편품」에 설하여진 것인데 그 내용은 다음과 같다. 우선 부처님은 제불諸佛의 지혜는 심심무량甚深無量하여 알기 어렵다고 찬탄하고 제불은 제법의 실상인 십여시(十如是: 如是相·如是性·如是體·如是力·如是作·如是因·如是緣·如是果·如是報·如是本來究竟)를 철저하게 이해할 것을 설한 다음, 부처님은 일대사인연으로 출세하여 중생들로 하여금 모두 불의 지견知見을 개시오입開示悟入케 하기 위한 것임을 설하고, 시방불토十方佛土 중에는 오직 일승의 법만이 있을 뿐이다. 이승도 없고 삼승도 없건만, 다만 부처님의 방편력으로 일불승一佛乘에서 삼승의 법을 분설分說한 것뿐이라고 하여 성문·연각·보살의

삼승을 일불승으로 회입시켜 삼승개회三乘開會와 이승성불二乘成佛의
뜻을 설하고 있다. 여기에서의 십여시十如是의 실상은 뒤에 천태 대사
지의에 의하여 고원유묘高遠幽妙한 일념삼천一念三千의 철리哲理를
창조케 한 것으로 제법실상·삼제원융三諦圓融 등의『법화경』철학의
근거가 되었다.

(2) 구원성불久遠成佛은 제16「여래수량품」에서 설하여진 것인데,
이 품에서 석존의 성불은 금생의 일이 아니라 실은 성불한 지 무량무변
백천만억나유타겁이나 된다고 하면서 여기에서 유명한 오백진점五百
塵點의 비유를 들어 성불의 구원을 설하고, 수명 또한 무량무변아승지
겁이어서 상주불변하며, 그 동안에 항상 영취산과 기타 도처에서
교화·설법을 그치지 않았다고 하여 불수佛壽의 장원長遠과 불신의
상주常住를 설하고, 여기에서 유명한 '양의良醫의 비유'를 설하며, 비록
멸하지 않으면서도 멸도滅度를 보인 것은 중생을 구하기 위한 대자비의
방편임을 밝히고 있다. 그러므로 구원성불은 동시에 부처님의 수명의
무량·불신의 상주·교화의 무량·자비의 무량, 그리고 구제의 무량
등을 복합적으로 내포하고 있다고 한다.

2) 제법실상론

제법실상諸法實相이란, 연기緣起·법계法界·필경지畢竟智·제일의공第
一義空·무상無相·부자성無自性·공空 등이 실상의 다른 이름이다. 적용
범위가 넓지만 경론에서는 부처님이 깨달은 내용을 나타내는 말인
한에서 유의미하다. 이런 맥락에서는 연기의 이법이 실상을 가리키는
가장 기초적인 개념이며, 깨달음·지혜 등 주관의 인식과 분리할 수

없다. 그것을 확장한 본연의 진실로서 실성實性·실제實際·진성眞性·
열반涅槃·무위無爲·무상 등이 모두 실상의 다른 명칭이다. 실상이라는
용어 자체는 특정한 경론에 관계없이 공空·불이不二 등의 맥락으로
해석 가능한 모든 법을 폭넓게 실상으로 간주하는 경향이 있다. 세속에
서 인식하는 모든 현상은 한결같이 정해진 실체가 없고 일시적인
속성을 지니기 때문에 허가虛假 또는 가상假相이라 하며, 그것이 사라
진 상황에서 드러나는 진실을 허가와 대칭하여 실상이라고 한다.
『무량의경』에 이르기를, "헤아릴 수 없이 많은 도리는 하나의 법으로부
터 발생한다. 그 하나의 법이란 어떤 상에도 제한되지 않는 무상無相이
다. 이와 같은 무상은 상도 없고 상이 아닌 것도 없다. 상도 없고
상이 아닌 것도 없다면 그것을 실상이라 한다"라고 한다.

이에 천태종에서는 3중의 해석을 통해서 제법실상의 뜻을 규명한다.
그 초중初重에는 인연법에 의해서 이루어진 일체의 현상(現象: 諸法)은
인연을 따라 임시로 나타난 것으로 실체가 아니기 때문에 제법의
본질은 공리(空理: 實相)임을 제법실상이라고 한다. 제2중에서는 공
空·유有의 모든 것을 제법이라 하고, 그러한 공·유를 초월한 절대
긍정으로서의 중도中道의 이理를 따로 세워서 제법의 본질은 이 중도의
이(理: 實相)라고 함을 제법실상이라고 한다. 제3중에서는 현상세계의
모든 사사물물事事物物은 그대로 즉공卽空·즉가卽假·즉중卽中으로서
실상의 이에 계합하는 이른바 제법 즉 실상인 것을 제법실상이라고
한다. 그리고 선종禪宗에서는 제법실상은 불조佛祖가 깨달은 본래면목
그것이라고 한다.[6]

그리고 통칭 법화열반시로 일컬으며 『법화경』과 같은 시기에 설했

다고 하는『열반경』은 아함부가 아닌『대승열반경』에 이르러 반야경
의공과 반야사상의 영향을 받았다고 보지만 여기서는 생략한다.

6.『화엄경』

1) 경명의 성립과 한역

『화엄경華嚴經』이라고 하는 경명은『대방광불화엄경大方廣佛華嚴經』
을 줄인 경명이고,『대방광불화엄경』은 범어 경명(Mahā-vaipulya-bud-
dha-ganda-vyūha-Sūtra)을 직역한『대방광불잡화엄식경大方廣佛雜華
嚴飾經』에서 잡雜 자와 식飾 자의 두 자字를 줄인 것이다.

　『화엄경』의 화엄은 크나크신(大方廣) 부처님을 설함에 있어서 잡화
雜華로서 엄식嚴飾한다는 비유의 표현을 하고 있는데, 이 잡화는 온갖
꽃을 뜻한다. 온갖 꽃이 온 생명력을 다해서 온 우주 가득히 생명을
꽃피운 것이 잡화엄식雜華嚴飾이다. 이것을 줄여서 화엄이라고 한다.
또한 온갖 꽃이라고 하면 이름이 있는 꽃이나, 이름이 없는 꽃도
그 안에 포함된다. 그 속에는 차별이 있지 않고 평등과 조화가 있다.
따라서 '잡화엄식'이라고 하는 경명은 이름이 있는 중생과 이름이
없는 모든 중생이 평등하고 조화를 이루어 불법을 설하는 일을 장엄하
고 있음을 뜻하기도 한다. 대체로『대방광불화엄경』이라고 하는 경명
을 이같이 살펴보면 이 경명은 '온갖 꽃으로 장엄된 크고 크신 부처님을
설하는 경'이라고 할 것이다(60권본 해제편).

---

6 이상은 "홍법원"의 '묘법연화경', '제법실상론'조 참조.

그리고 대방광불이란 대비로자나불大毘盧遮那佛을 가리킨다. 비로 자나불은 범어 이름 바이로차나(Vairocana)의 음사音寫로서 '광명이 미치지 않는 곳이 없이 두루 비춘다(光明遍照)'는 무한한 광명을 뜻한 다. 또 『화엄경』의 화엄華嚴이라고 하는 말은 온갖 아름다운 꽃으로 장엄莊嚴되었다는 뜻이다. 그것은 찬란함을 비유하는 말이며, 결론해 서 무한한 비로자나 부처님을 설하는 찬란한 행임을 경명은 뜻한다.

이 같은 『화엄경』의 한역본漢譯本에는 40권본과 60권본과 80권본의 세 가지가 있다.

①40권본本

당唐나라 795년 남인도의 오다국烏茶國 사자왕獅子王이 반야삼장般若 三藏에게 들려 보낸 『화엄경』의 보현행원품을 반야삼장이 번역한 것으 로 '입부사의 해탈경계 보현행원품'이라고 부르는 경이다.

②60권본

동진東晉 시대에 불타발타라(佛陀跋陀羅, 359~429)가 한역한 것으로서 동진 시대에 번역되었다고 해서 진역 화엄경晉譯華嚴經이라고 하며, 다른 두 『화엄경』보다 먼저 번역되었으므로 구역舊譯 화엄경이라고도 한다. 이 경은 3만 8천의 게송, 34품으로 짜여 있고, 설법한 장소는 일곱 곳이며, 여덟 번에 걸쳐 설하였으므로 이것을 칠처팔회七處八會라 고 한다. 법장法藏의 화엄교학華嚴敎學은 이 60권본 화엄경을 바탕으로 조직되어 있다.

③80권본

당唐 측천무후則天武后 시대인 699년에 실차난타實叉難陀가 한역한 것으로서 4만 5천의 게송, 39품으로 짜여 있고, 설법한 장소는 일곱 곳이며, 아홉 번에 걸쳐 설하였으므로 이것을 칠처구회七處九會라고 한다. 이 경은 구역인 진역 화엄경보다 늦게 번역되었으므로 신역新譯 화엄경이라고 하고 당대唐代에 번역되었으므로 당역 화엄경唐譯華嚴經 이라고 한다. 징관澄觀의 화엄교학華嚴教學은 이 80권본 화엄경을 바탕 으로 조직되어 있다.

위에서 본 바와 같이 40권본은 60권본이나 80권본 중의 한 품을 번역한 경이므로 보통은 화엄경이라고 부르지 않는다. 그러므로 흔히 『화엄경』이라고 하면 60권본과 80권본의 둘을 가리킨다.

『화엄경』에서 특별히 중요한 부분은 「십지품十地品」과 「입법계품入 法界品」이다. 이 두 품은 『화엄경』의 가장 오래된 부분이며, 이것은 『십지경十地經』이라고 하는 독립된 경으로 전해지고 있다. 가장 먼저 성립한 이 두 품에 여러 가지 다른 품이 더해져서 오늘날과 같은 『화엄경』이 중관철학中觀哲學을 확립한 용수(龍樹, 150?~250?) 이전에 성립되었다고 보는 견해가 유력하다.

2) 경의 내용에 대한 분류

『화엄경』이라고 하면 부처님이 성도 후 2·7일에 문수보살과 보현보살 등의 상근기를 대상으로 자내증自內證의 법문을 설한 것을 말한다. 중국에서 번역한 80권본은 『화엄경』에 대해서 당唐의 현수賢首 이후, 글을 따라서 네 가지로 분류하고 뜻을 따라서 다섯 가지 원인과 결과로

나누는 관례가 있어 왔다. 여기서는 그 관례에 따라 경의 내용에
따른 분류를 살펴보기로 한다.

(1) 글에 의한 분류

①과보를 말하여 신심을 내게 하는 것(擧果勸樂生信分)

②인행因行을 닦아서 과보를 얻음을 말하여 지혜를 내게 하는 것(修因
契果生解分)

③수행하는 법에 의탁하여 닦아 나아가면 인행을 성취하는 것(託法進
修成行分)

④사람에 의하여 증득하면 과덕을 이룬다는 것(依人證人成德分)

(2) 뜻에 의한 분류

①제1회의 세주묘엄품은 『화엄경』을 설하게 된 인연을 말한 서문이
고, 제2 여래현상품에서 제5 화장세계품까지는 비로자나불의 과상果
上의 덕을 말했고, 제6 비로자나품에서는 옛적에 닦던 인행을 말했으므
로 이것을 소신인과所信因果라 한다.

②제2회의 여래명호품에서 제7회의 보살주처품까지 26품에서는
50위의 인행이 차별된 것을 말했고, 다음의 불부사의법품과 여래십신
상해품과 여래수호광명공덕품에서는 부처님과 상의 3덕이 차별된
모양을 말했으므로 이것을 차별인과差別因果라 한다.

③제7회의 보현행품에는 보현의 원만한 인행을 말하고, 여래출현품
에서는 비로자나불의 원만한 과상을 말했는데, 앞에 있는 차별된
인과의 모양을 융통하여 인은 반드시 과를 포섭하고 과는 반드시

인을 포섭하는 것이어서 인과 과가 서로 융통하여 둘이 아닌 것을
보였으므로 평등인과平等因果라 한다.

④제8회의 이세간품에는 처음에 2천의 수행하는 법을 말하여 인행
을 밝히고, 다음에는 여덟 가지 모양으로 성불하는 큰 작용을 말하여
과위果位의 모양을 말했으므로 수행을 성취하는 성행인과成行因果라
한다.

⑤제9회의 입법계품에는 처음 본회本會에서는 부처님의 자유자재
한 작용을 말하여 증득하는 과상을 보였고, 다음에는 선재동자가
선지식들을 방문하면서 인행을 닦아서 법계의 법문에 들어가는 일을
말했으므로 증입인과證入因果라 한다.

그리하여 이 경의 내용은 통틀어 다섯 번의 인과를 환히 보인 것이다.[7]

3) 깨달음의 실천

『화엄경』에서 무엇보다도 중요시하는 것은 믿음이다. 『화엄경』은
「명난품明難品」, 「정행품淨行品」, 「현수품賢首品」 등 세 장에 걸쳐 이
믿음에 관해서 여러 가지로 설하고 있다. 그중에서 「현수품」은 이
믿음에 대해서 "믿음은 곧 도道의 근원으로서 공덕功德의 어머니이다"
라 하고, 「범행품」은 "처음 발심發心했을 때 즉시 정각正覺을 이룬다"고
까지 믿음을 강조하고 있다. 보통은 처음 신심信心을 내면 차츰 수행을
해서 부처가 된다고 가르치는 것이 불교이다. 그러나 『화엄경』은
믿음을 일으키면 그 순간에 성불成佛한다고 한다.

---

7 한글대장경, 『화엄경』 80권본 해제편 발췌.

불교에 있어서 믿음은 인간이 태어나면서부터 기지고 있는 청정한 마음, 진여眞如의 본각本覺을 깨닫게 하는 지혜가 발동해서 믿음으로 나타나는 것이라고 한다. 그 점에서 믿음은 지혜 안에 포함되어 있다. 때문에 믿음과 지혜는 항상 함께 일컬어지고 있다.

여기에서 지혜라고 하는 것은 사물의 진실을 통찰하는 예지를 말한다. 그리고 사물의 진실이란 연기緣起의 도리道理, 즉 인연의 도리를 말한다. "무릇 연기를 보는 이는 법을 보고, 법을 보는 이는 부처를 본다"고 한 『화엄경』의 말은 바로 지혜의 중요함을 말한다.

진여의 본각을 깨닫게 하는 지혜의 발동發動을 다른 말로 표현하면 그것은 여래장如來藏에 대해서 눈을 뜨는 것이다. 여래장이란 여래의 성품이 사람들의 마음속에 감춰져 있는 것을 말한다. 그러나 동시에 사람들이 도리어 여래의 성품으로 싸여 있음을 의미하기도 한다. 즉 여래가 사람의 번뇌에 싸여 있고 동시에 사람은 여래의 지혜로 싸여 있다고 할 수 있다.

『화엄경』은 번뇌에 싸여서 드러나지 않고 있는 이 여래장에 문수보살에 의해서 대표되는 믿음이 작용할 때, 기기에서 깨달음이 열려 화엄경의 주불主佛인 비로자나불毘盧遮那佛이 나타난다고 설한다.

법계法界 즉 깨달음의 세계로 들어가는 것을 설하는 입법계품은 선재동자가 53인의 선지식善知識을 순방하면서 보살행에 대해서 묻고, 끝내는 깨달음의 세계에 드는 것을 설하고 있다.

선재동자는 맨 처음 믿음과 지혜를 대표하는 문수보살을 찾아가서 그의 교화를 받고 보리심菩提心을 낸다. 그리고 최후로 진리와 수행을 대표하는 보현보살에게서 가르침을 받고 법계 즉 깨달음의 세계에 들어간다.

문수보살로부터 시작해서 보현보살에게서 끝내는, 그곳에서 깨달음의 세계가 열린다고 하는 이 같은 구성은 지혜가 뒷받침하는 바른 믿음에 의해서 진리의 세계를 확인하고, 그 진리의 세계를 실현하기 위하여 여러 가지 보살행을 행한 결과 깨달음의 세계에 도달할 수가 있음을 의미한다.

선재동자가 만난 사람 중에는 보살이나 비구·비구니가 있고 재가在家의 우바새優婆塞·우바이優婆夷가 있으며 바라문婆羅門 등의 이교도와 국왕, 정치가, 장자長者, 실업인實業人, 기술자, 의사, 노동자, 뱃사공, 귀부인, 창녀, 천신天神, 지신地神, 수신樹神, 선인仙人, 보통사람의 남녀 등 온갖 계급의 사람들을 만나 보살행에 대해서 배우고 있는 것이다.

선재동자의 깨달음에 이르는 구도행각求道行脚은 온갖 인생경험을 편력한 것임을 말하는 것이고, 그러한 구도행각 끝에 깨달음을 이룬 것을 말하는 것이다.

『화엄경』은 깨달음에 이르는 이 같은 과정을 신信·해解·행行·증證의 네 단계로 나누어 설한다. 그것은 믿음과 지혜와 보살행과 깨달음이다. 그러나 이 신·해·행·증의 네 단계는 수직적으로 전개되는 것이 아니라 일즉일체一卽一切의 연기緣起의 도리에 의해서 동시적으로 전개된다.

"처음 발심하였을 때 즉시 정각을 이룬다"고 하는 것은 바로 이것을 말한다. 『화엄경』에서 문수보살의 믿음과 지혜와 보현보살의 진리와 수행이 일체가 된 것을 비로자나불이라고 이름하고 있는데 이것을 화엄종華嚴宗에서는 문수보살과 보현보살과 비로자나불의 셋이 일체가 되었다고 해서 삼성원융三聖圓融이라고 한다. 따라서 이 삼성원융의 도리를 바로 앎으로 해서 인간이 그대로 성불한다고 설하는 것이다.[8]

4) 일승법계도

『화엄경』의 사상은 여러 가지 시각에서 여러 가지로 이야기될 수가 있다. 그중에서도 방대한 『화엄경』을 불과 7언七言 30구句 210자의 게송으로 된 도인圖印으로 묶어서 표현한 의상대사義湘大師의 『화엄일승법계도華嚴一乘法界圖』는 『화엄경』의 사상을 요약하고 그 실천을 제시한 것으로 유명하다.

600권에 달하는 방대한 『대반야경大般若經』을 짧은 『반야심경般若心經』에 담은 것과 비견되는 이 『화엄일승법계도』는 신라에서 『법계도』의 게송을 외우며 행도行道함으로써 화엄사상을 실천하고자 하는 독자적인 불교를 발전시켰고, 지금까지도 한국불교에 전승되어 이어지고 있다.

법성게法性偈라고 하는 이름으로 더 잘 알려진 『화엄일승법계도』의 저자 의상대사는 저자의 이름을 밝히는 대신 책의 끝에 "인연으로 생기는 일체의 모든 것은 주인主人이 따로 있지 않으므로 그것을 나타내기 위하여 지은이의 이름을 기록하지 않는다"고 말하고 있다.[9] 실로 공空사상에 철해 있는 것이다.

---

8 한글대장경, 『화엄경』 60권본 해제편 발췌.
9 한글대장경, 『화엄경』 60권본 해제편 참조.

7. 공관삼매경空觀三昧經들

『유마경』을 작성하여 반야·공의 입장을 주창한 후에도 대승불교의
개척자들은 『수능엄삼매경』이나 『반주삼매경』 등을 편집하여 공관삼
매空觀三昧를 제시하고, 『법화경』을 결집한 후에는 마침내 『화엄경』
「십지품」에서 반야사상에 입각한 보살의 서원과 실천 및 보살의 계위
와 그 달성에 관한 웅대한 체계를 세워나갔다.[10]

1) 『수능엄삼매경首楞嚴三昧經』

(1) 개설

수능엄삼매란 범어 Śūraṅgama samādhi의 음역으로, 이 말을 법호法
護는 용부勇伏, 나집羅什은 건상健相, 현장玄奘은 건행健行으로 번역하
고 있다. samādhi는 등지等持이므로 수능엄삼매란 '십지十地의 보살인
건장한 사람이 되는(이르는) 등지'라고 번역이 된다.

　이 경은 일찍이 중국에서 여러 가지로 번역되었는데, 기록에 의하면
후진後秦의 구마라집 역 등 9종이 있다. 그러나 구마라집의 번역을
제외하고는 모두가 일실되고 전해지지 않고 있다.

　이 경은 반야의 공관空觀을 통하여 그 묘용妙用을 설하고 있기 때문에
『반야경』은 물론 『십지경十地經』·『유마경維摩經』·『법화경法華經』 등
과 깊은 관계를 맺고 있어 그러한 경들과의 관계를 살핌으로써 이
경의 사상을 쉽게 이해할 수 있다고 본다.

---

10 동국대학교 불교문화대학 불교교재편찬위원회 편, 『불교사상의 이해』, 불교시대
　사, 2014, p.137 참조.

102

① 『십지경』

『화엄경』의 「십지품」을 단독 경전으로 한 별행경으로 『수능엄삼매경』의 100조條에 걸친 십지의 설명은 『십지경』의 「십지품」에서 설하고 있는 것과 많이 일치하고 있다. 또 이승二乘을 빈척하고 있는 점은 『유마경』과 함께 『십지경』과 동일한 분위기에서 성립된 경임을 알게 한다.

② 『유마경』

『수능엄삼매경』과 『유마경』의 「부사의품不思議品」·「해탈법문품解脫法門品」은 같은 것이 아닌가 할 만큼 흡사하다.

대체적으로 수능엄삼매에 머무는 보살의 묘행妙行은 『유마경』「방편품」에 나오는 유마의 묘행에서 구체적으로 보이고 있다. 수능엄삼매를 얻기 위하여 닦아야 하는 법은 『유마경』의 「불도품佛道品」 앞부분에 상당한 것이다.

③ 『법화경』

『법화경』 또한 삼승三乘의 조화와 수기사상, 불타관, 보살사상의 세 가지 점에서 『화엄경』과의 관계를 고찰할 수 있다.

첫째, 『수능엄삼매경』은 수기에 관하여 수없이 설하고 있다. 특히 깨끗하지 못한 마음을 가지고 발심한 악마에게까지 수기하고 있는 점은 『법화경』의 「제바품」을 상기시킨다. 또 성문聲聞을 원하는 자에게는 성문승을, 벽지불辟支佛을 원하는 자에게는 벽지불승을, 대승大乘을 원하는 자에게는 대승을 각각 가리키고 있는 점은 삼승의 조화에 기울고 있다.

둘째, 불타관에 관하여, 붓다는 팔상성도八相成道의 모든 방편의 힘에 의한 화현이라 하였다. 그리고 그 수명은 길어서 7백 아승지겁이라고 한 점은 『법화경』의 「무량수품」과 비근하다.

셋째, 보살사상에 있어서는, 가섭이 네 가지 수기에 관한 설법을 들어 성문인聲聞人이 되었다. 하지만 누가 언제 성불할지 알 수 없기 때문에 모든 사람을 존중한다고 설하고 있는 것은 『법화경』의 상불경常不輕보살과 직접 통하는 점이 있다.

이와 같이 『수능엄삼매경』은 사상적인 면에 있어서도 『법화경』의 선구적인 역할을 했던 것을 알 수 있다.

(2) 내용

이 경은 팔상성도를 제시하고 구경의 열반에 들기 위해서는 어떠한 삼매에 의해야 하는가? 하고 묻는 견의堅意보살의 물음에 대한 답이 바로 수능엄삼매이다.

이 삼매는 십지의 보살만이 얻을 수 있는 것으로 이에 머물면 일거수 일투족마다, 그리고 한 생각 생각마다 항상 6바라밀이 있어 이 보살을 보고 듣는 중생은 모두 해탈을 얻는다고 1백의 구절을 통원하여 설명하고 있다. 따라서 이를 배움에는 화살 쏘는 것을 배우듯 해야 한다고 한다. 일체의 법에 있어서 머무는 바가 없게 됨으로써 비로소 이 삼매를 얻을 수 있는 것이다. 이것이 이 경의 근본이 되는 뜻이다.

다른 한편 공관空觀에 상응하는 실천의 방법을 제시하기 위하여 삼매를 강조하고 있다. 무소득無所得 개공皆空의 세계란 제법평등諸法

平等과 제불평등諸佛平等, 더 나아가서는 중생과 부처가 일여一如하고 드디어는 부처와 악마까지도 일여하다는 대담한 선언을 하고, 이승을 배척하면서도 이를 포용하는 아량을 지니고 있는 것으로, 그와 관련된 여러 가지 대승경전과 함께 대승 수행의 근본경전인 것이다.[11]

2) 『반주삼매경』

반주般舟란 범어 Pratyutpanna의 음략音略으로 불립佛立·상행常行이라고 번역한다. 원래는 현재의 뜻으로 그것을 닦음으로 해서 현재의 일체제불이 앞에 나타나게(現前) 하는 삼매를 반주삼매라고 한다.

반주삼매般舟三昧란 범어 Pratyutpanna Samādhi로 이 삼매를 행하면 모든 부처님이 나타난다고 한다. 『대집현호경大集賢護經』에는 사유제불현전삼매思惟諸佛現前三昧라 하고, 또는 이 삼매를 7일 혹은 90일을 쉬지 않고 수행하므로 이것을 상행도常行道라고 번역한다.

『반주삼매경般舟三昧經』은 부처님이 발타화보살의 요청에 따라 반주삼매의 법문을 설한 경전으로, 후한後漢의 지루가참支婁迦讖이 179년에 번역한 것으로 되어 있다.

이 경은 부처님을 자기 눈앞에 보는 것과 같은 반주삼매를 얻는 방법에 대해 설한 경전으로, 『시방현재불실재전립정경十方現在佛悉在前立定經』이라고도 한다.

또한 이 경은 모두 일곱 가지 번역이 있었다고 하는데, 지루가참의 『반주삼매경』 3권이 초출初出이고, 축불삭쓰佛朔의 2권, 역자를 알

---

11 한글대장경, '수능엄삼매경' 해제 참조.

수 없는『반주삼매염불장경般舟三昧念佛章經』1권, 역자를 알 수 없는
『발피보살경拔陂菩薩經』1권, 축법호竺法護의 같은 경 2권, 사나굴다闍
那崛多의『대방등대집현호분大方等大集賢護分』5권 등이다.

　이 경의 내용에 대하여 간략히 살펴보면 다음과 같다. 발피보살의
물음에 대하여 상주지常住止[12]라고 하는 선정禪定을 설해서 염불 인연
을 보이고, 서방 아미타불을 깨끗한 마음으로 하루 낮·하루 밤, 혹은
7일 낮·7일 밤을 염念하면 반드시 부처님을 본다는 것을 설하고,
몸(身)에 32대인상大人相과 자마황금신紫磨黃金身 등을 가지고 있는
응신應身의 부처님을 볼 것을 권한다. 다음에 이 선정을 얻기 위한
네 가지 법행法行을 밝히고, 최후로 이 삼매의 공덕을 설하여 보살을
근발勤發하고 있다.[13]

II. 삼론종의 주요 논서

삼론은 반야부 경전을 철학적으로 체계화한 반야사상의 체계라고
볼 수 있는 논서들이다. 그리고 이 논서들을 중심으로 종宗을 세운
것이 삼론종三論宗으로, 공종空宗·중관종中觀宗 등으로도 부르고, 학
파를 이룬 것이 삼론학이다. 특히 중국에서는 구마라집(343~413)이
『중론』·『십이문론』·『백론』·『지도론』을 번역하고, 그 제자들이 모두

12　상주지常住止는 혹은 현재불면주정의現在佛面住定意라고 부르고, 1권본에서는
　　정의삼매定意三昧, 3권본에서는 현재불실재전립삼매現在佛悉在前立三昧,『현호
　　분賢護分』에서는 사유제불현전삼매思惟諸佛現前三昧라고 부른다.
13　한글대장경, '반주삼매경', '발피보살경'조와 "홍법원", '반주삼매경'조 참조.

삼론 대의大義를 품수하고 길장에 이르러 크게 번성하다가 선종禪宗이 들어오면서부터 점점 쇠퇴하였다. 한국에는 불교를 처음으로 전한 순도順道가 이 종파에 속했으므로 일찍부터 삼론학이 발달했는데, 고구려의 승랑僧朗은 중국 신삼론종의 조祖가 되었고, 혜관慧灌은 일본 삼론종의 시조가 되었으며, 백제에는 혜현惠現·관륵觀勒 등이 삼론에 조예가 깊었다.[14]

이 논서들의 내용을 간략히 소개한다.

1. 『중론中論』

『중관론中觀論』의 줄인 이름으로, 용수보살이 짓고 구마라집이 번역한 것으로 범어의 원명은 Madhyakakārikā(中頌)이고, 흔히 『근본중송』으로 부른다. 그 내용은 가장 철저한 중도中道를 주장하여 공空과 가假를 파하고, 다시 중도에 집착하는 견해도 파하여 팔불중도八不中道, 곧 불생不生·불멸不滅·불거不去·불래不來·불일不一·불이不異·부단不斷·불상不常의 무소득의 중도를 말한다. 즉 팔불중도란 생·멸·거·래·일·이·단·상 등 8종의 미혹한 고집을 부정하는 데서 나타나는 불가득不可得의 중도의 이치로, 중도를 말함에 있어 중생들의 미혹하고 삿된 견해를 없애고, 다시 따로 중도라는 어떤 법이 있다고 하는 다른 이의 주장에 대하여, 삼론종에서는 삿된 것을 파하는 외에 정법이 따로 있는 것이 아니라, 미혹하고 삿된 견해를 끝까지 없애는

---

14 김승동 편, 전게서, '삼론종'조 참조.

그것(八不)이 곧 무어라 말할 수 없는 팔불중도의 이치라고 한다. 따라서 팔불중도의 참뜻을 알면 일체의 모든 미혹하고 삿된 견해가 없어질 뿐만 아니라, 팔불중도라고 하는 생각까지도 있지 않다는 점이다.

이『중론』은『반야경』에 바탕을 둔 대승공관大乘空觀의 입장에서 불교의 연기설을 논한 책으로, '연緣의 관찰'로 시작되는 27품 449송頌(한역은 445게)으로 되어 있다. 외교설外敎說과 부파불교의 교리를 비판하여 연기설을 고양하고 일체의 존재는 무자성無自性이고 공空이라고 주장하여 대승불교의 기본입장을 밝히고 있다. 제명題名의 중中이란 이 공론空論이 유有에도 치우치지 않고 무無에도 치우치지 않는 중도中道이며, 이것이야말로 불교의 근본입장이라고 하는 데서 나온 것이다. 그러나 교리 이외 특히 주목할 만한 것은 그 상대방을 논파하는 변증형식이다. 이것은 '과오의 지적'(Prasaṅga, 論法)이라고 하는데, 후세 불교 논리학의 형성에 큰 영향을 주었던 것이다. 그리고 그 주석서에도『순중론』을 비롯한 많은 것들이 있다.

2.『백론百論』

3세기경에 가나제바(迦那提婆, Kāna-deva)가 짓고 구마라집이 번역한 것으로, 그 내용은 용수보살의 일체개공론一切皆空論을 이어받아 죄와 복이 실유實有라고 하며, 혹은 신神을 실재하는 것이라고 믿고, 모든 법이 항상한다고 하는 외도의 망집妄執과 그 주장을 타파한 것이다. 원래 20품 백게百偈였으므로『백론』이라고 한다.

『백론(百論, śata-śastra)』은 현재 번역되어 있는 것은 전반前半의 십품十品 오십게五十偈뿐이다. 그 십품이란 사죄복捨罪福·파신破神·파일破一·파이破異·파정破情·파인중유과破因中有果·파인중무과破因中無果·파상破常·파공破空을 말한다. 예컨대 인식론적으로 일다一多, 인과因果, 유신有神, 상단常斷 등의 여러 문제를 공관空觀의 입장에서 비판한 것이다. 이 책은 구마라집이 404년(요진 홍치 4) 4월에 요흥姚興의 명을 받들어 소요국逍遙國에서 번역하여 2권으로 했으나, 그 번역이 완전하지 못했기 때문에 다시 406년에 초당사草堂寺에서 개역改譯한 것으로, 이것이 현존의 『백론』이다. 주석서로는 길장·도빙의 『백론소百論疏』가 각 2권 있고, 원강의 『소』 3권이 있다.

3. 『십이문론十二門論』

용수보살이 짓고 구마라집이 번역한 것으로, 12장단章段을 베풀어 모든 것이 다 공空하다고 하는 것을 논한 것이다.

『십이문론十二門論』에서 십이문이란 관인연문觀因緣門·관유과무과문觀有果無果門·관연문觀緣門·관상문觀相門·관유상무상문觀有相無相門·관성문觀性門·관인과문觀因果門·관작자문觀作者門·관삼시문觀三時門·관생문觀生門 등이다. 용수보살은 이 십이문에 따라서 공관중도空觀中道를 밝히고, 공空사상에 입각하여 그릇된 실재론적 견해들을 논파하고 있다. 한역으로는 409년에 구마라집이 번역한 『십이문론』 1권이 있고, 주석서로는 길장의 『십이문론소十二門論疏』 6권·『약소略疏』 1권, 법장의 『십이문론종치의기十二門論宗致義記』 2권, 담영曇影

影의『십이문론소十二門論疏』1권이 있다.[15]

4. 『중론』의 주석서

1) 『순중론의입대반야바라밀경초품법문順中論義入大般若波羅蜜經初品法門』

이 논서는 중관파의 시조인 용수가 지은『중론』을 무착보살(無著菩薩, Asaṅga)이 주석한 것이다. 간략한 명칭은『순중론順中論』이며, 상하 2권으로 되어 있다. 한역자는 6세기 중엽 인도 출신의 학승인 구담유지 瞿曇流支, 또는 구담반야유지瞿曇般若流支이다. 이 논서는 현존하는 『중론』주석서들 중의 하나로 중시되나 여타의 주석서들처럼『중론』 전체를 해석한 것이 아니라,『중론』의 벽두에 나오는 불생불멸不生不滅 내지 불래불거不來不去의 소위 팔불八不을 중심으로 해석한 것이 특징 이다.

그 팔불에 대한 자세한 해석은 다음의 하권에서 집중적으로 이루어 지고 있다. 그래서 상권에서는 그 반야바라밀에 비중을 두고 상사반야 相似般若와 진실반야眞實般若로 구분하여 설명하였다. 상사반야라는 것은 오온五蘊이 무상無常·고苦·무아無我·부적정不寂靜·공空하다고 설하여도 집착하고 얻는 것이 있기 때문에 희론을 생한다는 것이다. 진실반야라는 것은 오온이 존재하지 않고 내지 일체의 법이 공하기 때문에 항상함과 무상함 등이 없고, 일제의 자체가 없어 집착과 희론이 생하지 않는다는 것이다. 그리고 하권에서는 일체법의 자체自體가

---

15 이상은 "홍법원", '삼론'조 참조.

공하여 생하지도 않고 소멸하지도 않으며, 내지 오지도 않고 가지도 않는다는 여덟 가지의 경계를 설명한다.[16]

2) 『대승중관석론大乘中觀釋論』

이 논서는 용수가 지은 『중론』을 안혜보살(安慧菩薩, Sthiramati)이 주석한 것이다. 이 주석서는 오늘날 한역漢譯만 존재하고 범본과 서장역은 전하지 않는다. 판본으로 현존하는 한역은 모두 18권이지만, 축쇄대장경縮刷大藏經과 대정신수대장경大正新修大藏經에는 9권만 실려 있고, 고려대장경高麗大藏經과 만자장경卍字藏經에는 18권 모두 수록되어 있다.

이 논서의 저자인 안혜는 유가행파瑜伽行派의 십대 논사十大論師 중 한 명이며, 유가행파의 호법 논사護法論師의 선배이자 호법 계통의 유식과 대립되는 뛰어난 논사이다. 이 안혜의 스승은 덕혜 논사德慧論師이다.

그리고 이 『대승중관석론』의 번역자는 고려장경에 있는 것에 근거하면 유정惟淨은 1~3권, 7~9권·13~15권의 아홉 권을 한역하였고, 법호法護는 4~6권·10~12권·16~18권의 아홉 권을 한역하였음이 밝혀지고 있다.

이 주석서의 기본 내용은 불교 내 여러 종파의 학설과 많은 외도들의 주장이 제기되고 비판된다. 불교 내의 학설로는 비바사사毘婆沙師·독자부犢子部·경량부經量部 등 소승불교의 학파가 주로 거론되고, 그

---

16 한글대장경, 동국역경원, '중론'의 해제 참조.

외에도 유인有人·이인異人·외인外人·이종異宗·자부인自部人 등의 명칭으로 여러 견해가 제기되고 평가된다. 이 주석서는 18권 27품으로 이루어져 있다.[17]

3) 『반야등론석』

『반야등론』혹은『반야등론석般若燈論釋』은 원래 인도의 중관논사中觀論師인 청변(淸辯, 490~570)이 용수가 지은『중송中頌』을 주석한 것인데, 이를 인도 출신의 유식승唯識僧 바라파밀다라波羅頗蜜多羅가 당唐 정관貞觀 4년(630)에 한역한 것이다. 이전의『중론』주석서들은 의미를 그대로 살리기 위해 단순히 주석하는 데 그친 반면, 청변이 지은『반야등론석』은 단순 주석의 차원을 넘어 공관空觀을 이제설二諦說로써 다시 해석하는 입장을 보이고 이를 추론식推論式으로 논증하고 있다. 그리고 이에 대한 주석서로『반야등론주註』가 있다.

인간의 언어는 절대 진리의 진실한 본성本性, 즉 열반이나 공성 등을 표현하기에는 너무 빈약한 것으로 여겨져 왔다. 언어는 감각기관과 마음이 겪는 경험세계만을 표현한다. 그래서 우리들이 경험하지 못한 세계는 절대로 언어로 지시될 수 없다. 그러나 중생들은 망령되이 집착을 내어 언어나 관념 또는 희론에 의해 형성된 세계를 진실이라 보며, 깨닫지 못한 성인들은 또한 제일의제第一義諦만을 진리로 보아 오로지 공성만을 실재시하거나 절대화한다.

궁극적 진리로서의 제일의제는 아니지만 공성을 파악하는 것에

---

17 한글대장경, '대승중관석론' 해제편 참조.

도움이 되는 무분별지無分別智, 불교를 체현하고 행하는 문閒·사思·수修로 이루어지는 반야지般若智, 혹은 공사상을 표현하는 '팔불연기八不緣起의 교설'은 진리와 연결시켜 주는 중요한 매개이다. 이들은 공성을 체득하는 매개체 역할을 한다. 이 점을 중시한 청변은 당시에 유행하였던 추론推論의 삼지작법을 구사하여 바른 인식의 세계는 잘못된 대상에 현혹되지 않으면서도 바른 언어로 논증될 수 있다고 보았다.

『반야등론般若燈論』(『반야등론석般若燈論釋』이라고도 한다)에 대한 주석서로는 7~8세기경 인도의 중관학자 아발로키타브라타(觀誓)가 지은 『반야등론주般若燈論註』가 있다. 『반야등론주소』, 『반야등광석』, 『반야등소』 등으로도 부른다. 티베트역이 현존하며, 초전기初傳期에 『중론』·『반야등론』 등과 함께 지장智藏에 의해 번역되어 824년에 성립된 『덴칼마목록』 중관부의 맨 앞에 실려 있다.[18]

4) 『입중론入中論』

인도 월칭月稱의 저술로 중관파의 비조 용수의 교설을 여실하게 해설하는 것을 목적으로 한 일종의 중관사상의 입문서로 10바라밀, 보살지菩薩地의 공덕, 불지佛地의 공덕 등 전체 12장으로 구성되어 있다. 반야바라밀을 설하는 제6장이 가장 많은 해설로 철학적 논의를 하고, 『중론』·『십지경』 등 30종이 넘는 경론을 인용한다. 이 논서는 후세에 특히 티베트 불교에 준 영향이 크고, 범어 원본은 전하지 않으며 티베트역본만이 현존한다.[19]

---

18 한글대장경, 동국역경원, '반야등론석' 해제 참조.
19 "總合", '入中論'조.

5. 길장의 『삼론현의三論玄義』

중국의 수나라 때(597년경) 용수의 『중론』과 『십이문론』, 제바의 『백론』의 삼론에 의거한 중관불교의 입문서로 2문二門으로 구성되어 있다. 서론의 파사破邪의 장에서는 인도의 외도와 중국의 노장老莊사상과 『비담론』・『성실론』 및 대승에의 집착을 파척하고, 현정顯正의 장에서는 삼론종의 시조인 용수 교학의 요점을 논하고 있다.[20]

그리고 또 당나라 때 혜균慧均의 『중론』・『십이문론』・『백론』・『대지도론』의 4론의 요의를 상술한 『사론현의四論玄義』가 있다.

III. 그 밖의 논서들

1. 『공칠십론(空七十論, Śūnyatāsaptati)』

공의 논리를 70개(티베트 본에 따르면 73개)의 운문으로 설명한 중관학파의 논서로, 범본은 소실되고 한역도 없으며, 오직 티베트역으로만 현존한다. 티베트본엔 운문부(北京版 大谷 No.5227)와 용수의 자주(自注: 北京版 大谷 No.5231), 그리고 월칭月稱의 주석(北京版 大谷 No.5268) 등 세 종류가 전해지고 있다. 내용은 생生・주住・멸滅, 인과, 연기, 일一과 다多, 열반, 시간, 유위有爲와 무위無爲, 업業, 12처十二處, 행行 등 일체법이 자성이 없는 공성(空性, śūnyatā)임을 실체론자의

반박에 대한 답변 형식으로 논증하고 있다. 『중송』에 비해 단락이 분명치 않고 체계성이 결여되어 있지만, 70여 개의 송 가운데 『중송』의 27장에서 다루어진 거의 모든 주제들이 발견되어 『중송』의 요약서라고 볼 수 있을 정도로 『중송』과 일치하는 부분이 많다.[21]

2. 『회쟁론廻諍論』

541년에 비목지선毗目智仙과 구담유지瞿曇流支가 한역한 이 논서는 용수의 5부 논서 중 하나이다. 대승 논사로서 가장 이름 높은 용수의 저작으로 꼽히는 5부 논서는 첫째 『근본중론根本中論』, 둘째 『육십송여리론六十頌如理論』, 셋째 『칠십공론七十空論』, 넷째 『회쟁론廻諍論』(티베트어본), 다섯째 『광파경론廣破經論』 등이다. 이 논서들의 정확한 저술 연대를 알 수는 없지만, 일반적으로 용수의 초기 작품으로 꼽는 『중론』보다는 『회쟁론』이 더 후대에 쓰여진 것으로 보고 있다.

『회쟁론』을 한역한 비목지선과 구담 반야유지般若流支는 둘 다 인도 출신이었다. 비목지신은 북인도 출신으로서 516년 낙양에 들어와서 541년경 구담 반야유지와 함께 업鄴에서 불경의 한역 작업에 힘썼다.

『회쟁론』의 요지는 게송을 통해서 공空사상에 대한 외도外道의 비난을 반박하고, 일체 모든 법이 공이며 무체(無體: 無自性)임을 주장하는 것이다. 『회쟁론』에 등장하는 외도는 인도 정통 6파 철학 중의 하나인 니야야학파, 즉 정리正理학파이다. 인도 정통 철학파 중에서도 정교한

---

21 "伽山", '공칠십론'조, 塚本啓祥 外 2人編, 『梵語佛典の研究』「論書編」, pp.116~118 참조.

논리학으로 이름난 정리학파를 상대로 하여 펼쳐지는 용수 논법의
예리함을 맛볼 수 있는 대표적인 논서가 바로 『회쟁론』이다.[22]

3. 『광백론본廣百論本, Catuḥ-śataka』 → 『백론』은 『광백론본』의 강요서

제바(提婆, Āryadeva: 聖天, 3세기 무렵)가 짓고, 당나라 현장玄奘이
한역하였다. 1권본으로 『광백론廣百論』이라고도 한다. 『사백론송四百
論頌』의 400송 16품으로 된 원문의 후반부 8품 200송에 해당한다.
　주요 내용은 외도와 소승이 집착하는 모든 법의 실유實有의 사상을
깨뜨리고 진공무아眞空無我의 중도의 이치를 천명하는 것으로 되어
있다. 『백론百論』은 구마라집이 한역한 것으로 『광백론본』의 강요서
이며, 『백자론百字論』은 보리유지(572~727)가 한역한 것으로 『백
론』의 강요서이다. 이것의 범본은 『사백론송四百論頌』이라고 하며,
한역본은 원문 400송 16품의 후반에 해당한다. 이에 『백론』에 상대해
서 『광백론』이라고 하는 것이다. 호법(護法, 530~561)은 『광백론석론
廣百論釋論』이라는 주석서를 지었다.[23]

4. 『광백론석론光百論釋論』: 『광백론본』의 주석서

호법護法이 제바提婆의 『광백론본光百論本』을 주석한 것으로, 650년
현장玄奘이 한역하였으며 10권이다. 『대승광백론석론』의 줄인 이름

---

22 한글대장경, '회쟁론' 해제 참조.
23 "伽山", '광백론본'조.

으로, 『광백론』·『광백론석』 등이라고도 한다. 구성은 8품 200송이며, 각 품마다 25송으로 이루어져 있다. 내용은 오로지 외도와 소승이 집착하는 모든 법의 실유實有의 사상을 깨뜨리고, 주관인 자아와 객관인 모든 법이 무아無我이고 공空임을 증명하여 진공무아眞空無我의 중도中道의 의미를 드러내 보이는 것으로 결론을 맺고 있다. 이것의 주석서는 여러 가지가 있었으나 지금은 당나라의 문궤文軌가 찬한 『광백론소光百論疏』 권1만 남아 있을 뿐이다.[24]

5. 『광파경론廣破經論』

『광파경廣破經』은 용수(龍樹, 150?~250?)가 지은 것으로 범본과 한역본은 현존하지 않고 단지 티베트역譯만 현존한다. 티베트대장경(東北 3826)·(北京版 大谷 No. 5226) 등에 수록되어 있다. 72개의 간결한 경(sūtra)으로 이루어진 것으로, 니야야(Nyāya, 正理)학파의 인식수단(pramāṇa)을 비롯한 16구의(句義, padārtha)를 논파하기 위해 지은 경이다.

그리고 『광파론』은 역시 용수가 지은 것으로 『최파론摧破論』이라고 한다. 이것은 범본과 한역본은 현존하지 않고 단지 티베트역만 현존한다. 티베트대장경(東北 3830)·(北京版 大谷 No. 5230) 등에 수록되어 있다. 『광파경』과 그에 대한 용수의 자주自註로 이루어졌다. 이것은 니야야학파의 근본성전인 『니야야 수트라(Nyāya-sūtra)』의 첫머리에

---

24 이상은 한글대장경 및 "가산伽山"의 해당 항목 참조.

설해진 인식수단을 비롯한 16구의를 공성(空性, śūnyatā)의 입장에서
비판하기 위해 지은 작품이다.[25]

---

25 한글대장경,『광파경』해제 및 塚本啓祥 外,『梵語佛典の研究』「論書編」, 平樂寺
書店, 1990, pp.121~122 참조.

제4장 반야경의 사상 개요

I. 『반야경』의 사상 대강

1. 『반야경』의 사상적 입장

1) 사상 개요

반야경의 사상적 입장은 일체가 공空이라고 관하여 차별상을 여의고 평등한 경지에 드는 것이다. 초기불교의 인생관은 일체의 모든 법은 인연으로부터 성립되어 있는 것이고, 거기에는 고정적이고 영원불멸하는 것은 하나도 없는 것이다. 일체의 모든 것은 상관관계로 성립되고 있고, 더욱이 상관관계도 주로 심리활동의 경과에서 논하는 것으로 마음을 떠나서는 그 의미는 없어지고 만다.

그러나 우리들은 이 현실세계에 집착을 가지고 인생을 지내고 있다. 이것은 무엇에 근거한 것일까? 그것은 근본적으로 탐욕심이 있기 때문이다. 이 탐욕심을 떠나서 세계를 보면 모두가 공空인 것이다.

그러므로 이 세계와 인생의 일체 모든 속박을 벗어나고자 한다면 일체 모든 것은 공이라고 하는 것을 깨닫지 않으면 안 된다. 붓다의 십대 제자 중 한 사람인 수보리는 이 공관空觀에 통달하고 있었다고 한다. 초기불교의 공관은 연기관緣起觀으로부터 도출되어 발전되어 온 사상이다. 이 공관을 반야라고 이름 지은 것이다. 제행은 무상하고 제법은 무아이며 일체는 공空인 것을 반야지혜의 눈으로 볼 때에 비로소 우리들은 해탈을 얻고 깨달음의 경지에 이를 수가 있는 것이다. 반야란 바로 이 공관空觀의 지혜를 의미한다.

이 공관에는 공공空空, 행공行空, 내공內空, 외공外空, 인공忍空, 심공深空, 제일의공第一義空 등 10 혹은 25공이라고 하는 많은 종류가 있다. 그러나 이것들은 모두 상대적인 개념으로서의 공이다. 이에 대해 반야의 공空은 절대적인 개념으로서의 공인 것이다. 이외에도 광반야廣般若, 심반야深般若, 대반야大般若 등의 여러 가지 종류가 있고『무애도론』에는 10종 반야를 들고 있다. 그러나 이것들은 모두가 선관禪觀상의 공관으로 아직 세계관으로서 확립된 것이 아니다. 이것이 세계관으로서의 공관으로 되고, 인생관으로서의 공관으로 된 것은 이른바『대반야경』의 때에 이르러 비로소 나타난 것이다.

이『대반야경』은 600권으로 당의 현장삼장이 처음 인도로부터 중국에 전해온 것으로 반야사상의 일대 총서이다.『대반야경』은 단순한 사상으로서만이 아니라 고마운 신앙 경전으로서도 중요하게 여긴 것이다. 이것은 보통 16회 600권이라고 해서『십만송반야』(권1~400),『대품반야』즉 27권의『마하반야바라밀경』(권401~478),『소품반야』즉『팔천송반야경』,『승천왕반야경』,『문수반야경』,『금강반야경』,

『반야이취분』 등의 16종류로 대별되는 혼합경전이기도 한 것이다. 그리고 이밖에도 반야부 경전에는 『대반야경』 이하 21경經 736권이 있다.[1]

2) 지혜의 완성과 붓다

반야경은 진실한 지혜완성의 붓다를 찾는 차원 높은 사상을 요구하고 주장한다. 반야(prajñā)는 지혜를, 바라밀(다)(Pāramitā)는 완성·극치를 의미하는 말로서, 반야경의 경제經題가 내포하고 있듯이 지혜 완성의 진실한 붓다 사상을 담고 있다. 과거의 모든 부처님도 미래의 모든 부처님도, 그리고 석가모니 부처님을 비롯한 현재의 모든 부처님 등 무수한 부처님도 지혜의 완성을 얻었음을 강조하고, 그와 같이 지혜의 완성불에게 공양함을 찬양하고 있다.[2]

3) 대승보살사상

보살이란 Bodhi와 Sattva의 두 낱말로 된 말로 '보디'는 깨달음이란 말이며, '삿트바'는 '존재하다'란 의미를 가진 어근 as의 현재분사 sat에 상태를 나타내는 접미사 tva를 덧붙인 명사로 '존재', '본질', '의식하고 있는 생명체의 유정', '마음', '지향', '태아', '정력', '용기' 등을 나타내는 많은 뜻을 갖고 있는 말로서 여러 가지 학설이 많다. 그러나 보통 보살이란 뜻은 '깨달음을 얻기로 확정된 유정有情', '깨달음을 구하고 있는 유정'이란 뜻으로 해석하고 있다. 반야경에서는 이 같은 사상을

1 吉田龍英, 『佛敎哲學入門』, 東京: 靑梧堂, 昭和17, pp.66~68.
2 불광교학부 편, 『경전의 세계』, 불광출판부, 1990. p.203.

더욱 강조하여 '깨달음을 지향하는 자'를 나타내어 살아 있는 유정이라는 뜻만이 아니라 마음(心)·지향志向을 강조한 용맹, 나아가서는 전사·용사·영웅의 뜻을 의미하는 보살을 표현하고 있다.

이 같은 반야경의 대승보살사상은 기본적인 두 가지 성격을 설명하고 있다. 하나는 어떠한 것에도 집착함이 없다는 무집착의 태도다. 다른 하나는 고통받는 유정세계를 보고 일체중생을 무상보리에 인도하기 위해 자신의 열반을 생각지 아니하고 또한 윤회를 두려워하지 않으며, 열반에 머무르지 않겠다는 부주열반不住涅槃의 태도이다. 이와 같은 무집착과 부주열반은 지혜와 방편, 그리고 공空의 원리와 함께 설명되고 있는 것이다.

그리고 대승의 보살, 소승의 성문·연각에 대해 반야경은 성문·연각·보살은 본바탕이 본래 없는 것이며, 번뇌와 열반 또는 구별하는 것도 하나의 집착이므로 대·소승의 우월성을 집착하는 모순을 깨뜨리고 있는데, 이것이 반야경의 사상이다. 또한 여래가 세상에 오시든 아니 오시든 지혜의 완성인 진리는 영원한 것이며, 이와 같은 영원한 진리를 설법하는 것이 대승보살의 사명임을 강조하고 있다.[3]

4) 불이不二의 법문

반야경은 처음부터 끝까지 공空을 설하고 무집착을 설하고, 유위有爲와 무위無爲의 세계가 불이不二임을 설하고 있다. 물질적 존재, 곧 인간의 구성요소인 오온五蘊 등은 본체가 없으며 실재하지 아니한다.

---

3 불광교학부 편, 앞의 책, pp.203~204.

유위가 실재하지 아니한 것과 같이 무위도 실재하지 아니한다. 그러므
로 물질은 물질에 속박되어 있는 것도 아니며, 물질 아닌 것에 해방되어
진 것도 아니다. 오온은 속박되는 것도 아니며 해방되는 것도 아니다.
즉 오온은 공성空性의 것이기 때문이다. 또한 물질의 존재나 사유思惟
는 과거·현재·미래에도 실재하지 아니한다. 곧 공성의 것이기 때문이
다. 공이므로 과거·현재·미래에 속박되는 것도 아니며 해방되는 것도
아니다. 본래 청정성의 것이기 때문이다. 이와 같이 설하고 있는 것이
반야경의 사상이다.[4]

2. 반야의 실체

1) 순수직관의 예지

반야란 내용면에서 무엇을 가리키는가 하면, 반야는 지혜라고 하는
의미로 초기불교에서도 계정혜 삼학三學으로서 가장 중요하게 여긴
것이다. 대승불교의 보살사상이 성립되면서 반야는 6바라밀의 최후에
나오는 것으로 가장 중요한 위치를 점하게 되는 것이다. 즉 6바라밀이
란 ①보시 ②지계 ③인욕 ④정진 ⑤선정 ⑥지혜의 여섯이다. 불교
전체를 통하여 깨달음에 이르는 직접적인 요도要道이기도 한 것이다.
반야의 지혜는 보통의 지식과는 다르다. 지식은 무명의 지배를 면할
수 없지만, 반야는 감정이나 의지의 집착을 타파한 곳에 나타나는
순수직관純粹直觀의 것이다. 반야라고 하는 문자는 무욕無欲이라고

---

4 불광교학부 편, 앞의 책, pp.204~205 참조.

하는 의미로, 진실을 본다고 하는 것이 본래의 의미였다. 『무애도론』에는 무상관無常觀, 고관苦觀, 무아관無我觀, 염리관厭離觀, 무탐관無貪觀, 멸관滅觀, 사관捨觀의 7종 반야를 설하고 있다. 일체를 부정하고 버리고 떠나는 것으로부터 나타나는 것이 반야이다.

『대반야경』에서는 사물의 관찰을 여러 가지로 분석하지 않고 일체를 들어 공空으로 한다. 초기불교나 소승불교에서도 공관을 중요시하였지만 매우 분석적이었다. 그것이 대승불교로 되면 단순화하고 심화深化하게 됨으로써 일체를 들어 그대로 공이라고 관하게 된다. 이것을 진여眞如, 참된 반야라고 하고, 그 외의 것은 상사반야相似般若라고 한다. 일체 모든 것은 공空이라고 하는 의미는 물체의 본체가 공空이라고 하는 것이 아니다. 물자체物自體가 공이라고 하는 것이 아니라 우리들의 아집과 아욕을 기초로 하는 연기의 세계를 일체공一切空이라고 보는 것이다. 그것은 가치판단의 문제이다. 더욱이 이 반야의 지혜는 직관적인 것으로서 소위 관조반야觀照般若라고 칭하는 것이다. 예지叡智인 순수직관으로 인연에 의해 생긴 일체의 모든 것을 공이라고 가치판단을 하는 것이다.

2) 절대적인 공空

가상대사嘉祥大師 길장(吉藏, 549~623)은 반야를 관조반야, 실상반야, 방편반야의 세 가지로 나누어 고찰하고 있다. 실상반야라고 하는 것은 반야의 예지의 내용에 대해 말한 것이다. 반야와 공은 떼어서 생각할 것이 아니라 이 세계는 천차만별의 모습을 하고 있지만 진리의 세계에서 바라보면 현상에 지나지 않는 것이다. 어떠한 확고한 근거가 있는 것이 아닌 진공眞空이다. 주어진 원소로서의 오온五蘊도 공空이고 이합집산의 법칙인 연기도 또한 공이라고 하는 것이다. 이러한 공사상은 일체의 차별상을 없애려고 한다. 그것은 왜인가 하면 일체의 현상은 우리들의 마음이 만든 것이기 때문에 그 본성이 공한 것이다.

반야철학에서는 주어진 것으로서 무엇인가가 실재하는 것을 부정하는 것이 아니다. 그러나 그것이 우리들의 세계로서 우리들에게 의미를 갖게 되는 것은 마음의 규정을 통하여 비로소 그렇게 되는 것이기 때문이다. 그러나 반야경은 마음(心)의 본체는 어떠한 것인가 하는 것 같은 이론적인 면보다도 선관禪觀을 주로 고찰하고 수행의 과정을 중요시하고 있기 때문에 마음(心)의 규정, 본체에 대해서는 자세하게 설하지 않는다. 우리들 마음의 상태는 무명無明이고 갈애渴愛이기 때문에 마음 그 자체는 무자성無自性이다. 또한 마음에 의해 표현되는 여러 가지 대상물, 즉 일체의 모든 법도 역시 무자성이고 공인 것이다. 『소품반야경』 가운데는 다음과 같이 설하고 있다.

"사리자여. 모든 법은 이와 같이 존재하지만 실제는 이와 같이 존재하고 있는 것이 아니다. 존재하고 있는 것이 아니기 때문에 그것을 무명無明이라고 칭한다.

우동범부愚童凡夫는 그 도리를 듣지 못하고서 그것들에 집착한다. 거기에서 무소유無所有의 법이 표상된다. 이와 같이 해서 그것들은 제법을 표상함으로써 유무의 이변二邊에 집착하여 그 법의 참 모습을 알지 못하고 볼 수가 없다. 이와 같이 해서 그 인연에 의한 인식에 의해 과거·현재·미래의 제법을 표상하고, 그 표상에 의해서 명색에 집착하고, 명색에 집착함으로써 다시 또 무소유의 제법을 표상한다.

이 때문에 여실如實한 법을 알 수 없고 볼 수가 없다. 있는 그대로 도道를 알 수 없고, 볼 수가 없기 때문에 삼계三界를 초월할 수가 없고, 실제實際를 알 수가 없다."

　요컨대 이 세계는 현실세계로서는 무엇인가가 존재하고 있지만, 모든 것은 우리들의 마음(心)의 산물이다. 삼계의 소유는 모든 것이 마음이 만든 것이다. 본체는 어떨지 모르지만 현상세계로서는 마음이라고 하는 색안경을 통하여 보고 있는 것이다. 무명과 갈애(欲)를 떼놓고 바라보면 일체 모든 것은 환幻의 세계이고 신기루(蜃氣樓)이며 공空인 것이다. 이 도리를 알지 못하고 개개의 물체에 집착되어 영원히 아집아욕我執我欲에 미혹하여 괴로워하고 있는 것이 인간의 생활이고 윤회의 인생이다. 이 미혹한 인생을 벗어나려고 하는 것이 절대의 공관을 주장하는 반야경般若經이다라고 하는 것이다.

3) 이데아(理想)의 세계

예지叡智의 공, 절대의 공관空觀이라고 해도 반야는 허무주의가 아니다. 우리들에 대한 대상이라고 하기 위해서는 물 자체에 대해서는 생각하지 않는다. 반야의 공은 실천수행상의 선관禪觀에서 오는 것이다. 선관의 위에서는 공이라고 해도 주어진 사실의 세계는 없어지는 것이 아니다. 없어지지 않는 것이다. 일체는 공이라고 단정해도 산천초목의 존재는 부정하지 않는 것이다. 우리들이 표상하고 집착하는 의미의 공을 분명하게 하는 것이 반야이다. 법성法性에 대해서도 물론 마음의 대상으로서 생각이 떠오르는 이상은 공이지만, 공허空虛라고 하는 의미는 아니다. 반야는 실천을 목적으로 하고 수행의 과정을 기초로 하는 개념이고 법성 그 자체는 이해타산, 선악호오善惡好惡가 소실되어 공으로 돌아가지만, 거기에는 말로 할 수 없는 일종의 힘, 순수한 활동능력이라고 하는 것이 존재하고 있는 것을 직관하는 것이다.

반야의 공 철학은 일면에 있어서는 절대적 부정의 공을 설하면서도, 반면에는 또 현저한 범신론적 경향, 유심론적 경향을 볼 수 있는 것이다. 이 범신론적 경향의 근거는 어디에 있는가 하면 공관에 의해서 세련되고 청정화되고 순수화된 평등심에 있는 것이다. 이 평등심, 청정심의 대상이 소위 법성法性인 것이다. 흐림이 없는 청정한 순수화된 이성으로 다시 보게 되는 법인 것이다. 법이란 진리이다. 이것을 진여眞如라고 말한다. 이것을 공의 다른 명칭이라고 생각해도 좋다. 요컨대 반야의 범신관은 주관적으로 말하면 자아自我라고 하는 것을 완전히 벗어난 진공삼매眞空三昧이고, 객관적으로 논하면 이데아의 세계 가운데 만물을 보는 것이다. 그 결과로서 세계와 인생이 모두 순화되고 미화된 모습으로 나타나게 된다. 『대품반야경』에서 부동진 제不動眞際, 건립제법建立諸法이라고 설하고, 또 『반야심경』에서 색불 이공, 공불이색이라고 설하는 것은 이 경지를 가리키는 것이다. 용수보 살은 이르기를, "제법이 공이라고 하는 것은 천淺이고, 제법이 실상이 라고 하는 것은 심深이다"라고 말하고 있다.

『소품반야경』에는 "자기 청정하기 때문에 색청정色淸淨하다. 식청 정識淸淨, 과청정果淸淨, 일체지청정一切智淸淨, 무애무소증청정無涯 無所證淸淨이다. 자기 무변無邊하기 때문에 색色도 또한 무변이다"라고 설한다. 이와 같이 하여 공관에 의해서 자기의 청정심에 의해서 적극적

세계관으로 전개된 것이 묘유妙有의 사상이다. 즉 공 가운데 묘한 무엇이 있으니 그것이 『반야심경』의 심心인 것이다.[5]

3. 방편반야

1) 방편반야란

관조반야觀照般若가 직관으로서의 예지를 말하는 데 대해, 실상반야는 그 예지의 내용을 가리키는 것이다. 이들에 대해 방편반야라고 하는 것은 수행반야라고 해야 할 것이다. 예컨대 보살이 수행해야 할 것은 6바라밀이다. 보살은 육도六度의 행을 닦아 진공眞空의 경지에 이르지만, 반야의 최고의 목적은 공관空觀이기 때문에 다른 6바라밀은 그를 위한 수단 방편이라고 보는 것이다. 즉 이 6바라밀도 요컨대 반야바라밀에로 전환되어야 할 도정인 것이다. 일체의 수행은 반야바라밀의 행이 아니면 안 되는 것이다. 이것이 방편반야이다.

반야에서는 '삼륜공적三輪空寂'이라고 해서 주는 사람도 공空, 주어지는 사람도 공, 주는 물건도 공이라고 설한다. 무엇을 수행하더라도 무소득심無所得心이 아니면 안 된다. 마음에 집착, 구애가 있어서는 안 되는 것이다. 이 이상적인 경계에 이르기 위해서는 평등심, 자비심, 이익심, 선지식심, 겸하심謙下心을 일으키지 않으면 안 된다. 불교윤리는 반야철학에 와서 비로소 조직적으로 도입된 것으로, 그 근거는 무집착심과 무소득심이다. 그 방법으로서 가장 중요한 것은 선바라밀

---

5 吉田龍英, 앞의 책, pp.68~74 참조.

이다. 이 선정삼매에 의해서 반야 자체를 실현하고 혹은 반야에 의해서 얻어진 힘을 실현할 수가 있는 것이다.[6]

2) 반야의 실천적 효과

그러면 이와 같이 해서 얻은 반야의 힘과 용처는 어떠한 것일까. 반야의 수행을 거친 사람은 그것만큼의 힘이 나온다. 즉 일체의 병마를 방지하고 화난火難, 수난水難, 도난盜難이 없다. 몸을 비울 수 있는 것은 수水·화火의 난을 만나지 않게 되는 이유인 것이다. 악마가 덮치지를 못한다. 제석천帝釋天이 아수라신과 전쟁을 할 때는 언제나 반야경을 외우면 이긴다고 한다. 이것은 공관의 힘에 의해 무애 자재한 경지에 이를 수 있다고 하는 체험을 가리킨 것이다. 따라서 반야를 신앙하는 자는 항상 용기에 차 있고, 악마가 나타나서 반야의 행자 앞에 지옥을 만들어 보여도 조금도 두려워하는 일이 없다고 하는 것이다.

이 반야의 역용力用은 개인적인 것에 한하지 않고 또 사회적으로도 영향을 주는 것이다. 반야는 모든 것을 공空이라고 관하지만 상사반야相似般若와는 달리 가명假名을 파괴하지 못하는 공이다. 적정심寂靜心을 장려하면서도 단순한 산림한처山林閑處를 권하는 것이 아니다. 현실의 사회 속에서 대자비심을 가지고 활동하기를 권하는 것이다. 저잣거리 속에서 냉정빙冷靜氷과 같은 무집착심으로 대처한다. 이것이 참 염리厭離인 것이다. 반야바라밀을 체득한 사람은 이 세계를 청정으

---

6 吉田龍英, 앞의 책, pp.74~75 참조.

130

로 하고 일체의 원적怨賊이 없으며, 기갈飢渴이 없고, 마치 천국과
같으며, 소경도 볼 수가 있고, 벙어리도 들을 수가 있다고 한다. 위대한
정신력을 얻게 되는 것이다. 이와 같이 반야는 표면적·형식적으로는
절대의 공, 절대의 부정이지만, 내적·인격적으로 수행론으로부터
보면 대단히 활동적이고 적극적인 본질을 갖는 것이다. 개인의 안심입
명安心立命은 물론 국가사회의 정화, 발전에 대해서도 소위 대승적
정신이라고 칭할 수 있는 근본이념인 것을 잊어서는 안 되는 것이다.[7]

4. 상제보살 이야기

1) 반야를 구하는 의미

상제보살의 구법설화는 『대반야경』의 구도와 실천을 보이는 대표적
설화이다. 반야바라밀을 구하기 위하여 상제보살이 심신을 바쳐 정진
하는 대문은 『팔천송반야경』 제30장, 제31장과 『마하반야바라밀경』,
『육도집경六度集經』, 『도행반야경』에도 등장하는 중요한 설화이다.
상제보살은 피를 뿌리고 뼈를 부수는 고행을 하면서 반야바라밀을
구한다. 왜 그럴까. 이것은 붓다의 핵심이 무엇이냐는 문제와 관련이
있다. 부처님은 32상과 십력十力이 구족한 성자이시다. 그 근거가
무엇인가. 『대반야경』(제3장)에서는 다음과 같이 설한다.

제석천이 부처님께 여쭙기를, "세존이시여, 어떤 선남자 선여인이
『마하반야바라밀경』을 예배 공양하고, 또 한편에서는 부처님의 사리

---

7 吉田龍英, 앞의 책, pp.76~77 참조.

나 탑에 예배 공양할 때, 이 두 사람 중 어느 쪽이 큰 복덕을 얻겠습니까?"

"교시가여, 너에게 묻겠다. 응공應供·정변지正徧知인 부처님은 어떤 도를 배워서 아뇩다라삼먁삼보리를 얻었겠는가?"

"세존이시여, 그것은 반야바라밀을 닦았기 때문입니다."

"교시가여, 여래가 완전무결한 덕성을 이루어 여래가 되었다는 것은 반야바라밀에서 나온 것이다. 반야바라밀을 공양하는 자는 참으로 무상정각자를 공양하는 것이 된다."

이상과 같이 일체제불과 일체제불의 아뇩다라삼먁삼보리법이 반야바라밀에서 나오는 것이니 제불을 공양하고 무상정각을 이루고자 하면 마땅히 반야바라밀을 닦아야 한다고 설하는 것이다. 그러므로 "마하반야바라밀은 실로 과거·현재·미래의 제불의 어머니다"라고 하신 것이다.

2) 상제보살의 발심

옛날 옛적 부처님이 없던 시대에 상제보살이 태어났다. 그때는 성인도 경전도 얻어 볼 길 없고, 사회는 어둡고 악이 충만하여 크게 어지러웠다. 이 속에서 상제보살은 진리와 정의를 구하며 항상 울며 지냈다. 그러나 어느 날 꿈에 부처님을 만났다. 영법무예왕여래影法無穢王如來라고 하는 과거불이 출현하시어 법을 설했다. 그는 일체 소유를 버리고 오직 부처님을 만나 법문을 들을 것만을 간절히 구하며 끝없이 슬퍼했다. 그때에 공중에서 소리가 들려왔다.

"울지 마라. 상제여, 대반야바라밀이 있어 과거·현재·미래 모든 부처님이 부처님이 되었다. 그대로 이 법을 수행하면 위없는 깨달음을 얻게 된다."

그때에 상제보살은 하늘을 우러러 물었다.

"누구에 의지하여 그 법을 배우리까? 어떤 방법으로 어느 나라에 가리까? 그리고 스승님의 이름은 무엇이라 하나이까?"

공중에서는 소리가 들려왔다.

"선남자여, 그대는 동쪽으로 가라. 거기서 반야바라밀의 법문을 들을 것이다. 몸의 피로를 생각하지 마라. 졸음이나 음식에 관심 갖지 말고 밤낮을 가리지 말고 춥고 더움에 마음 팔리지 말고 앞으로 가라. 자아가 있다든가 신체가 있다는 생각에 흔들리지 말고 심신 어느 요소에도 마음을 빼앗기지 마라. 그렇게 하지 않으면 부처님 가르침에서 어긋나고, 생사에 빠지면 반야바라밀을 얻을 수 없다. 나쁜 벗을 피하고 착한 벗을 가까이하라. 그리고 또한 진실한 도리를 관찰하라. 온갖 것은 더럽지도 않고 깨끗하지도 않은 것이다. 왜냐하면 모든 것의 본성은 공空이기 때문이다."

상제보살은 동쪽으로 출발하였다. 어디까지 갈지 길을 몰라서 또 슬피 울부짖었다. 그때에 혼연히 부처님이 나타나셨다. 그리고 그를 칭찬하며 말씀하셨다.

"여기에서 동쪽으로 오백 유순을 가면 건타월이라는 도시가 있다. 거기에 담무갈曇無竭보살이 있으니 바로 너의 선지식이며 스승이다. 너는 그에게서 반야바라밀 법문을 들을 것이다." 그리고 담무갈보살의 도량장엄이 엄정함을 말씀하셨다. 이 말씀을 들은 상제보살은 걷잡을 수 없는 감동을 받았다. 그리고 그때에 그는 삼매 속에서 담무갈보살의 설법을 들었다. 또한 삼매 속에서 시방제불이 반야바라밀을 말씀하시고 또한 그에게 이렇게 말씀하는 것을 들었다.

"선남자여, 여래들도 보살수행 시절에 반야바라밀 법문을 구하던 중 지금 네가 들은 거와 같은 삼매에 들어 마침내 아뇩다라삼먁삼보리를 얻었다. 너도 담무갈을 스승으로 하여 그 은혜를 가슴에 새기고 온갖 공양구를 갖추어 받들고 섬겨 법문을 듣는다면 그의 도움으로 반야바라밀을 깨달을 것이다."

3) 몸을 공양구로 삼다

보살은 자리에서 일어나 담무갈보살을 찾아뵈러 일어났다. 그는 매우 가난하였다. 무엇으로 공양구를 장만하여 달무갈보살을 찾아갈 것인가 걱정이 되었다. '옳지, 내 몸을 팔자. 나는 지난 세상에 애욕 때문에 얼마나 많은 몸을 없앴던가. 나는 한 번도 담무갈보살과 같은 위대한 스승 앞에 법문을 위하여 몸을 버린 적이 없지 않은가. 옳지! 이 몸을 팔아서 공양구를 장만하자.' 이렇게 생각이 든 그는 시장 복판에서 연거푸 소리 질렀다.

"사람을 사십시오. 누가 사람을 살 사람이 없습니까?"

그때에 악마는 그의 구도를 방해하기 위하여 지나가는 사람들의 귀를 막아버렸다. 그러므로 보살은 끝내 자기 몸을 살 사람을 찾지 못하고 울며 탄식하였다. 그때에 제석천은 그의 구도의 뜻을 시험하고자 사람 몸으로 나투어 그의 곁으로 갔다.

"나는 사람은 필요 없으나 사람의 심장과 피, 골수가 필요합니다. 제사에 써야겠습니다."

상제보살은 칼을 들어 팔을 찔렀다. 또한 허벅다리를 베고 뼈를 끊으려고 벽에 기대었다. 그곳은 마침 큰 정자의 밑이었다. 정자에서 장자의 딸이 이 광경을 지켜보고 있다가 너무 참혹한 정경을 보고 놀라서 이유를 물었다. 그는 상제보살이 피를 팔아 그 돈으로 담무갈보살에게 공양하고 반야바라밀을 배워 위없는 깨달음을 이루어서 일체중생을 제도하겠다는 설명을 듣고 감격하였다. 그는 말했다. "공양구는 내가 장만하겠습니다. 그리고 나와 함께 담무갈 성자에게 갑시다." 이때에 제석천이 본신을 나타내어 상제보살을 찬탄하면서, "필요한 물건이라면 내가 다 하겠습니다" 하고 나섰다. 상제보살은 말하기를, "나는 무상법을 구합니다"라고 하였다. 이에 제석천은, "그것은 내가 할 수 없는 것입니다"라고 하였다. 이때에 상제보살은 맹세하기를, "내가 무상보리를 이루고 나의 구도가 진실한 것이라면 그 증명으로 이 몸이 본래대로 회복되어지이다" 하니 순간에 부처님의 위신력으로 그의 몸은 말끔히 회복되었다. 이때에 이를 지켜보던 제석천도 악마도 멋쩍어서 자취를 감추었다.

4) 담무갈보살을 친견하다

한편 장자의 딸은 이제까지의 일을 부모에게 말하고 많은 보물과 의복과 그 밖의 공양구를 청하였다. 장자는 허락하고 함께 동행하였다. 상제보살은 담무갈보살 앞에 이르러 먼저 『반야바라밀경』에 금·은·향 등으로 공양하고 다음에 담무갈보살에게 공양하였다. 상제는 이제까지 지내온 일을 담무갈보살에게 말하고 그동안 길을 인도하여 주신 부처님이 어디서 와서 어디로 가셨는지를 물었다. 이에 담무갈보살의 설법이 시작된다.

"선남자여, 여래는 어디에서 오는 것도 아니고 어디로 가는 것도 아니다. 진여眞如는 부동이고 진여가 여래이기 때문이다. 나지 않는 것은 오지도 가지도 않나니 여래는 나지 않는다. 공성空性은 거래가 없나니 여래는 공성이다……." 담무갈보살은 공을 설하고 환幻을 설하였다.

"선남자여, 그대가 이와 같이 '여래와 모두는 불생이고 불멸이다'라고 바로 안다면 여기에서 그대는 위없는 깨달음을 얻을 것이며, 반야바라밀의 방편을 알게 될 것이다'라고 하였다. 이때에 대지는 진동하고 마의 궁전은 흔들리고 하늘에서는 꽃비가 내렸으며 많은 사람들이 보리심을 발하였다. 그리고 상제보살은 환희에 싸여 자기는 틀림없이 성불한다는 것을 확신하였다. 상제보살은 하늘의 만다라 꽃을 담무갈보살에게 공양하고 말했다.

"저는 지금부터 이 몸을 보살에게 바칩니다." 또 함께 온 장자의 딸과 그의 시종들도 일제히 말했다. "저도 이 몸을 보살에게 바칩니다." 담무갈보살은 상제보살의 선근을 이루게 하기 위하여 그와 장자의 딸이 거느린 오백 명의 시종과 오백 대의 수레에 실린 공양구를 받고 다음에 그 모든 것을 상제보살에게 되돌려주었다. 저들은 제각기 집으로 돌아갔다.

그때부터 담무갈보살은 7년 동안 삼매에 들어 있었다. 상제보살도 또한 그동안 서 있거나 경행經行하면서 담무갈보살이 선정禪定에서 나올 것을 기다렸다. 이윽고 담무갈보살이 선정에서 나올 것을 안 상제보살은 좌석을 준비하였다. 도량을 밝히고 법석을 만들고 그 자리에 자신의 웃옷을 깔았다. 장자의 딸도 그 시종들도 그렇게 하였다. 그때 마당에 물을 뿌리고자 하였으나 악마가 물을 숨겼으므로 물을 찾지 못하였다. 상제보살은 칼을 잡고 몸을 찔러 그 피를 땅에 뿌렸다. 이것을 본 제석천은 신통력으로 그 피를 전단향수로 바꾸었다. 고귀한 향내는 백 유순이나 멀리 퍼져나갔다. 그리고 그 위에 하늘에서는 꽃을 흩뿌렸다. 담무갈보살은 법좌에 올라 수많은 대중에게 마하반야바라밀 가르침을 설하기 시작하였다. 상제보살은 법문을 듣고 여러 깊은 법문을 깨닫고 깊은 법에 들어갔다. 이윽고 마하반야바라밀을 체득하여 많은 중생을 제도하고 불국토로 왕생하였다.

상제보살은 석가모니 부처님 전생 때의 구도 모습이다. 상제常啼보살의 원명은 살파타륜이며, 혹은 상비常悲라고도 하고, 담무갈보살은 법상法上 또는 법래法來보살이라고 한다.[8]

5. 반야사상의 몇 가지 개념

1) 반야공관般若空觀

공관空觀이라 함은 일체제법一切諸法이 공空이며, 그 무엇도 고정적인 실체實體를 소유하고 있지 않다고 보는 사상이다. 이미 초기불교에서 세상은 공이라고 설하고 있거니와, 반야경전에서는 그 사상을 계승하여 더 발전시켜 대승불교의 기본적 교설敎說로 삼았다. 일체제법은 공이다. 왜냐하면 일체제법은 다른 법에 조건이 지워져 성립함으로써

---

8 불광교학부 편, 앞의 책, 1990, pp.210~216 참조.

고정적·실체적인 본성을 갖고 있지 않는 무자성無自性의 것이고, 무자성인 것은 공이라고 하지 않으면 안 되기 때문이다. 이와 같은 이법理法을 깨닫는 일이 무상정등각無上正等覺이다. 실천은 이와 같은 공관에 기초된 것이 아니면 안 된다. 보살은 무량무수무변無量無數無邊의 중생을 제도하지만, 그에게 있어서는 구하는 자도 공이고, 구제되는 중생도 공이며, 구제되어서 도달하는 경지도 공이다. 여래에게는 설하는 가르침도 없다. 가르침은 뗏목과 같은 것이다. 중생을 인도한다고 하는 목적을 달성하였으면 뗏목은 버려지게 되는 것이다. 이와 같은 실천적 인식을 지혜의 완성이라고 한다.[9]

2) 반야무지般若無知

정지正智는 반드시 무념무분별無念無分別하기 때문에 대지무분별大智無分別·반야무지라고도 한다. 무연無緣의 지혜로써 무상無相의 경계를 반연하기 때문이다. 관조반야의 진실한 지혜를 말한다.

3) 반야전교般若轉敎

반야경은 부처님이 스스로 증명한 것은 적고 흔히 수보리·사리불 등 성문聲聞 제자로 하여금 모든 보살에게 제법개공의 이치를 설하게 하였으니 이것을 전교轉敎라 한다. 이는 부처님이 성문들에게 대승법재大勝法財의 밀의密意를 부촉하였으므로 전교부재轉敎付財라 한다.

---

9 김승동 편, 『불교·인도사상사전』, 부산대학교출판부, 2001, p.557 참조.

138

4) 반야정종般若正種

반야는 모든 진실을 궁구窮究하는 지혜. 이것이 부처님의 깨달음에 도달하는 올바른 씨앗이라는 뜻. 종자라는 뜻이다.(『正法眼藏』'辨道話')

5) 반야진정허융般若盡淨虛融

반야경에서 설한 제법개공諸法皆空의 이치를 말한다.[10]

II. 대품경과 소품경의 내용 개요

1. 『대품반야경』의 개요

이 경의 범어 제목은 Pañcaviṁśatisāhasrikā-prajñāpāramitā이다. 『대품반야경』은 곧 『이만오천송반야二萬五千頌般若』이다. 그러나 구마라집鳩摩羅什이 이 경을 한역하고는 경명을 『마하반야바라밀경』이라 하였기 때문에 지금도 그 이름으로 통용되고 있다. 그런데 구마라집은 Aṣṭasāhasrikā-prajñāpāramitā 즉 『팔천송반야』도 번역하여 그 역시 『마하반야바라밀경』이라고 하고 있어서 양자 간에 혼동이 자주 발생한다. 그리하여 전자가 27권, 후자가 10권으로 번역되어 있음에 착안하여 전자를 『대품반야경』, 후자를 『소품반야경』이라 하여 구별하여 왔다.

대품경은 전체가 27권 90품으로 되어 있다. 편의상 다섯 부분으로

---

10 이상은 "홍법원"의 해당 항목 조 참조.

나누어 그 내용을 살피는 것이 일반적이다. 요점을 간추려 간략히 살펴본다.

1) 제1 서품序品~제6 설상품舌相品

부처님께서 사리불에게 보살이 만일 일체법에 있어서 일체상一切相을 깨달으려면 항상 반야바라밀다를 향하여 가야 함을 설하고 있다.

서품序品: 부처님께서 사리불을 대상으로 반야바라밀다란 무엇인가, 왜 그것을 배워야 하는가, 그것을 배우면 어떤 공덕이 있는가 등에 대하여 설하면서 이 경이 시작된다.

봉발품奉鉢品: 하늘 세계의 왕들마저도 대승보살을 수호하겠다고 하는 것은 보살이 중생의 이익을 성취하기 위해 반야바라밀다를 체득했기 때문이라고 설한다.

습응품習應品: 일체법은 연緣의 화합으로 성립된 것이므로 그 연이 변화하여 없어지면 모든 것은 공성으로 돌아갈 수밖에 없다고 설한다.

왕생품往生品: 보살이 불국토로부터 인간 세상으로 오가면서 중생을 구제하는 것에 대해서 설한다.

탄도품歎度品: 반야바라밀다로 수행하면 중생으로부터 하늘의 천신에 이르기까지 모든 사람으로부터 환영을 받는다.

설상품舌相品: 수기授記 사상의 원초적인 형태를 설한다.

2) 제7 삼가품三假品~제26 무생품無生品

부처님께서 수보리에게 여러 보살들을 위하여 공성空性의 도리를 설하게 하여 수보리의 공空에 대한 대설법이 펼쳐진다.

삼가품三假品: 삼가는 세 가지 헛된 시설을 말한다. 이름과 사람과 법은 본래 자기 성품이 없는 것이기 때문에 헛된 것이라고 한다.

권학품勸學品: 반야바라밀다라는 것에도 빠지지 말고 그것마저 초월한 공성의 경지에 이르러야 한다고 설한다.

집산품集散品: 인연으로 이루어진 모든 것은 필경에 공한 것으로 된다는 것을 설하고 있다. 개개의 존재는 자기 성품이 없는 것이 그 존재의 본성이라고 설한다.

상행품相行品: 현상적 존재에 사로잡히지 말고 집착하지 말 것이니 그 길은 공성을 깨닫는 데 있다고 설한다.

환학품幻學品: 유위有爲와 무위無爲의 모든 것이 공하다는 것을 환영(maya)에 비유하여 설한다.

구의품句義品: 대승보살에 대해서 정의하고 있다. 보살도 곧 공성이므로 보살이라고 할 만한 그러한 실체의 보살은 없다고 설한다.

금강품金剛品: 대승보살의 수행에 대하여 설한다.

요설품樂說品: 대승보살은 편벽되지 않은 평등심을 가진 자가 보살이라고 설한다.

변재품辯才品: 보살은 일체 중생을 구제하는 자이며, 대승은 공성空性의 체득에서 발현되는 대비大悲의 마음이라고 설한다.

승승품乘乘品: 보살은 대승의 교리로 무장해야 하고 그것은 보살도 대승도 모두 공성임을 보는 것이라고 단언한다.

장엄품莊嚴品: 부처가 되는 지혜를 비롯하여 대승 불교의 교리를 체득하고 모든 중생을 구제하는 것을 대장엄이라고 설한다.

문승품問乘品: 십팔공十八空과 백팔 삼매를 소개한다.

광승품廣乘品: 대품반야에 수용되는 초기불교의 수행도에 대해서 자세히 소개하고 있다.

발취품發趣品: 반야의 십지十地를 소개하고 각각의 단계에서 닦아야 할 실천에 대해서 설한다.

출도품出到品: 살바야(sarvajña)에 대해 결국 자기 성품이 공한 것임을 보는 것이 바로 살바야라고 설한다.

승출품勝出品: 대승은 보편타당한 진리이므로 수승하다는 취지로 설한다.

등공품等空品: 대승 불교는 허공과 같아서 편벽되지 않고 또한 견강부회적인 억지를 쓰지 않는 진리임을 설한다.

회종품會宗品: 반야와 대승이 이름이 다를 뿐 뜻이 같으며 반야바라밀은 대승의 모든 교리를 포섭하고 있다는 것을 설한다.

십무품十無品: 열 가지 얻을 수 없고 공한 것을 설한다. 과거, 현재, 미래에도 얻을 수 없는 것이 보살이다. 보살이 깨달음에 이르기 위해서는 무생법인無生法忍을 체득해야 한다고 설한다.

무생품無生品: 일체법은 생하는 것도 없고 멸하는 것도 없다는 관점에서 보살의 수행을 밝히고 있다.

3) 제27 문주품問住品~제38 법시품法施品

반야바라밀다의 서사·수지·독송·교계·청문 등의 공덕을 고무·고양시키고 또 그에 관련하여 보리수·보탑·불사리 등의 공덕을 설한다.

문주품問住品: 바라밀행을 하는 자신도 공성으로 보고 세상 만물도 다 공성으로 보아야 한다고 설한다.

환청품幻聽品: 앞의 「문주품」의 연장으로서 일체법이 환영임을 설한다.

산화품散化品: 일체법에 자기 성품이 없음을 설한다.

삼탄품三歎品: 천왕들과 인간들이 부처님께 『반야경』을 받들고 부처의 지혜를 떠나지 않는다면 우리는 언제나 그들을 수호할 것이라고 다짐한다.

멸쟁품滅諍品: 『반야경』을 수지 독송하는 공덕이 수승함을 설한다.

대명품大明品: 『반야경』은 광명을 주는 주문으로서 그것을 외우고 믿는 공덕은 불사리탑을 받드는 것보다 비할 바 없이 크다는 점을 설한다.

술성품述成品: 반야의 가르침을 영원히 받들고 세상에 널리 퍼뜨려야 한다는 것을 밝히고 있다.

권지품勸持品: 『반야경』은 큰 광명을 주는 주문으로서 그것만 가지고 외우면 온갖 재난을 막을 수 있으며 그 효과에 대하여 여러 가지로 설한다.

견이품遣異品: 역시 『반야경』의 신비한 힘에 대하여 설하고 있다.

존도품尊導品: 반야바라밀다가 보살의 모든 가르침 가운데서 가장 높은 위치에 있고 모든 바라밀다의 핵심을 이룬다고 설한다.

법칭품法稱品: 부처님의 사리를 받드는 것보다 부처님이 되는 『반야경』의 교리를 받드는 것이 유익하다는 것을 강조한다.

법시품法施品: 사이비 반야바라밀다를 경계하라고 주의를 준다. 그것은 반야바라밀다에 집착하는 반야바라밀다이기 때문이다.

4) 제39 수희품隨喜品~제66 누교품累敎品

비슷한 내용이 연결되는데 단지 여기서는 미륵이 등장하여 수보리와 문답하는 특징을 보인다.

수희품隨喜品: 중생의 이익과 성불을 위하여 회향하라고 가르친다.

조명품照明品: 차별적이고 대립적인 견해에 사로잡히지 말고 진정한 공성의 경지를 체득하라고 가르친다.

신훼품信毀品: 반야바라밀다의 가르침을 훼손시키는 것은 오역죄五逆罪보다 더 엄중하다고 설한다.

탄정품歎淨品: 온갖 번뇌와 탐착을 완전히 제거한 경지를 청정한 경지라고 찬양한다.

무작품無作品: 일체법이 공성인 도리를 터득한다는 것도 공하기 때문에 결국 터득한다는 말도 성립되지 않는다고 설한다.

변탄품遍歎品: 일체법을 공성으로 보는 그것조차 공성임을 설하고 있다.

문지품聞持品: 『반야경』의 가르침을 듣고 그것을 소중히 간직해야 궁극적인 세계에 갈 수 있다고 설하고 있다.

마사품魔事品: 『반야경』을 만났으면서도 성실하게 『반야경』에 임하지 못하는 것은 모두 악마의 사건이라고 설한다.

양과품兩過品: 『반야경』을 설하는 사람이나 그 설법을 듣는 사람이 모두 성실하지 못한 것도 또한 악마의 사건이라고 설한다.

불모품佛母品: 반야바라밀다가 모든 부처님을 낳았으므로 그가 바로 부처님의 어머니라고 비유로 설하는 품이다.

문상품問相品: 공성이 곧 반야바라밀다의 모습이라고 하면서 반야바라밀다란 형체도 없고 꾸밈도 없으며 변함도 없고 의지하는 곳도 없다고 설한다.

성판품成辦品: 반야바라밀다를 신해하는 정도에 따라 세 부류가 있음을 설하면서 아무쪼록 반야바라밀다를 떠나지 않도록 권유하고 있다.

비유품譬喩品: 반야바라밀다를 외우고 믿으며 바로 기억하고 닦는 다는 것은 마치 물에 빠진 사람이 나무를 잡고 안락한 저편 언덕에 이르는 것과 같다고 비유한다.

지식품知識品: 선지식이란 반야바라밀다에 능통한 자이니 그를 믿고 사귀라고 가르친다.

취지품趣智品: 부처님의 일체종지는 모든 법의 자기 모습과 성품이 공空한 것임을 보는 것이라고 설한다.

대여품大如品: 공성의 경지를 적극적으로 표현하여 여성(如性: ta-thatā)이라고 하신 뒤 그것에 대해 설한다.

불퇴품不退品: 특히 불퇴전지보살에 대해서 설한다.

견고품堅固品: 불퇴전지보살의 반야바라밀다에서 결코 물러나지 않는 것에 대하여 설한다.

심오품深奧品: 반야바라밀다는 부처님 깨달음의 근본이기 때문에 심오하다고 하면서 그 근거를 대고 있다.

몽행품夢行品: 보살이 낮에 반야바라밀다에 입각한 삼매에 들거나 밤에 꿈속에서 삼매에 드는 것은 그 공덕이 같다고 설한다.

하천품河天品: 강가데비라는 여인이 부처님으로부터 수기를 받는 장면을 보여준다. 이 품은 여인 성불설의 반야부 경전 상의 위치를 알려주는 주요한 부분이다.

부증품不證品: 일체법이 공하다고 분별할 필요조차 없다는 것을 설한다.

몽서품夢誓品: 보살은 꿈속에서도 일체법을 꿈과 같이, 요술과 같이, 아지랑이와 같이, 메아리와 같이, 환영과 같이 보니 부처의 깨달음에조차도 집착하지 않는다고 한다.

마수품魔愁品: 이교도와 소승 불교도들의 대승에 대한 훼방을 악마의 사건으로 묘사하고 대승 보살에 의해 그 훼방이 수포로 돌아가게 됨을 설한다.

등학품等學品: 공성의 평등함이 허공과 같음을 깨우치고, 그것이 구경열반의 안온함을 지닌 것이라고 보도록 한다.

정원품淨願品: 부처를 이루겠다는 것도 환영과 같고 부처님의 깨달음이라는 것도 환영과 같이 허무한 것이라고 보아서 그곳에서 어떤 것도 기대하지 않는 마음이 곧 부처라고 설한다.

도공품度空品: 중생을 구제함에 있어서 구제하는 자도 없고 구제받는 자도 없다는 것을 알고 허공을 구제하는 것처럼 아무 소득도 바라지 말라는 것을 설한다.

누교품累教品: 부처님께서 아난에게 『반야경』을 잘 보호하고 전하라는 것에 대하여 거듭 설하고 있다.

5) 제67 무진품無盡品~제90 촉루품囑累品

수보리가 계속 설법을 주도하면서 반야의 지혜에 입각한 공관空觀에 대해 설하고 있다.

무진품無盡品: 십이연기十二緣起가 보살의 불공법不共法임을 선언하면서 십이연기에 입각하여 반야바라밀다를 일으켜야 됨을 설하고 있다.

섭오품攝五品: 반야바라밀다를 중심으로 보시, 지계, 인욕, 정진, 선정의 다섯 바라밀다가 어떻게 성립되며 그것들은 반야바라밀다에 대하여 어떤 의미를 가지는가를 보여준다.

방편품方便品: 보살이 닦는 바라밀다의 여섯 가지에서 근본을 이루는 반야와 나머지 다섯 바라밀다의 관계, 중생을 구제하는 근본 수단으로서 부처가 되는 반야바라밀다의 위치와 그 수행의 묘리, 만물의 자성이 공하다고 부정하는 관법인 공관을 내용으로 하는 반야의 원리 등을 주로 밝히고 있다.

삼혜품三慧品: 부처님이 되는 길을 밝혀주는 반야바라밀다를 관찰하고 사유하고 체득하는 등의 세 가지 지혜를 설하고 있다.

도수품道樹品: 보살이 부처님이 되는 길을 닦아서 깨달음을 체득하는 과정을 나무의 성장에 비유하여 설한다.

도행품道行品: 보살의 수행이란 무엇이며, 부처님이란 누구이며, 깨달음이란 무엇인가 하는 것들을 설하고 있다.

삼선품三善品: 세 가지 선한 일, 즉 부처님을 섬기는 일, 선한 마음을 가지는 일, 선한 벗을 사귀는 일을 가르친다.

변학품遍學品: 보살이 애써 부처님이 되는 길을 두루 배우고도 그 수행의 대가를 바라지 않는 것은 곧 대가가 이미 공허한 것임을 알고 편벽된 견해가 그릇된 견해임을 밝힌다.

삼차품三次品: 보살이 부처님이 된다는 것은 공성에 순응한다는 것을 말하고, 공성에 순응한다는 것은 유有와 무無의 극단을 떠난 것을 말한다.

일념품一念品: 반야바라밀다를 닦는 보살이 온갖 바라밀다의 공덕을 구족하여 공성에 이른다는 것에 대하여 설한다.

육유품六喩品: 여섯 바라밀다에의 행행行을 비유를 들어 자세히 설하고 있다.

사섭품四攝品: 대승의 관점에서 사섭법, 사념처, 사정근, 사여의족 및 여래 십력을 설하는 것에 더하여 부처님의 십팔불공법에 대하여 자세히 설하고 있다.

선달품善達品: 일체의 법은 명색名色에 지나지 않으며 결국 그 모습을 찾아볼 수 없는 공한 것이라고 보는 것이 보살이 일체법을 잘 통달하는 것이라고 설한다.

실제품實際品: 법위法位, 법주法住, 여如 등과 같이 궁극적 실체를 뜻하는 실제에 대한 자세한 설법이 베풀어진다.

구족품具足品: 보살도 부처님과 같이 육바라밀, 삼십칠조도법, 여래의 십력, 사무소외, 사무애지, 십팔불공법 등을 닦아서 구족해야 함을 설한다.

정토품淨土品: 정토에 대해서 이른바 유심정토적인 입장을 피력하고 있다.

필정품畢定品: 보살도에서 결코 물러나지 않도록 결정되어 있는 것에 대해서 설한다.

차별품差別品: 사성제四聖諦에 대한 대승 불교적인 해석이 보이며 보살과 부처님의 차이가 마치 소승의 아라한과 부처님의 차이에 대한

148

분별처럼 설해진다.

칠비품七譬品: 일체법은 꿈과 같고 거울 속의 비침과 같고 메아리와 같고 아지랑이와 같고 신기루와 같고 환술사의 꾸밈과 같고 환영과 같다는 비유를 설한다.

평등품平等品: 왜 일체법이 평등하다고 하는가? 상주하는 공성을 바탕으로 하는 진여, 법위, 법주, 실제, 실상 등이 그것이기 때문이다. 곧 진리의 입장에서 평등하다는 것이다.

여화품如化品: 일체법의 평등한 모습도 결국 환영임을 설하여 일체 법과 일체법의 속성에 집착할 것이 없음을 보이고 있다.

상제품上諦品: 옛날 대뇌음불 시대에 상제라고 하는 보살이 있었다. 그가 보살도를 행하고 반야바라밀다를 구하러 가면서 겪는 일을 극적으로 묘사하고 있는 품이다.

법상품法尚品: 법상(曇無竭)보살이 상제에게 반야바라밀다를 설하는 품이다. 일체 모든 것은 평등하고 차별이 없다. 일체의 법은 공성(空性: śūnyatā)에 귀착되는 것임을 설한다.

촉루품囑累品: 부처님께서는 아난에게 "내가 열반한 뒤에 네가 불법을 펴야 한다. 그리고 후세에도 길이 불법을 전하는 자가 계속 나오도록 해야 한다. 반야바라밀다에 대해 어느 때 부처님으로부터 설하는 바를 들었노라고 반드시 전하도록 하라"고 부촉하신다.[11]

---

11 한글대장경, 『마하반야바라밀경』 해제편에서 발췌, 1996.

2. 『소품반야경』의 개요

소품경은 후진後秦의 구마라집鳩摩羅什에 의하여 10권 29품으로 한역되었다. 경전의 이름을 『소품반야경小品般若經』, 『신소품반야경新小品般若經』이라고도 한다.

원문은 『도행반야경道行般若經』의 원전인 범문梵文 『팔천송반야경八千頌般若經』에 상당한다.

처음 2품은 보살과 대승 및 반야바라밀에 대하여 설하고, 나머지 품에서는 반야바라밀의 수지공덕受持功德 등에 대하여 설하고 있다.

1) 제1권

1권은 「초품初品」과 「석제환인품釋帝桓因品」으로 구성되어 있다.

「초품」은 왕사성 취봉산에서 수보리가 1,250명의 비구들에게 『반야경』을 설하게 되는 연유를 밝힌다. 이어서 수보리는 사람의 몸과 마음은 실체가 없는 것이며, 생기지도 않고 없어지지도 않는 허망한 것임을 설하여 일체를 부정한다. 그러나 이것을 따르는 수행과 모든 중생을 구제하는 것이 보살이 가야 할 길이라고 가르친다.

「석제환인품」에서는 수보리와 제석천왕의 문답으로 공空에 대해 밝히고 이 공空을 통하여 부처의 지혜를 구할 수 있다고 한다.

2) 제2권

2권은 「탑품塔品」, 「명주품明呪品」, 「사리품舍利品」의 세 가지 품으로 구성되어 있다.

「탑품」에서는 부처님께서 과거 생에 반야바라밀을 수행하여 이생에서 부처님이 되셨듯이 오늘날 『반야경』을 수행하면 내생에는 반드시 부처를 이룰 수 있고 이 생에서도 무한한 복을 받는다고 설한다.

「명주품」은 반야바라밀의 명주의 공덕에 대하여 설하는 품이다. 이 『반야경』이야말로 최상의 주문이며, 비할 바가 없는 뛰어난 주문이어서 이 주문을 외우면 모든 어려움이 사라지고 주위의 존경을 받게 되므로 꿈에서라도 이 주문을 수행할 것을 설한다.

「사리품」에서는 부처님께서 제석천왕에게 이 경전을 부처님의 사리보다도 더 귀중히 여겨야 한다고 설한다. 왜냐하면 부처님의 사리는 부처님의 지혜이며, 이것은 곧 반야바라밀에서 유래했기 때문이라고 한다.

3) 제3권

3권은 「좌조품佐助品」, 「회향품廻向品」, 「니리품泥犁品」의 세 가지 품으로 구성되어 있다.

「좌조품」은 깨달음을 얻기 위해 반야바라밀을 비롯한 여섯 가지 바라밀의 도움이 필요하다는 것을 밝히는 품이다. 과거의 모든 부처님도 여섯 가지 바라밀 중에서 반야바라밀로 부처를 이루었으며, 다른 사람으로 하여금 이 경을 읽거나 쓰게 하면 무량한 복을 얻게 된다고 설한다.

「회향품」은 자신이 지은 공덕을 모두 중생에게 회향하여 모든 사람을 불도佛道로 나아가게 한다는 품이다. 미륵보살이 수보리와의 대화를 통하여 차별 없는 마음으로 모든 중생을 진심으로 위하는 것이

진정한 보살의 길임을 설한다.

「니리품」은 반야바라밀을 방해하거나 비방하면 지옥에 떨어져 모진 고통을 받게 됨을 설하고, 이러한 악한 행동은 모두『반야경』의 공空을 알지 못하고 집착하였기 때문에 일어나는 것으로 반야바라밀의 지혜를 얻으면 이러한 어리석음으로부터 벗어날 수 있다고 설한다.

4) 제4권

4권은 「탄정품歎淨品」과 「불가사의품不可思議品」으로 구성되어 있다.

「탄정품」은 맑고 깨끗함을 찬탄한다는 내용이다. 내가 맑으면 색色이 맑고 모든 것이 깨끗해지며, 본래의 진실된 경계에 들어갈 수 있다. 그러나 현실에 집착하고 있는 중생들이 많은 것은 어떤 이유인가라는 사리불의 질문에 수보리는 색色과 공空을 분별하면 집착이고, 과거·현재·미래의 법을 분별하면 집착이며, 초발심한 보살이 복덕을 얻었다고 하면 집착이라 한다고 대답한다.

또 제석천이 수보리에게 어떠한 까닭으로 집착이라고 하느냐는 질문에 모든 것이 공空이라는 도리를 모르고 욕망을 일으켜 번뇌를 나타내기 때문이라고 답한다.

「불가사의품」에서는『반야경』의 불가사의한 내용을 한 번 듣기만 해도 공덕이 대단하지만, 그러나 진실로 반야바라밀을 수행하는 보살은 모든 것에 집착하지 말아야 하며 특히 불가사의하다는 생각에도 집착하지 말아야 함을 강조한다.

152

5) 제5권

5권은 「마사품魔事品」, 「소여품小如品」, 「상무상품相無相品」, 「비유품譬喩品」의 네 가지 품으로 구성되어 있다.

「마사품」은 반야바라밀을 수행함에 있어서 방해가 되는 것은 모두 마군의 장난이라고 설한다. 이들 마군의 방해 또한 부질없는 것임을 알아 장애에 집착하지 말고 꾸준히 반야바라밀의 수행에 정진할 것을 당부한다.

「소여품」은 부처님의 지혜로 이 세상 모든 것을 바라보면 본성이 차별이 없고 서로 평등함을 알 수 있다고 설하는 품이다. 모든 차별은 상대적인 집착에서 생겨난 것이며, 이렇게 차별 없는 공空의 상태가 곧 부처님의 지혜이며 불법의 세계임을 설한다.

「상무상품」은 모든 것은 차별이 없다는 평등성을 설하는 품이다. 모든 것은 실체가 없고 생겨난 곳도 없고 머무르는 것도 없는 것으로 이러한 것에 사로잡힌 헛된 생각은 버려야 한다고 설한다.

「비유품」은 배에 비유하여 설명하는 품이다. 즉 잘 만들어지지 못한 배는 바다를 항해할 수 없고 설사 항해할지라도 큰 파도에 파선당하고 만다. 그러나 잘 정비된 배는 무사히 정해진 항로를 지켜 갈 수 있다. 또한 파선된 배일지라도 널빤지나 돛대를 잡은 자는 살아남듯이 지혜로써 불도를 완성할 수 있다고 설한다.

6) 제6권

6권은 「대여품大如品」과 「아유월치상품阿惟越致相品」으로 구성되어 있다.

「대여품」은 보살은 일체가 본성이 평등함을 알아야 한다고 설한다. 즉 모든 것은 실체가 없으며, 분별할 수 없는 허망한 본성을 지니고 있으며 차별적인 모든 것은 우리들의 집착에 의한 것임을 설한다.

「아유월치상품」은 보살도에서 물러서지 않는 불퇴전不退轉보살에 관한 이야기이다. 불퇴전보살은 우선 일체가 허망하고 본성이 평등하다는 부처님의 지혜로서 차별함이 없어야 한다. 그리고 부처님의 지혜로 중생을 구제하겠다는 마음에서 물러나지 않는 보살을 말한다고 설한다.

7) 제7권

7권은 「심공덕품深功德品」, 「항가제바품恒伽提婆品」, 「아비발치각마품阿毘跋致覺魔品」의 세 가지 품으로 구성되어 있다.

「심공덕품」은 부처님의 깨달음의 세계는 공空의 세계이며, 일체의 본성 자체는 어떤 표현과 이름으로도 나타낼 수 없는 것이다. 이것은 모든 집착을 떠나 반야바라밀을 이루는 삼매에서만 얻을 수 있다고 설한다.

「항가제바품」은 항가제바라는 여자가 전생에 『반야경』을 수행하고 내생에도 『반야경』을 유포하겠다고 서원하면서 부처님께 장차 금화불金華佛이 될 것을 수기受記 받는 품이다.

「아비발치각마품」은 아유월치阿惟越致와 같은 불퇴전보살에 대하여 설한 품이다. 불퇴전보살은 모든 것이 허망하다고 보고 오로지 중생을 위하여 꿈속에서도 불법을 전해주어야 하며, 어떤 어려움도 마군의 허망한 장난임을 알아서 물러나지 말아야 함을 설한다.

154

8) 제8권

8권은 「심심구보리품深心求菩提品」, 「공경보살품恭敬菩薩品」, 「무간번뇌품無慳煩惱品」의 세 가지 품으로 구성되어 있다.

「심심구보리품」은 반야바라밀을 마음속 깊이 믿고 따르면 깨달음을 얻을 수 있다고 설하는 품이다. 그 과정으로는 항상 선지식을 가까이하여 배우고, 육바라밀을 실천하며, 특히 반야바라밀인 부처님의 지혜를 배워야만 불도를 이룰 수 있다고 설한다.

「공경보살품」에서는 보살이 서로 공경해야 하며 모든 중생을 공경으로 대해야 함을 설한다. 자만심에 빠지거나 시기와 질투를 일삼는 것은 모두 마군의 장난이라고 설한다.

「무간번뇌품」은 반야바라밀을 수행하여 나쁜 마음이 일어나지 못하게 하라는 가르침이다. 나쁜 마음이란 분별심에서 나타나는 것이며, 반야바라밀을 수행하는 보살은 마음 그 자체가 허망함을 알기 때문에 이러한 나쁜 마음에 집착되지 않는다고 설한다.

9) 제9권

9권은 「칭양보살품稱揚菩薩品」, 「촉루품囑累品」, 「견아촉불품見阿閦佛品」, 「수지품隨知品」의 네 가지 품으로 구성되어 있다.

「칭양보살품」은 부처님의 지혜를 공부하는 보살을 찬양하는 내용이다. 그 찬양의 이유로는 보살은 중생을 차별하지 않기 때문이며, 불도에서 물러나지 않기 때문이며, 공空의 입장에 투철하여 모든 집착을 떠나 『반야경』의 도리대로 수행하므로 찬양 받는다고 설한다.

「촉루품」은 부처님께서 아난에게 『반야경』을 소중히 할 것을 거듭

부탁하는 내용이다.

「견아촉불품」은 동방東方의 아촉불이 설법하심을 부처님의 위신력으로 보여주신 뒤 모든 것의 참모습은 사람의 눈으로는 쉽게 볼 수 있는 것이라고 설한다.

「수지품」은 모든 만물의 본성은 허망하여 파악할 수 없으며, 부처님의 가르침조차도 방편에 불과함을 알아야 한다고 설한다. 그러나 부처님의 가르침은 중생의 구제를 목적으로 설정되어 있는 자비심의 발로임을 설한다.

10) 제10권

10권은 「살타파륜품薩陀波崙品」, 「담무갈품曇無竭品」, 「촉루품囑累品」의 세 가지 품으로 구성되어 있다.

「살타파륜품」은 살타파륜이라는 보살이 목숨을 바쳐 담무갈보살을 찾아가 반야바라밀 법을 청하는 이야기이다.

「담무갈품」은 담무갈보살이 살타파륜보살에게 모든 부처님은 오신 곳이 없고 가시는 곳도 없고 움직임이 없기 때문에 여여如如이며, 그래서 여래如來라고 한다고 설한다.

「촉루품」은 부처님께서 아난에게 모든 부처님을 섬기듯이 『반야경』을 수지受持하고 널리 유포할 것을 당부하시는 것으로 이 경의 설법을 마치시는 품이다.[12]

---

12 한글대장경, 『소품반야바라밀경』 해제편에서 발췌.

제5장 반야와 공사상

I. 반야와 공사상

1. 반야사상

1) 반야란

반야般若의 범어는 prajñā, 팔리어는 paññā로, 또 파야波若·발야鉢若·반라야般羅若 등으로도 쓰고 혜慧·명明·지혜·혜명慧明·극지極智·승혜勝慧 등으로 번역한다. 반야사상의 반야란 순간적으로 존재 전체를 있는 그대로 바라보는 직관적인 예지叡智를 말한다. 이 반야는 인도의 종교사상과 공유하는 개념으로 고古 우파니샤드에서는 아트만·브라흐만의 속성 중 하나이고, 사람을 이 세계에서 천계天界로 인도하며, 욕구를 만족시켜서 불사不死·해탈을 얻는 것을 가능하게 하는 신적 지혜라고 하였다. 그러나 불교에서는 역으로 현세의 욕망을 제어하고, 이 세계에서 열반을 체현하는 계기가 되는 깨달음의 지혜를 의미한다.

158

『해탈도론』제9「분별혜품」에 "혜慧로써 제계諸戒를 깨끗이 하고 선禪에 드는 것 역시 2혜二慧이다. 혜로써 모든 도를 수행하고 혜로써 그 과果를 본다. …… 혜로써 중악衆惡·애愛·진에瞋恚·무명을 제하고, 지智로써 생사를 제하고 나머지 제하지 못한 것을 제한다. 묻되, 혜란 무슨 뜻인가? 답하되, 지智의 뜻이니 능히 제하는 것을 뜻으로 한다. 몇 가지 공덕에 의해 혜를 얻는단 11의 공덕이 있다. …… 몇 가지의 혜란 답에 2종, 3종, 4종이 있다"라고 하는 것이다. 이 반야는 혜로서 분명히 아는 것을 성性으로 하고, 사제四諦의 경계에서 간택하고 능히 중악 및 생사를 제하는 것임을 분명히 한 것이다.

『대품반야경』제1「서품」에 "보살마하살, 일체종지一切種智로서 일체법을 알고자 하면 마땅히 반야바라밀을 습행習行해야 한다"라고 하고, 『대지도론』제43에서는 "반야는 일체 모든 지혜 가운데 가장 제일이라 한다. 무상무비무등無上無比無等으로서 더 뛰어난 것 없다"라고 한다. 이것은 반야는 모든 혜 가운데 가장 제일로서 여실하게 일체법에 통달하고 내지 능히 영원히 일체 취집取執의 속박을 끊는 것임을 밝히고 있는 것이다.[1]

반야가 실상에 대한 최고의 지혜라는 점은 분명하지만, 그러나 그 최고의 지혜를 무엇으로 보느냐에 따라 반야의 정의가 달라지기도 한다. 『대품경유의』[2]에서는 이르기를, "반야의 뜻에 대해서는 『석론』(『대지도론』)에 따르면 여덟 가지 주장이 있다. 첫째, 무루無漏를 반야라 한다. 성실론사가 주로 주장하던 것이다. 둘째, 유루有漏를 반야라고

1 "望月", '般若'조.
2 대정장 33, p.64.

하는 것이다. 수가數家에서 주장한 것이다. 왜냐하면 유有를 보고 도를 얻기 때문이다. 셋째, 유루와 무루를 합하여 반야라 한다. 넷째, 원인 중에 있는 지혜를 반야라고 한다. 경전에 '원인 중에 있는 것을 반야라고 하고 결과 중에 있는 것을 살반야薩般若라고 한다'라고 하였다. 다섯째, 무루이고 무위無爲여서 볼 수도 없고 마주할 수도 없는 것을 반야라 한다. 여섯째, 유有·무無·역유역무亦有亦無·비유비무非有非無 등의 사구를 떠난 것을 반야라 한다. 일곱째, 앞의 여섯 가지를 모두 반야라 한다. 여덟째, 앞의 여섯 가지 중 오직 여섯 번째 학파가 이해한 것만이 옳다. 용수보살은 이상 여덟 가지 주장의 어디에도 머물지 않고 모두 떠났고, 다시 옳고 그름을 가려 자신의 주장을 내세우지 않았다.[3]

2) 반야의 종류

반야의 종류에 대해서는 대승불교에서 다각적인 해명을 시도하여, 이종반야·삼종반야·오종반야 등의 구별을 하고 있다. 우선 이종반야를 보면 다음과 같다. 첫째, 공반야共般若와 불공반야不共般若이다. 공반야란 성문·연각·보살 등에게 공통으로 설한 반야, 불공반야란 오직 보살을 위해 설한 반야이다. 둘째, 실상반야實相般若와 관조반야觀照般若이다. 실상반야란 반야지혜에 의해 관찰되고 비추어진 모든 대경對境의 진실하고 절대적인 모습을 가리킨다. 이것은 비록 반야 자체는 아니지만 반야를 생겨나게 하는 근원이기 때문에 반야라고

---

3 "伽山", '반야조 참조.

한다. 관조반야는 능히 일체법의 진실하고 절대적인 실상을 관찰하고 비추는 지혜를 가리킨다. 셋째, 세간반야와 출세간반야이다. 세간반야는 세속적·상대적 반야이고, 출세간반야는 초세속적이고 절대적인 반야이다.

3) 삼반야三般若

반야의 지혜에 대해 설하는 문자(文字: 方便)·관조觀照·실상實相의 3종을 말한다. 문자는 반야를 설명하는 방편, 실상은 관조의 경계로서 이것들은 바로 반야라고 할 수 없으나 이 문자·실상에 의해서 반야가 생기기 때문에 이를 문자반야·실상반야라 하고, 또 관조는 혜慧로써 마음을 비추어보는 쓰임(用)이고, 그 체(體)인 지혜는 즉 반야이기 때문에 이를 관조반야라 한다. 원래 『대지도론』에 나오는 것으로 『대승의장』 권10에 삼종반야의 의미를 세우니, 먼저 그 3종이 있는 이유를 설명하고 이 3종 가운데 관조의 일종은 반야의 체體이고, 문자·실상은 반야의 법이며, 법法·체體를 함께 설하므로 3종이 있다고 한다.

다음에 이를 상세히 주석하여 이르기를, "문자라 하는 것은 소위 『반야바라밀경』은 반야가 아니라 능히 반야를 설명하기 때문에 반야라 하고, 『열반경』과 같이 열반을 설명하기 때문에 설하여 열반이라 하니, 이 또한 그와 같다. 또 이 문자는 능히 반야를 생산하므로 또한 반야라 하니, 음식이 생명을 생산하므로 음식을 설하여 생명이라 하는 것과 같다. 그리고 관조라고 하는 것은 혜慧로써 마음을 비추어 보는데 이름하여 관조라 하니, 즉 관조의 체體는 반야인 것을 관조반야라 하니 안안眼, 이것은 눈(目)임을 이름하여 안목眼目이라고 하는 것과 같다. …… 또 실상이라 하는 것은 이것은 관조하여 알게 된 바의 경계, 제법의 체실體實을 이름하여 실實이라 하고, 실實의 체상體狀을 이름하여 상相이라 한다. …… 이 제법 가운데 이를 모두 논하면 이것은 모두 실상이고, 그 가운데 서로 나누어보면 오직 제일의第一義를 실상이라 이름할 뿐, 이 실상의 체는 반야가 아니고 능히 반야를 생산하기 때문에 반야라 한다"라고 하였다.

그리고 관조반야의 체성體性에 대해 유루혜有漏慧라고 하는 설, 무루혜無漏慧라고 하는 설, 초발심으로부터 보리수 아래에 앉기까지의 불인위소수佛因位所修의 지혜라고 하는 설, 보살이 수행하는 일체의 모든 지혜라고 하는 설, 보살의 지혜 중 무루무위불가견무대無漏無爲不可見無對의 상지常智라고 하는 설, 절대의 불성진심佛性眞心이라고 하는 설의 육가六家의 설을 내고, 그 취사선택에 있어서 모든 것은 육가의 설이 모두 옳고, 특히 제육가第六家의 설이 옳다고 하였다.

그런데 천태종에서는『금광명현의』권상에서 이 삼반야三般若를 다음과 같이 도종지道種智·일체지一切智·일체종지一切種智의 삼지三智의 것이라 하였으며, "어째서 삼반야인가? 반야는 지혜에 붙인 이름이고, 실상반야는 비적비조非寂非照로서 즉 일체종지이며, 관조반야는 비조즉조非照卽照로서 즉 일체지이고, 방편반야는 비적이적非寂而寂으로서 즉 도종지이다"라고 하였다. 이에 의하면 방편·관조·실상의 셋은 바로 반야로서 객관의 대경對境을 주관의 지혜에 따르게 하여 비로소 반야라고 하는 것과 같은 것이다. 그러므로『금광명현의습유기』권2에서는 이르기를, "다른 종에는 실상무지實相無知를 고집하여

162

반야라고 하는 것은 소조所照의 대경對境을 가지고 능조能照의 지혜에 따르게 하여 명칭을 얻으니, 이와 같이 명칭을 해석하는 것은 성종性宗의 뜻이 아니다"라고 하였다.[4]

4) 오종반야五種般若

오종의 반야는 ①실상반야實相般若, ②관조반야觀照般若, ③문자반야文字般若, ④권속반야眷屬般若, ⑤경계반야境界般若를 말한다. 혜정慧淨의『반야심경소』에 이르기를, "수칭首稱의 반야란 고석古釋에 셋이 있다. 금석今釋하는 데 다섯이 있다. ①실상은 이른바 진리이다. ②관조는 이른바 진혜眞慧이다. ③문자는 이른바 진교眞教이다. ④경계는 이른바 제법諸法이다. ⑤권속은 이른바 만행萬行이다"라고 하고, 또 규기窺基의『반야심경유찬』권상에는 "반야는 혜慧의 뜻이다. 고석에 셋이 있다. ①실상은 이른바 진리, ②관조는 이른바 진혜眞慧, ③문자는 이른바 진교眞教이라고 한다. 금석함에 다섯이 있다. 제④에 권속은 이른바 만행이고, 제⑤에 경계는 이른바 제법이다"라고 하고 있다. 이 가운데 실상이란 진여의 이리理로서 이는 반야를 위해서 실성實性으로 됨을 말하고, 관조란 청정무루의 혜로서 능히 일체개공一切皆空 내지 체상평등體相平等을 조견함을 말하고, 문자란 반야의 장구章句로서 즉 능히 반야의 이리를 설명하는 것을 말하고, 권속이란 육도만행으로서 즉 묘혜妙慧와 상응하여 반야를 돕는 것을 말하고, 경계란 이제二諦·삼성三性 등의 제법으로서 즉 반야의 경계인 것을 말하는 것이다.

---

4 "龍谷", ‘三般若'조.

　그러나 오종반야의 주창에 관해서는 양분良賁의『인왕호국반야바
라밀다경소』제1상에 "「관여래품」에 따로 3종을 밝히니 실상과 관조
및 문자이다. 자은삼장慈恩三藏은 다시 2종을 더하여 경계와 권속이다"
라고 하고, 후의 둘을 현장이 더 보탠 것이라고 하지만 전게의 혜정은
당 정관貞觀 19년의 입적(즉 玄奘歸朝의 해)임을 가지고 보면, 즉 혜정慧
淨은 현장에 앞서 그 설을 제창한 것이라고 보지 않을 수 없다. 또
길장의『대품경의소』제1에서는 자성自性, 공유共有, 방편, 경계, 문자
의 오종비담의 설을 내고 있다. 그 가운데 경계비담境界毘曇을 삼종반
야 중의 실상반야에, 자성비담自性毘曇을 관조반야에, 문자비담을
문자반야에 배당하였다. 이것은 사진제四眞諦가 능히 무루의 혜를
내는 것을 이름하여 경계비담이라 하기 때문에 그 뜻은 실상반야에
해당되고, 무루의 혜가 비담의 체성인 것을 이름하여 자성비담이라
하기 때문에 그 뜻은 관조반야에 해당되고, 비담의 모든 논이 능히
무루의 혜를 설명하는 것을 이름하여 문자비담이라 하기 때문에 그
뜻은 문자반야에 해당된다고 한다는 뜻이다.

　혜정이 다시 이 삼종반야에 경계와 권속의 둘을 더한 것은 아마
길장이 경계비담을 실상반야에 배당한 것을 불가하다고 하여 이 둘을
따로 세운 것일 것이고, 또 방편비담은 견도見道 이전의 7방편의 행에
이름한 것이므로 이를 개칭하여 권속반야라 한 것일 것이니, 어쨌든
오종반야의 설은 오종비담에 유래하는 것이라고 보아야 할 것이다.[5]

---

5 "望月", '五種般若'조.

164

2. 바라밀(波羅蜜, pāramitā)

1) 바라밀이란

팔리어는 pārami이고 바라밀다의 약어로 도피안到彼岸, 도피안度彼岸, 도무극度無極, 도度 등으로 번역한다. 생사의 피안으로부터 해탈 열반의 피안에 이르는 것을 말한다. 그 명의에 관해서는『보살내습육바라밀경』에 이르기를, "파라는 생사로부터 득도得度한다고 하고, 밀蜜을 무극無極이라 한다"라고 하고,『대지도론』제12에서는 "바라波羅는 진秦나라 때 피안이라 하고 밀蜜은 도到라 한다. …… 천축의 속법에는 모두 사성변事成辨에 이르는 것을 모두 도피안이라고 한다. …… 생사를 차안此岸이라 하고, 열반을 피안이라 한다"라고 하는 것이다. 그러나 범어 pāramitā는 '피안'의 뜻인 명사 pāra의 pāram에 '이르다' 또는 '있다'의 뜻인 동사 i 및 접미자 t를 더한 형용사 pāram-i+t의 t를 상태를 나타내는 접미자 tā(pāram-i+tā)에 대신한 것으로서, 즉 '피안에 도달한 상태' 또는 '종료', '원만'의 뜻을 갖는 것이다. 또 팔리어의 pārami는 '최상의' 또는 '종극終極의'란 뜻인 형용사 parama를 여성명사로 한 것으로서 이 명사가 합성어의 말미에 있을 때는 어말미의 i를 단음으로 하고 이에 접미자 tā를 더하여 pārami-tā의 형을 쓰는 것이다.

『미륵보살소문경론』제8에는 바라밀의 뜻은 이도已到와 당도當到에 통한다 하여 이르기를, "피안에 이르기 때문에 바라밀의 뜻이라 한다. 또 제불여래는 이미 피안에 이름을 바라밀이라 하고, 초지의 보살은 그 필경에 피안에 이르기 때문에 바라밀이라 하며, 모든 보살은 필경에 피안의 행을 얻기 때문에 바라밀이라 한다. 그러므로 여래는 경 가운데

설하여 이르시기를 '그의 행에 수순하는 것을 바라밀이라 한다'고
한다. 그의 위치는 아직 피안의 뜻을 결정하지 못했기 때문이다. 그러므
로 여래는 『무진의소문경』 중에 설하기를, '만족하여 보살행을 행하는
것을 바라밀의 뜻이라 하고, 기꺼이 심지만족深智滿足하는 것을 바라밀
의 뜻이라 한다'고 하셨다'라고 하는 것이다. 이것은 붓다는 이도已道,
보살은 당도當到인 것을 밝힌 것이다.

또 이 도피안度彼岸의 뜻에 관해 『대승의장』 제12 '6바라밀'에서는
두 가지 뜻을 내어, "첫째, 능히 생사의 차안此岸을 버리고 구경열반의
피안彼岸에 이른다. 전도前度 중의 과도果度와 유사하다. 둘째, 능히
생사열반 유상有相의 차안을 버리고 평등 무상無相의 피안에 이른다.
전도前度 중의 자성청정도와 그 뜻이 유사하다. 이 두 가지 뜻을 갖춘
것을 도피안이라 한다"고 하였다.

2) 바라밀의 내용

여러 경론에는 바라밀에 6종, 10종 및 4종 등의 구별을 하고 있다.
6종이란 보시, 지계, 인욕, 정진, 선정, 지혜의 6바라밀로서 주로
여러 반야경에서 이를 설하고, 10종이란 앞의 6종에다 지智, 원願,
신력神力, 법法의 4종을 더한 것으로 『화엄경』「이세간품」, 『금강명최
승왕경』「최정지다라니품」 등에 나오고 있다. 4종이란 상常·락樂·아
我·정淨으로서 『승만경』「전도진실장」에 "여래의 법신은 이 상常바라
밀, 락樂바라밀, 아我바라밀, 정淨바라밀이다"라고 하고, 『관보현보살
행법경』에서는 "석가모니를 비로자나 변일체처遍一切處라 하고, 그
부처님의 주처를 상적광常寂光이라 한다. 상常바라밀의 섭취처, 아我

바라밀의 안립처, 락樂바라밀의 수상受想멸처, 정淨바라밀의 신심身心
부주상不住相처이다"라고 하는 것이 그 설이다.[6]

3. 반야바라밀(般若波羅蜜, prajñā-pāramitā)

1) 반야바라밀이란

팔리어는 paññā-pārami이다. 또 반야바라밀다 혹은 반야바라밀로
읽고, 혜도피안慧到彼岸, 지도智度, 명도明度, 보지도무극普智度無極,
명도무극明度無極이라 번역하며, 혹은 혜바라밀다慧波羅蜜多, 승혜바
라밀다勝慧波羅蜜多, 혜바라밀慧波羅蜜, 지혜바라밀智慧波羅蜜이라고
도 칭한다. 그 내용에 따라서 말하자면 대상에 대한 차별적 인식이
모두 사라진 지혜, 곧 불이지不二智·무이지無二智 등이라고 할 수
있는 것이다. 반야바라밀다는 프라즈냐파라미타(prajñā-pāramitā)에
대한 현장玄奘의 한역어이다. 구마라집은 반야바라밀이라고 하였고,
혹은 '프라즈냐'는 지智 또는 지혜, '파라미타'는 도度 또는 도피안度彼岸
이라고 한역하기도 하였다. '미혹된 이쪽 경계에서 깨달음의 세계인
저쪽 경계에 도달하는 것'이라는 뜻으로 풀이한 것이다. 제법의 실상을
비추어보고 이를 다하는 보살의 대지혜를 말한다.

　『대품반야경』 제21 「삼혜품」에 "부처님께서 이르시되, 제1의第一義
를 얻어 일체법을 건너 피안에 이른다. 이 뜻을 갖기 때문에 반야바라밀
이라 한다. 또 다음에 수보리여, 제불·보살·벽지불·아라한은 이 반야

---

6 "望月", '波羅蜜'조.

바라밀을 써서 피안에 건너갈 수가 있고, 이 뜻을 갖기 때문에 반야바라밀이라 한다. 또 다음에 수보리여, 분별 감량하여 일체법을 파괴하고 내지 미진微塵도 이 가운데 견실하지 못하니, 이 뜻을 갖기 때문에 반야바라밀이라 한다. 또 다음에 수보리여, 제법여諸法如·법성·실제는 모두 반야바라밀 가운데 든다. 이 뜻을 갖기 때문에 반야바라밀이라 한다"라고 하고,『대지도론』제85에서는 "일체 모든 보살의 도를 보살행이라 하고, 모든 제법의 실상을 두루 아는 지혜를 반야바라밀이라 한다"라고 하는 것이다. 이것은 일체 지혜의 끝머리에 이르고, 일체법을 건너 피안에 이르는 것을 반야바라밀이라 한 것이다.

2) 반야바라밀의 공능

반야바라밀은 6바라밀의 근본, 일체 선법의 연원淵源으로서, 또 제불의 모母라고 칭한다.『대품반야경』제14「불모품」에 이르기를, "이 심반야바라밀은 능히 제불을 이루고, 능히 제불에 일체지를 주고, 능히 세간의 모습(相)을 보여준다. 그렇기 때문에 제불은 항상 불안佛眼으로써 이 심반야바라밀을 보는 것이다. 또 반야바라밀로 하여 능히 선나바라밀 내지 단나바라밀이 생기고, 능히 내공內空 내지 무법유법공無法有法空이 생기며, 능히 사념처 내지 팔정도분分이 생기고, 능히 불의 십력十力 내지 일체종지一切種智가 생긴다. 이와 같이 반야바라밀은 능히 수다원·사다함·아나함·아라한·벽지불·제불을 이룬다. 수보리여, 모든 제불이 이미 아뇩다라삼먁삼보리를 얻고, 지금 얻으며, 미래에 얻는 것은 모두 심반야바라밀의 인연에 말미암기 때문에 얻는 것이다"라고 하였다. 또『승천왕반야바라밀경』제1「현상품」에서도

168

"일체의 선법은 모두 반야바라밀에 의해서 생긴다"라고 하고, 또『문수사리문경』권상「반야바라밀품」에서는 "일체의 성문·연각, 일체 모든 불, 일체 모든 법은 반야바라밀로부터 생긴다"라고 하는 것이 모두 그 설이다.

대저 반야란 혜慧를 칭하는 것으로, 성문·연각 등도 또한 얻는 바라 하더라도 그들은 오직 속히 열반에 이르기를 바라고, 지智의 끝머리를 끝내지 못하기 때문에 바라밀을 얻을 수가 없고, 오직 보살만이 일체지를 구하여 마침내 피안에 이르기 때문에 이름하여 반야바라밀을 구족한다고 하는 것이다.『대지도론』제43에 이르기를, "범부의 사람은 또 욕欲을 여읜다 하더라도 오아吾我의 마음이 있어 이욕離欲의 법에 착하기 때문에 반야바라밀을 즐기지 못한다. 성문·벽지불은 반야바라밀을 욕락한다 하더라도 깊은 자비가 없기 때문에 크게 세간을 싫어하여 일심으로 열반으로 향한다. 이 때문에 구족하여 반야바라밀을 얻을 수가 없다. 이 반야바라밀은 성불의 때에 바뀌어 일체종지라 한다. 그러므로 반야는 불에 속하지 않고 성문·벽지불에 속하지 않으며 범부에 속하지 않고 다만 보살에게만 속한다"라고 한다.

다만 이 가운데 반야는 불에 속하지 않고 오직 보살에게만 속한다는 것에 관해『대지도론』제18에 문답을 시도하여 "모든 보살은 초발심으로부터 일체종지를 구하여 그 중간에서 제법실상을 안다는 혜는 이것은 반야바라밀이다. 물어 가로되, 만약 그렇다면 마땅히 바라밀이라고 해서는 안 된다. 왜냐하면 아직 지혜의 끝머리(邊)에 이르지 못했기 때문이다. 답하여 가로되, 불소득佛所得의 지혜는 이 진실의 바라밀이다. 이 바라밀에 말미암기 때문에 보살의 행하는 바도 또한 바라밀이라

한다. 인因 중에 과과果를 설하기 때문이다. 이 반야바라밀은 불심佛心 가운데 있어서는 이름이 바뀌어 일체종지一切種智라 한다. 보살은 지혜를 행하고, 피안에 건너기를 구하기 때문에 바라밀이라 한다. 불은 이미 피안에 건넜기 때문에 일체종지라 한다"라고 하는 것이다. 이에 의하면 불소득의 지혜는 진실의 바라밀이라 하더라도 불심에 있어서는 특히 이를 일체종지라 칭하여 바라밀이라 하지 않으며, 보살은 일체종지를 구하여 피안에 건너기를 기하기 때문에 홀로 즉 그 혜慧를 이름하여 반야바라밀이라 하는 것임을 알아야 할 것이다.

3) 반야바라밀의 자성自性

반야바라밀의 자성에 관해서는 『대지도론』 제11에서 많이 설하고 있다. 첫째는 반야바라밀은 무루의 혜근慧根이다. 보살은 아직 결(結: 번뇌)을 끊지 못했으나 그 행하는 모습은 무루의 반야바라밀에 비슷하기 때문에 반야바라밀을 행한다고 할 수가 있다고 하고, 둘째는 유루의 혜이니, 보살은 앞에 대지혜 및 무량의 공덕이 있다 하더라도 모든 번뇌를 아직 끊지 못하고, 보리수(道樹) 아래에 이르러 비로소 결結을 끊기 때문에 그 혜는 즉 유루이라 하고, 셋째는 초발의初發意로부터 보리수에 이르는 중간의 소유의 지혜를 반야바라밀이라 하고, 성불의 때에 이르러 바뀌어 이 혜를 살반야薩般若라 한다고 하고, 넷째는 보살의 유루·무루의 지혜를 모두 반야바라밀이라 하니, 보살은 열반을 관하고 불도를 행하기 때문에 그 지혜는 무루이어야 하고, 아직 결사結使를 끊지 못하고 사事도 아직 성변成辨하지 못했기 때문에 또한 유루라고 해야 한다고 하고, 다섯째는 보살의 반야바라밀은 무루無漏·무위無

爲·불가견不可見·무대無對라고 하고, 여섯째는 반야바라밀은 불가득의 상相으로서 음입계陰入界의 거두는 바가 아니고, 유위有爲·무위無爲, 법法·비법非法이 아니며, 취取도 없고 사捨도 없고, 불생불멸不生不滅로서 유무의 사구四句를 내어 착하는 바 없다고 설한다는 것이다. 이 가운데 첫째와 둘째 및 넷째의 설은 아마도 아비담의 사람들이 세운 것일 것이고, 최후의 설은 용수龍樹 스스로 경에 의해서 논한 것일 것이다.

또 『대승장엄경론』 제8에서는 반야바라밀의 자성, 인因 및 과果, 업業, 상응 및 그 품류를 밝히고, "정택(正擇, samyakpravicayo jñoyah)이란 이 혜慧의 자성이고, 사업邪業 및 세간소식世間所識의 업을 여의어 출세간의 법을 정택함에 말미암기 때문이다. 정지(定持, samādhāna -pratiṣṭhitaḥ)란 이 혜의 인因이다. 정지의 혜에 의해서 실답게 법을 해석하기 때문이다. 선탈(善脫, suvimokṣāya-saṃkleśāt)이란 이 혜慧의 과果이니, 이른바 염오染汚에서 선해탈을 얻는 것이다. 왜냐하면 세간·출세간·대출세간의 정택正擇에 말미암기 때문이다. 명설(命說, prajñā -jīva-sudeśanaḥ)이란 이 혜의 업業이니 혜명慧命 및 선한 설에 의한다. 혜명이란 저 위없는 정택을 가지고 명命이라 하기 때문이다. 선한 설이란 올바로 정법을 설하기 때문이다. 제법의 상수(上首, dharmā-ṇāmuttaraḥ)란 이 혜의 상응이니, 경 중에 반야란 일체법 중의 상上이라고 설하는 것과 같기 때문이다. 그것에 또한 3종이 있다란 이 혜의 품류品類이다. 저 사람에 세간·출세간·대출세간의 삼품의 정택이 있기 때문이다"라고 하였다.

이것은 반야바라밀은 출세간의 법을 정택하는 것을 가지고 그 자성이라 하고, 정지定持를 가지고 그 인因이라 하고, 염오의 법에 있어서 선해탈을 얻는 것을 그 과果라 하고, 위없는 정택을 그 명命이라 하여 바르게 정법을 설하는 것을 그 업이라고 하는 것을 밝히고, 또 반야는 일체법 중의 상수上首로서 이에 세간·출세간 및 대출세간의 3종의 품류가 있다고 한다는 뜻이다.

4) 반야바라밀의 수습

또 제경에 반야바라밀을 닦고 익히는 수습修習에 관해 설하는 것이 많다. 『금광명최승왕경』 제4에서는 5법을 설하고 있다. "첫째는 항상 모든 제불보살 및 명지明智의 자에게 공양하고 친근하여 싫어하지 않고, 둘째는 제불여래, 심심甚深의 법을 설하면 마음 항상 즐거이 들어 싫어하는 일 없고, 셋째는 진속眞俗의 승지勝智 있어 즐겨 잘 분별하고, 넷째는 견수見修의 번뇌 모두 속히 끊어 없애고, 다섯째는 세간의 기술, 오명五明의 법 모두 다 통달한다. 선남자여, 이를 보살마하살의 지혜바라밀을 성취한다고 한다." 또한 『대승보운경』 제2에는 십법十法을 설하여, "보살마하살이여, 십법을 구족하면 반야바라밀을 구족하리라. 무엇이 열 가지인가. 첫째 무아의 진리를 잘 알고, 둘째 모든 업의 과보를 잘 알고, 셋째 유위의 법을 잘 알고, 넷째 생사의 상속을 잘 알고, 다섯째 생사의 불상속을 잘 알고, 여섯째 성문·벽지불의 도를 잘 알고, 일곱째 대승의 도를 잘 알고, 여덟째 마업魔業을 멀리 여의는 것을 잘 알고, 아홉째 지혜가 거꾸러지지 않고, 열째 지혜가 똑같은 것이 없다"라고 한다.

또 『대보적경』 제50~제53 「반야바라밀다품」에서는 반야바라밀의 정행正行, 여리如理의 정관正觀, 증입證入, 여리구如理句와 분별선교 등을 설하고, 『발보리심경론』권하 「반야바라밀품」에는 지혜를 수습함에 자리·이타 및 이구리二俱利의 3종과 당발선욕친근선우심當發善欲親近善友心 등의 20심二十心이 있음을 밝히고 있다.

5) 반야바라밀의 이명

또 제경에는 반야바라밀을 찬탄하고, 그 이명異名을 든 것도 많으며, 『대품반야경』 제8 「산화품」에는 마하바라밀, 무량바라밀, 무변바라밀이라 하고, 동제12 「변탄품」에는 무변바라밀, 등等바라밀, 이離바라밀 내지 불佛바라밀 등의 90명칭을 들고 있다. 또 동제9 「대명품」 및 「근지품」에는 반야바라밀을 대명주大明呪, 무상명주無上明呪, 무등등명주無等等明呪라 하고, 『성팔천송반야바라밀다일백팔명진실원의다라니경』에는 승勝반야바라밀다, 일체지, 일체상지一切相智 내지 일체법동일미同一味의 108명칭이 있다고 하고, 『대반야경』 제549에는 심반야바라밀다를 행하는 보살을 칭찬하여 인중人中의 존尊, 인중의 선사善士, 인중의 호귀豪貴, 인중의 우왕牛王, 인중의 연화蓮花, 인중의 용상龍象, 인중의 사자師子, 인중의 용건勇健, 인중의 조어調御, 인중의 영걸英傑이라고 하였다.[7]

---

7 "望月", '般若波羅蜜'조.

II. 공사상

1. 공의 의의

1) 공의 뜻

반야경에 있어서 공空이란 śūnya의 번역으로 일체법은 인연을 따라서 생겨난 것이므로 거기에 아체我體·본체本體·실체實體라 할 만한 것이 없으므로 공이라 한 것이다. 그러므로 제법개공諸法皆空이라고 말한다. 이와 같이 일체가 공이라고 관하는 것을 공관空觀이라고 한다. 공은 허무(虛無: 偏空)가 아니고 공을 관하는 것은 진실한 가치의 발견이므로, 진공眞空 그대로가 묘유妙有라고 하는 것이다. 이것을 진공묘유眞空妙有라 한다. 이에 반하여 공을 허무적인 것으로 이해하는 것을 악취공惡取空이라 한다. 이것이 불교 전반에 통하는 기본적인 교리이다.

공사상(空思想, śūnya-vāda)은 용수(龍樹, 150?~250?)보살이 반야사상에 근거하여 제법에 자성(自性, svabhāva)이 있다고 주장하는 입장들을 논파하고, 제법이 무자성(無自性, niḥsvabhāva)이고 공(空, śūnya)이라는 실천원리로 내세운 사상을 말한다. 용수보살이 공사상을 설한 이유는 부처님께서 연기설과 사성제四聖諦로서 외도의 극단에 치우친 이론과 실천방법을 타파할 수 있는 방법인 중도中道를 제시한 것을 부흥시키고자 '모든 존재는 자성이 없다(諸法無自性)'는 반야사상을 통한 공사상을 설한 것이다.

공사상은 연기설과 사성제와 불가분의 관계에 있다는 점에서 중도라

174

고 한다. 공사상은 중도에 다름 아님으로 단순히 모든 것을 부정하는 허무주의가 아니고, 또 회의주의도 아니다. 중도로서 공사상은 단순히 '모든 것은 있다'라는 극단론(常住論)과 '모든 것은 없다'라는 또 하나의 극단론(斷滅論)에 대한 중도로서 연기설을 설명한 것이다.

2) 공성(空性, śūnyatā)

공의 이치 또는 공의 진리. 주관·객관의 모든 존재가 자성自性이 없는 무자성의 공(我空·法空 등 두 가지 공)이라는 이치를 말한다. 곧 무자성의 공으로 드러나는 실성實性이 공성이다. 이는 곧 진여眞如의 속성이기도 한 것이다. 공성은 무자성이기 때문에 어떤 방식으로도 실체화하여 이해되어서는 안 되는 것이다. 이것은 공성의 불가득(不可得: 얻을 수 없음)을 말한다. 공성을 깨닫는 지혜의 목적은 번뇌를 끊고 해탈에 이르는 것이다. 『대반야경』 권523에 이르기를, "일체법은 공이고, 일체법의 공성은 얻을 수 없는 것이라고 관하라"고 하고, 또 『대지도론』 권89에 이르기를, "만약 제법이 필경 공성空性인 것을 관하면 본래부터 항상 공이며, 현재 잃을 것도 없음을 알 것이다"라고 하였다. 『대승아비달마집론』에 이르기를, "진여를 공성이라고 하는 이유는 무엇인가. 일체의 잡염雜染이 행하여지지 않는 것이기 때문이다"라고 하고, 『열반종요』[8]에서는 공성을 진여불성眞如佛性의 이름 중 한 가지로 들면서 일체 모든 것을 여의는 것이기 때문이라고 하였다.

---

8 한불전 1, pp.544~545.

3) 공상(空相, śūnyatā-lakṣaṇa)

공의 특징. 존재하는 모든 것은 공의 특징을 갖는다는 뜻. 모든 존재는
스스로 독립하여 성립되는 것이 아니라 다른 존재들을 조건으로 하는
이른바 인연因緣의 화합체이기 때문에 '자체의 독립적 성품이 없음(無
自性)'이 특징이다. 이것을 공상이라고 한다.

『반야심경』에 "제법諸法의 공상은 생하지도 멸하지도 않으며, 더럽
지도 않고 깨끗하지도 않으며, 더하지도 덜하지도 않는다"라고 하였
다. 불생不生이라고 하면 생하는 것이 아니므로 곧 멸滅과 동일시하는
것이 보통의 논리지만, 불생이면서 동시에 불멸不滅인 것이 공상인
것이다. 생生·멸滅, 증·감이 모두 부정되는 것이 중도로서의 공상인
것이다. 이것은 이 두 가지가 서로 인연이 됨을 전제로 한다. 생은
멸을 조건으로 하고, 멸은 생을 조건으로 하는 인연법이기 때문에
생을 생으로만 단정할 수 없고, 멸을 멸로만 단정할 수 없으므로
생이면서 불생이고, 멸이면서 불멸이 되는 것이다. 『중변분별론』
권상[9]에 이르기를, "유有라고 할 수도 없고, 또한 무無라고 할 수도
없다. 무엇 때문에 유가 아니라(非有) 하는가. 유와 무 두 가지가
본래 없기 때문이다. 무엇 때문에 무가 아니라(非無) 하는가. 두 가지가
없음이(가명으로) '있기' 때문이다. 그러므로 게송에서 비유비무非有非
無라고 표현하였으니, 이것이 참된 공상이다"라고 하였다. 비유비무의
공상은 실상實相이지만 이는 단지 존재의 진실을 밝히는 진리에 한하지
않고 주관의 집착을 벗고 해탈을 지향하는 지표인 것이다. 비유비무는

9 대정장 31, p.452.

유에 대한 집착과 무에 따른 집착을 모두 벗어나 얻은 깨달음의 경지로부터 세운 말인 것이다. 그러므로 이 공상을 바르게 이해하는 것이 해탈의 기준이 되는 것이다.

4) 반야공상

그러면 반야공상般若空相이란 무엇인가. 반야의 공空한 모양을 말한다. 체體의 측면에서의 공한 모양이란 인법이공人法二空을 말하고, 작용의 측면에서의 공한 모양이란 보되 보는 작용이 없고, 행하되 집착하는 작용이 없는 것을 의미한다. 『인왕경』권상에 "① 반야는 공이니 무명에서부터 살반야(一切智)에 이르기까지 자상自相도 없고 타상他相도 없기 때문이다. ②㉠오안五眼이 성취될 때에 보아도 보는 것이 없고, ㉡집착하는 행위에도 집착하지 않고 집착하지 않는 행위에도 집착하지 않으며, 집착하는 행위에 집착하지 않거나 집착하지 않는 행위에 집착하지 않거나 하는 것에도 집착하지 않으며 내지는 일체법에 또한 집착하지 않는다"라고 하였다. 또 『인왕경소』권중[10]에 "두 번째로 비난한 내용을 좇아서 거듭해서 풀이한다. 비난의 내용은 '그 까닭은 무엇인가. 일체법의 공한 모양은 드러나서 알 수 있지만 반야의 공한 모양은 어떤 차별이 있는가?'라고 하는 것이니, 그러므로 치우쳐서 반야의 공한 모양을 설한 것이다.

앞의 문장은 두 부분으로 구별할 수 있다. 처음은 여러 가지 지위에 의지하여 체로서의 공상을 드러냈고, 뒷부분은 불과佛果에 의지하여

---

10 대정장 33, p.404.

작용의 측면에서의 공상을 드러냈다. ①은 처음에 해당한다. 반야는
공하니, 무명에서 생사에 이르기까지의 12연기가 생겨나는 지위에서
부터 열반에 도달하는 일체지의 지위에 이르기까지 인상이 없기 때문
에 자상도 없고, 법상이 없기 때문에 타상도 없다. 곧 인과 법의 두
가지가 공한 것을 체상體相으로 삼는다. ②는 불과에 의지하여 작용의
측면에서의 공상을 드러낸 것이다. 문장에 두 가지 구별이 있다. 처음은
보는 작용이 없음을 밝혔고, 나중에 집착하는 작용이 없음을 밝혔다.
㉠은 첫 부분에 해당한다. '오안이 성취될 때'라는 것은 오안을 통틀어
서 든 것이지만, 뜻에 의하면 혜안慧眼·법안法眼·불안佛眼의 세 가지를
취한 것이니, 육안肉眼·천안天眼의 두 가지 눈은 반야가 아니기 때문이
다. 세 가지 눈으로 볼 때 능히 보는 모양이 없으니, 곧 공의 뜻이다.
㉡은 집착하는 작용이 없음을 밝혔다. 본문의 불수不受란 집착하지
않는다는 뜻이다. 집착하지 않는 것에는 네 가지 행行이 있다. 첫째는
행行이니 집착하는 행위이고, 둘째는 불행不行이니 집착하지 않는
행위이며, 셋째는 비행비불행非行非不行이니 곧 무기행無記行이며,
넷째는 이상의 세 가지를 비롯한 모든 것에 대해서 집착하지 않는
행위이다. 네 가지 경계에 대해 모두 집착하지 않으니 집착의 작용이
없고 그러므로 공이라고 한다. 이것은 모두 공이기 때문에 또한 제1의第
一義이다"라고 하였다.[11]

그리고 『반야경』에서는 제법의 공성空性을 보다 효과적으로 드러내
기 위해 시설한 열 가지의 비유를 말한다. 열 가지는 마술사가 지어낸

---

11 이상은 "가산伽山", "홍법원"의 '공'과 '공사상'조 참조.

허깨비(幻), 불꽃, 물속에 비친 달, 허공, 메아리, 건달바성(신기루), 꿈, 그림자, 거울 속에 비친 영상, 불보살이 신통력에 의해 모습을 바꾸어 나타난 것(化) 등이다. 이상의 열 가지 현상은 공의 이러한 성격을 설득력 있게 전달하는 역할을 한다. 『대품반야경』 권1에 이르기를, "제법이 허깨비와 같고, 불꽃과 같으며, 물속에 비친 달과 같고, 허공과 같으며, 메아리와 같고, 건달바성과 같으며, 꿈과 같고, 그림자와 같으며, 거울 속에 비친 영상과 같고, 신통력에 의해 변화되어 나타난 형상과 같다"라고 하고, 『대지도론』 권6에서는 "이 열 가지 비유는 공법空法을 이해하기 위해 시설된 것이다(시십유 위해공법고是十喩 爲解空法故)"라고 하였다.

2. 공空의 여러 가지 견해

1) 부파불교의 공관

부파불교에서 쓰는 공의 개념은 초기경전과 큰 차이는 없다. 초기경전의 공사상은 연기설에 근거를 두며, 이것을 체계화한 인물은 반야경의 사상에 기초를 두고 사유한 용수보살이다. 그의 사상에서 중요한 개념은 '무자성·공·중도中道·얻을 수 없음(不可得)' 등이다. 『중론』 제4 「관사제품觀四諦品」에 이르기를, "여러 인연으로 생겨난 존재를 나는 공이라고 설한다. 왜 그런가. 여러 인연이 갖추어져 화합하여 어떤 것이 생기면 그것은 여러 인연에 소속되므로 무자성이다. 무자성이므로 공이요, 공 또한 공이다"라고 하였다. 그리고 이어서 "다만 중생을 인도하기 위해서 임시적 개념으로서의 가명假名으로 설하지만, 유·무 2변을 떠나 있음으로 중도라고 이름한다"라고 하였다. 공 또한 공이라는 사유방식과 마찬가지로 중도 또한 가명이기 때문에 규정된 개념으로 받아들여서는 안 되는 것이다.

2) 반야경의 공관

『대반야경』 권9에 따르면 모든 법(존재)은 자성이 공하기 때문에(自性空故), 자성을 여의고 있기 때문에(自性離故), 자성은 본래 불가득이라고 하였다. 또한 같은 책 권466에서는 5온·18계·4성제·12연기·6바라밀 등은 모두 공으로 귀결되며, 모든 이분二分이 사라진 불이不二가 공의 뜻으로 설명된다. 반야경은 일체법이 공함을 밝힘으로써 인공(人空: 또는 我空)과 법공法空을 모두 설한 대표적인 경전으로 간주된다. 소승불교에서는 인공만을 설하고 법공은 설하지 않으나, 대승불교는 인법이공人法二空을 함께 설한다.

3) 유식가의 공관

유식가唯識家에서 주장하는 것을 예로 들면 다음과 같다. 의타기성依他起性은 다른 것에 의존하여 일어나는 것으로 연기와 다르지 않다. 따라서 이 의타依他하여 일어나는 존재의 자성은 공이라고 한다. 의타기성에 아집과 법집의 망상을 일으켜 집착하는 것은 변계소집성遍計所執性이라 하고, 아공·법공 2공에 의해 망령된 분별이 사라지고 진실성이 드러나게 되면 그것을 원성실성圓性實性이라고 한다. 이 원성실성은 아집과 법집의 두 가지 집착이 제거된 식識이라고 하여 '이공소현二空所顯의 진여眞如'라고 한다. 이것은 불성을 말하는 것이다. 『불성론』에

이르기를, "불성이란 인·법 2공이 완전히 실현된 진여이다(佛性者
即是人法二空 所顯眞如)"라고 하고, 『성유식론』에는 "아와 법이 모두
공이며, 이 공으로 드러난 식識 등의 진성眞性을 원성실이라고 한다(我
法俱空 此空所顯識等眞性 名圓成實)"라고 하였다.

4) 승조僧肇의 공관

중국에서 불교사상을 수용하는 초기 단계에서는 공을 노장老莊의 무無
라는 개념으로 이해하였다. 이런 격의格義의 방식을 비판하고 반야의
공을 그 핵심에서 규명한 인물이 승조(僧肇, 384~414)이다. 그의 『조
론』「종본의宗本義」[12]에 이르기를, "일체의 모든 법은 인연이 모여서
생하고, …… 인연이 떠나면 멸하니, …… 하지만 자성은 항상 공이다"
라고 하였다. 공은 무가 아니라 무와 유의 중도로 비유비무非有非無이
다. 곧 「부진공론」[13]에 이르기를, "비록 유이지만 무이니 이른바 비유
요, 또한 무이지만 유이니 이른바 비무이다"라고 하였다. 승조는 인연
의 유·무는 불변의 항상성을 갖는 상유常有·상무常無가 아니라고 한
다. 이것은 무자성의 공과 같다. 공은 유를 통하여 드러나므로 참된
공이며, 유는 자성이 없지만 인연으로 생하기 때문에 '있다'고 한다.
진공묘유眞空妙有는 결국 인연법을 근거로 하는 것이다. 『반야심경』의
'색즉시공 공즉시색'의 취지는 공은 인연에 따라 생겨날 수 있는 연성緣
性의 것을 말하는 것이다. 그리고 이것을 공성(空性, Śūnyatā)이라고
한다.

---

12 대정장 45, p.150.
13 대정장 45, p.152.

5) 원효의 공관

원효元曉는 『대승기신론소』 권상[14]에서 이르기를, "공과 불공은 두 가지라는 차별이 없다. 비록 불공이라고 하지만 상相이 없다. 그러므로 불공은 공과 다르지 않다"라고 하였다. 이 경우 공과 불공이 다르지 않다는 것은 상호매개 작용을 하여 서로를 참되게 하는 중도의 이치를 말한다. 공은 유·무, 생·멸 등 양단의 어느 것에도 집착할 수 없는 중도의 내용을 담고 있다. 이들은 연기상의 현상으로 자성이 없기 때문이다. 비유비무·불생불멸과 같은 표현은 연기상의 유무, 생멸이 자성이 없음을 다르게 나타내는 것으로 볼 수 있다.

공사상의 실천적 내용은 공한 성질을 가진 내외의 모든 존재에서 자유롭게 되는 것이며, 이 자유를 방해하는 것을 집착 내지 소득으로 본다. 따라서 불가득 또는 무소득은 공의 실천이 지향하는 궁극적인 목표가 된다. 선종의 공사상도 이상과 같은 실천적 배경을 떠나지 않는다. 공이 규정된 개념이 아니듯이 불가득도 규정할 수 없는 것이며, 해탈을 실천하기 위한 가설이라는 뜻이다.[15]

3. 공의 여러 가지 의미

공空이란 범어 śūnya의 번역으로 공무空無, 공허空虛, 공적空寂, 또는 비유非有 등의 뜻이 있다. 공空이란 일체 모든 법은 인연에 의해 발생한

---

14 한불전 1, p.707.

15 이상은 "가산伽山", '공空'조; "弘法院" 김승동 편의 공空과 공관空觀도 참조할 것. 관계 항목 참조.

것이기 때문에 거기에 아체我體, 본체本體라고 해야 할 것이 없으며, 비어 있는 것이기 때문에 제법개공이라고 한다.

보통 소승불교는 인공人空을 설하고, 대승불교는 함께 인人·법法 2공二空을 밝힌다고 하더라도 소승불교에도 또한 법공의 설이 없는 것이 아니다. 『사리불아비담론』제16에 내공(內空: 六內處, 즉 六根이 공한 것), 외공(外空: 六外處, 즉 六境이 공한 것), 내외공內外空, 공공(空空: 空이라고 관하는 것도 공한 것), 대공(大空: 十方世界가 공한 것), 제일의공 (第一義空: 제법의 밖에 實相이라고 하는 것의 자성이 없는 것)의 6공六空을 설하고 있다. 그리고 『삼론현의』에서는 대소승大小乘 똑같이 인·법 2공을 밝힌다 하더라도 4종의 다름이 있다고 한다. (1) 소승은 법을 쪼개어 공을 밝히고 대승은 본성이 공적空寂이다. (2) 소승은 다만 삼계 내의 인·법 2공을 밝히고 있어 공의 뜻이 짧고, 대승은 삼계 내외의 인·법 모두 공한 것임을 밝히고 있어 공의 뜻이 넓다. (3) 소승은 다만 공을 밝히나 아직 불공不空을 설하지 않고, 대승은 공을 밝히고 또 불공을 말한다. 그러므로 『열반경』에 이르기를, "성문의 인간은 다만 공만을 보고 불공을 보지 못하고, 지지智者는 공과 불공을 본다. 공은 일체 모든 생사이고, 불공은 소위 대열반이다"라고 한다. (4) 소승은 이름하여 단공但空이라 하여 다만 공에만 머문다. 보살은 불가득공不可得空이라 하여 공도 또한 불가득이라고 하는 것이다.[16] 이로써 대소 2승에 있어서의 공의 구별을 알아야 한다. 대저 대승불교 에서는 반야를 주主로 하고, 그 밖에 제경론에서 공을 설하는 것이

16 望月信亨 編, 『望月佛敎大辭典』, 昭和8年, '空' 항목 참조.

매우 많다. 이에 2공부터 20공까지의 의미를 살펴보고 18공까지는 공의 종류만을 소개하고, 그 내용은 반야 20공에서 전체적으로 소개하기로 한다.

1) 이공二空

첫째, ①생공(生空, 人空): 중생의 공무空無를 말한다. ②법공法空: 사물의 공무空無를 말한다.[17] 이 둘을 또 아공법공我空法空(『유식론』), 인공법공人空法空이라 한다(法藏, 『心經略疏』).

둘째, ①내공內空: 내신內身의 6근이 공무空無함을 말한다. ②외공外空: 외기外器의 6경六境이 공무함을 말한다(『반야경』 5, 『잡아비담론』 7).

셋째, 또 ①단공但空: 소승의 공空, 다만 공을 보는 것을 말한다. ②부단공不但空: 대승의 공, 단공을 볼 뿐만 아니라 공도 또한 공이라고 보고, 중中으로 돌아가는 것을 말한다.[18]

2) 삼공三空

①아공我空, ②법공法空, ③구공俱空: 아我도 법법도 함께 공한 것이다.[19]

---

17 『지도론』 18, 동 20.

18 『마하지관』 3상.

19 『金剛經刊定記』 1.

3) 사공四空

①법상공法相空: 유법有法이 공무空無함을 말한다. ②무법상공無法相空: 무법無法이 공무함을 말한다. ③자법상공自法相空: 자성이 공무함을 말한다. ④타법상공他法相空: 타법이 공무함을 말한다.[20]

4) 육공六空

『인왕경』 권상에 "색수상행식色受想行識의 5온의 공空, 십이입十二入, 십팔계十八界의 공, 지·수·화·풍·공·식의 육대六大의 법공法空, 사제四諦, 십이인연十二因緣의 공"을 설하고, 천태의 『인왕경소』 중에 『지도론』을 인용하여 이를 육공六空이라 한다. ①과보공果報空: 오온공五蘊空이 이것이다. ②수용공受用空: 십이입공十二入空이 이것이다. ③성별공性別空: 십팔계공十八界空이 이것이다. ④변도공遍到空: 육대공六大空이 이것이다. ⑤경공境空: 사제공四諦空이 이것이다. ⑥의공義空: 십이인연공十二因緣空이 이것이다.

5) 칠공七空

『능가경』 권1에 칠공七空을 설한다. ①자상공自相空: 제법의 모습, 즉 자상自相도 공상共相도 모두 공인 것. ②성자성공性自性空: 성性, 즉 제법의 자성(실체)이 공이다. ③행공行空: 삼업三業, 오온五蘊이 아我·아소我所를 여의어 있어 인연에 의해 일어나는 것. ④무행공無行空: 연기의 자성이 공이므로 행行, 즉 무행無行이 된다. ⑤일체법이언

---

20 『대승의장』 2.

설공一切法離言說空: 일체 모든 법은 말로 설할 수 없는 공인 것. ⑥제일
의성지대공第一義聖智大空: 붓다의 성지로 볼 수 있는 능공能空의 지智
또한 공이다. 이 필경공畢竟空을 대공大空이라 한다. ⑦피피공彼彼空:
이것은 가공假空이니 빈집의 공空과 같다.

또(『지도론』 36에) 칠공七空이 있으니 광설하여 십팔공十八空, 약설하
여 칠공七空이라 한다. ①성공性空 ②자상공自相空 ③제법공諸法空
④불가득공不可得空 ⑤무법공無法空 ⑥유법공有法空 ⑦무법유법공無
法有法空이 그것이다.

6) 십일공十一空

①내공內空 ②외공外空 ③내외공內外空 ④유위공有爲空 ⑤무위공無
爲空 ⑥무시공無始空 ⑦성공性空 ⑧무소유공(無所有空: 제법에는 결정
된 자성은 구해도 얻을 수가 없기 때문에 공인 것) ⑨제일의공第一義空
⑩공공空空 ⑪대공大空.[21]

7) 십삼공十三空

십일공에 바라밀공波羅密空, 인공因空, 불과공佛果空을 더하고 무소유
공無所有空을 제한다.[22]

8) 십육공十六空

①내공內空 ②외공外空 ③내외공內外空 ④공공空空 ⑤대공大空 ⑥승.

---

[21] 『열반경』 16.
[22] 『인왕경』 상.

의공勝義空 ⑦ 유위공有爲空 ⑧ 무위공無爲空 ⑨ 필경공(畢竟空: 제법이 공으로 끝난 구극의 공) ⑩ 무제공無際空 ⑪ 무산공(無散空: 쌓아 놓은 善根을 흩쳐버리는 일 없이 그 선근에 집착하지 않고 공이라고 관하는 것) ⑫ 본성공本性空 ⑬ 자상공(自相空: 32상 80종호가 공인 것) ⑭ 일체법공(一切法空: 일체의 모든 불법이 공인 것) ⑮ 무성공(無性空: 人法二空이므로 一物도 집착할 것이 없는 것) ⑯ 무성자성공(無性自性空: 그 무성도 또한 자성이 공인 것).[23]

9) 십팔공十八空

①내공內空 ②외공外空 ③내외공內外空 ④공공空空 ⑤대공大空 ⑥제일의공第一義空 ⑦유위공有爲空 ⑧무위공無爲空 ⑨필경공畢竟空 ⑩무시공無始空 ⑪산공散空 ⑫성공性空 ⑬자성공自性空 ⑭제법공諸法空 ⑮불가득공不可得空 ⑯무법공(無法空: 과거와 미래의 제법이 공인 것) ⑰유법공(有法空: 현재의 제법이 공인 것) ⑱무법유법공無法有法空.[24]

10) 반야이십공般若二十空

『대반야경』 권3 「학관품學觀品」에서 설한 20가지 공空을 일컫는 말로, 본 경에 수록된 명칭과 뜻을 살펴보면 다음과 같다. ①내공內空: 내법內法이 공이라는 뜻. 곧 안·이·비·설·신·의 등의 육근이 무상無常이고 무아無我이기 때문에 공이라는 뜻이다. ②외공外空: 외법外法이 공이라는 뜻. 곧 색·성·향·미·촉·법 등의 육경六境이 무상이고 무아

23 『반야경』 483.
24 『지도론』 20, 동 31, 동 46. 이상은 "總合", "多屋" 참조.

이기 때문에 공이라는 뜻이다. ③내외공內外空: 앞에서 설한 내법과 외법이 모두 무상이고 무아이기 때문에 공이라는 뜻이다. ④공공空空: 공도 또한 공이라는 뜻. 곧 내공·외공·내외공 등이 모두 공이라는 뜻이다. 공이란 대상에 대한 집착을 벗어나도록 유도하기 위해 설정된 것인데, 이것에 집착한다면 다시 그것도 또한 공이라는 것을 드러내 주어야 하는데 공공은 바로 이런 역할을 한다. ⑤대공大空: 동·서·남·북·사유四維·상·하 등의 시방이 모두 공하다는 뜻. ⑥승의공勝義空: 승의의 열반도 또한 공하다는 뜻. ⑦유위공有爲空: 유위有爲인 욕계·색계·무색계 등이 모두 공하다는 뜻. ⑧무위공無爲空: 생·주·이·멸이 없는 무위無爲도 또한 공이라는 뜻. ⑨필경공畢竟空: 일체법은 아무리 얻으려고 추구해 보아도 필경에는 얻을 수 없기 때문에 공이라는 뜻. ⑩무제공無際空: 처음·중간·미래의 때를 아무리 추구하여도 얻을 수 없기 때문에 공이라는 뜻. ⑪산공散空: 제법은 흩어지고 버려지기 때문에 공이라는 뜻. ⑫무변이공無變異空: 제법은 흩어지거나 버려짐이 없고 변하지 않는데, 이 변하지 않는다는 것도 또한 아무리 추구하여도 얻을 수 없기 때문에 공이라는 뜻. ⑬본성공本性空: 일체법의 본성은 유위법이든 무위법이든 모두 성문·연각(독각) 등이 지은 것이 아니라, 본성이 본래 공한 것이라는 뜻. ⑭자상공自相空: 일체법의 자상自相은 색·수·상·행·식 등의 자성과 같이 모두 공하다는 뜻. ⑮공상공共相空: 공상은 모두 얻을 수 없기 때문에 공이라는 뜻. 예를 들면 고苦는 유루법의 공상이고 무상無常은 유위법의 공상인데 무아이기 때문에 공이라는 뜻. ⑯일체법공一切法空: 오온·십이처·십팔계·유색무색有色無色·유견무견有見無見·유대무대有對無對·유루무루有漏無漏·유위

무위有爲無爲 등의 일체법이 모두 공이라는 뜻. ⑰ 불가득공不可得空: 과거·현재·미래에 걸쳐서 존재하는 일체법은 아무리 얻으려고 해도 얻을 수 없기 때문에 공이라는 뜻. ⑱ 무성공無性空: 어떤 자성적 실체도 얻을 수 없는 것을 무성이라고 하는데, 이 무성도 또한 아무리 추구해도 없을 수 없기 때문에 공이라는 뜻. ⑲ 자성공自性空: 제법은 화합에 의해 생겨나기 때문에 그 자성적 실체가 존재하지 않으니, 이를 공이라고 한다는 뜻. ⑳ 무성자성공無性自性空: 앞에서 서술한 무성과 자성이 모두 공이라는 뜻.

이상 20가지의 공은 집착의 내용에 따라 달리 공의 의미를 나타낸 것이다. 따라서 '공'이라는 말 앞에 붙은 모든 용어는 바로 집착의 내용이고, 따라서 벗어나야 할 대상이기도 하다.[25]

4. 공의 여러 가지 뜻

1) 공겁空劫

사겁四劫의 하나로, 이 세계가 괴멸하고 나서 20중겁의 사이 오직 공공空空한 것을 말한다. 『구사론』12에 "이른바 이 세간은(謂此世間) 재해로 무너지고 나서(災所壞已) 이십중겁二十中劫에 오로지 허공만 있다(唯有虛空)"라고 하고, 『수경水鏡』에 "다음에 공겁이라고 해서 또 20의 중겁中劫의 정도를 세상 가운데 아무것도 없이 대공大空과 같이 지나가는 것이다. 비었으므로 공겁空劫이라고 하는 것이다"라고 하며,

---

25 "가산伽山", '반야이십공'조 참조.

『정통기正統記』에는 "이렇게 해서 세계가 허공으로, 흑운黑雲과 같이 되는 이것을 공겁空劫이라 한다"라고 말한다.

2) 공병空病

공병이란 공空에 대해 집착하는 것을 말한다. 공은 원래 생사에 집착하는 병을 치료하기 위한 것인데, 이 공에 다시 집착하면 공 또한 병이 된다는 뜻이다. 『유마경』에 이르기를, "보살은 중생을 위하여 생사 속으로 들어간다. 생사가 있으면 병이 있는 것이다. 만약 중생이 병을 여의면 보살도 따라서 병이 없다. …… 나와 열반 이 둘은 모두 공이니, 어찌하여 공이라고 하는가. 다만 명자名字뿐이므로 공이다. 이 두 가지 법은 결정된 성품이 없다. 이와 같이 평등하게 되면 여타의 병은 없고, 오직 공병空病만 있을 뿐이지만 공병 또한 공이다"[26]라고 하였다. 곧 공이 병이 되는 이유는 공을 다시 명자의 관념으로 바꾸어 이해하기 때문이라는 것이다. 그리하여 다시 그 공을 파괴하는 것이다.

『유마경』의 이 말은 선종 문헌인 『종경록』에도 자주 인용되고 있다. "유有의 본래 성품은 공空이다. 이 유有를 실재하는 것으로 집착하는 병을 대치對治하기 위한 시설인 공은 유와 마찬가지로 공이며, 집착할 수 없는 불가득不可得의 성품을 갖는 것이다. 따라서 공병의 약은 유가 되는 것이다"라고 하고, 또 『증도가』에 이르기를, "유有를 버리고 공에 집착하면 이 또한 병이니, 물에 빠질까 봐 피하려다가 불에 뛰어드는 것과 같다. 망심을 버리고 진리를 취하면 취사선택하는

---

26 "가산伽山", '공병'조.

190

마음이 교묘한 거짓을 이루게 된다"라고 하였다. 병이기 때문에 버려야
한다는 취사간택의 마음이 병의 근원이라고 하는 것이다. 약과 병
모두가 공이기 때문이다.[27]

3) 공삼매空三昧

삼삼매三三昧의 하나로,『지도론』5에 "오온을 관하건대 무아무아소이
니(觀五蘊無我無我所) 이 이름을 공이라 한다(是名爲空). 일체 제법실상
諸法實相이 소위 필경공畢竟空이요, 이 이름이 공空이며, 이 이름이
공삼매空三昧인줄을 알라. 또한 다음에 십팔공十八空이 있으니 이 이름
을 공삼매空三昧라 한다"라고 하였다. 인因에 공삼매와 더불어 차별상
이 없음을 관하는 무상삼매無相三昧와, 원할 것도 없음을 관하는 무원
삼매無願三昧의 삼삼매가 되고, 과果에 공해탈문, 무상해탈문, 무원해
탈문의 삼해탈三解脫이 되는 것이다.[28]

4) 공위문고입어진성空爲門故入於眞性

'공이 문이 되는 까닭에 진성에 든다'라는 뜻의 이 말은 하나의 격언으
로, 삿된 집착을 비우기 위해서 공空을 임시 문호로 하고 이로써 중도中
道의 진리에 들게 할 뿐, 진리는 중도이지 공空에 있지 않다고 하는
것이다.[29] 『연밀초演密鈔』3에는 또 "삼승三乘의 사람은 똑같이 공으로
문을 삼아, 제법 진실의 성에 든다(眞實之性)"라고 한다.

27 이상은 "가산伽山", '공겁'과 '공병'조.
28 "弘法院", '三昧'조; "伽山", '공삼마지'조 참조.
29 『법원의림장』1말.

5) 진공眞空

허위(僞)가 아니기 때문에 진眞이라 하고, 형상(相)을 여의기 때문에 공空이라 한다. 이것은 무일물無一物의 진실한 단공單空이다. 『행종기行宗記』 1상에 이르기를, "진공이란 즉 멸제열반滅諦涅槃이니 허위가 아니므로 진이고(非僞故眞), 형상을 여의므로 공이다(離相故空)"라고 한다. 소승의 열반을 말하는 것이다. 또 진여의 이성일체미정理性一切迷情의 소견의 모습(相)을 여의므로 진공眞空이라 한다. 즉 『기신론』이 밝히는 공진여空眞如, 『유식』에 설하는 이공진여二空眞如, 『화엄경』에 설하는 삼관三觀 중의 진공관眞空觀이 이것이다. 비유非有의 유인 묘유妙有에 대하여 비공非空의 공을 진공이라 한다고 한다.

그러므로 이 진공의 개념은 참된 공의 개념으로서 인연이 닿으면 만유가 생성될 수 있는 가능성으로서의 진공이고, 현대물리학적 개념으로서의 진공眞空과는 개념을 달리한다. "가산伽山"에 의하면 '묘공妙空' 항목에는 텅 비어서 아무것도 없는 의미의 공, 즉 현상과 격절된 공을 태허공太虛空이라고 하는 것에 상대하여, 현상과 격절되지 않고 상즉하는 의미의 공을 묘공이라고 한다. 『사명존자교행록』[30]에 "오직 묘공의 도리와 그윽하게 합치하여 생사의 모습에 다다르니, 모습이 또한 모습이 아니고 가고 옴이 본래 항상된 것이다(唯冥妙空 達生死相 相亦非相 去來本常)"라고 하였다.[31] 이로써 현대물리학적 개념으로서의 진공은 불교에서는 태허공으로 표현한 것을 알 수 있다.

---

30 대정장 46, p.905.
31 "가산伽山", '진공'조 참조.

III. 공空과 유有의 사상 전개

1. 연기와 공

연기緣起는 부처님께서 깨달으셨던 진리 바로 그것이며, 공空은 이 연기라는 진리성의 내용을 올바르게 밝혀내고 새로이 인식시키고자 대승불교에서 이렇게 말한 것뿐이다. 연기와 공은 불교사상의 밑바탕에 일관하는 본질적 내용이다. 2,500년 동안 불교교리가 다양하고 복잡하게 심화되었다 할지라도, 이 연기라는 진리성이나 공사상만 잘 이해하고 실천하면 어느 누구나 괴로움을 잊고 기쁨과 안락의 생활을 누릴 수 있게 될 것이다. 초기불교의 『아함경』에서 가르치는 연기의 기본적 내용은 대체로 다음과 같다.

"이것이 생기므로 저것이 생기고,

이것이 없어지므로 저것이 없어진다.

무명에 연緣하여 행行이 있고, 행에 연하여 식識이 있으며……

생生에 연하여 노사老死가 있고 우비고뇌憂悲苦惱가 생긴다.

그러므로 무명을 없앰으로써 행이 없어지고, 행이 없어짐으로써 식이 없어지고,…… 노사가 없어지며 우비고뇌도 없어지는 것이다."

여기서 부처님이 말씀하시는 내용의 요지는, 이것과 저것이 서로 연(연관관계)하여서 있기도 하고 없기도 하며, 또 무명과 행 등도 마찬가지로 서로 연관하여 생기기도 하고 없어지기도 한다는 것이다.

부처님께서는 이 연기의 원리에 의해 우주 인생의 모습을 설파하시고, 또 노병사老病死 등 인간의 가장 심각한 문제를 해결하도록 해주셨

던 것이다. 인생 고뇌의 원인이나 까닭을 계속 연기성에 따라 추구하여
그 근원적인 것으로서 무지무명無知無明이라는 인간 내면의 모순을
지적하시고, 이를 없앰으로써 점차 탐욕도 없어지고 고뇌 또한 없어진
다고 가르쳐 주셨다. 그러므로 연기와 무아사상이 초기불교의 근본
본질로 되고 있는 것이다. 원초적 불교에서 가르친 연기와 무아사상은
대승불교에서는 공(空·空性)이라는 이름으로 재강조되었다. 부파시
대의 실유론實有論적 불교를 비판 시정하면서 일어난 대승불교의 모체
인 반야 계통의 경전에서는 번번이 일체개공一切皆空이라거나 색즉시
공, 공즉시색 등과 같은 주장을 되풀이하고 있다.

『반야경』의 '일체개공'과 같은 선언은 만물이 공허하고 허무하며
아무것도 없다는 뜻이 아니라, 세상만물은 어느 것이나 영원불변하는
실체성이 없으며(無自性), 항상하고 유일 독자(常一主宰)적인 존재는
어디에도 없고(無我), 인과관계의 결과(因緣和合)에 지나지 않는다고
하는 주장이다. 다시 말해 만물은 무엇이든 연기 화합하고 있으므로
무아요, 비유이며, 무자성이니 일체개공이라는 것이다. 이와 같은
일체개공의 세계를 인식하고 관조하는 슬기를 최고의 지혜 즉 반야라
고 이름하고, 이의 완성(바라밀)을 반야경에서는 크게 강조하고 있는
것이다. 결국 우주 인생은 인연 화합이라는 연관관계의 법칙으로
일관하고 있음을 밝혀 개체적이거나 독단적 존재성을 부정한 것이
공이요, 공성인 것이다.

또 응무소주應無所住, 즉 어디에도 얽매어 있지 않는 마음자세로
생각할 것(而生其心)을 강조하거나, 무소득이나 무소착, 그리고 무가
애無罣碍와 같은 표현을 통해 반야공사상을 가르치기도 한다.

초기불교에서 인간성을 본래청정심本來淸淨心이라고 규정하여 외래적인 결함, 즉 객진번뇌客塵煩惱를 소멸하고 그 맑고 빛나는 본바탕의 재현을 강조하는 것도 이 공사상에서 되살아나고 있는 것이다. 불생불멸처럼 생사나 피차 등의 상대적인 대립세계를 초월하여 불이不二의 원만하고 조화되는 경지도 이 공사상으로부터 비롯된다. 공·무상·무원의 삼삼매三三昧를 비롯한 고도의 선정삼매나 천태학의 삼제원융설, 그리고 화엄의 법계중중 무진연기설 등 대승불교의 사상과 교리 모두가 이에 근거하지 않는 것이 없는 것처럼 연기·무아·공상의 내용과 의의는 자못 큰 것이다.[32]

2. 공유이론空有二論

공유이론은 대승불교에서 모든 사물은 다 공空하다고 설한 용수龍樹·제바提婆 계통의 주장과, 모든 사물을 현상 면에서 유有하다고 주장하는 무착無着·세친世親 계통의 논쟁을 말한다. 부처님이 열반에 드신 천 년 정도 후 공空·유有 양 학파는 크게 융성하여 제법의 공을 주장하는 『중론』·『백론』 등의 주석가로서 70대 논사가 있었고, 유를 주장하는 유식의 주석가들도 크게 활약하여 10대 논사들이 있었다. 대승불교가 인도에서 성립할 때 크게 2개의 교파로 성립하였는데, 이들은 모든 존재의 본질을 공空 또는 유有라고 주장하여 논쟁을 유발하게 된다. 그리하여 용수와 제바의 교파는 제법이 공하다고 주장하며 삼론종三論

---

32 불광교학부 편, 앞의 책, 1990, pp.206~209 참조.

宗으로 계승된다. 그리고 무착과 세친의 교파는 제법은 유라고 주장하며 법상종法相宗으로 계승된다.

소승불교 내에서도 역시 일찍이 이와 같은 공유논쟁이 있었는데, 비담종毘曇宗의 유와 성실종成實宗의 공이 그것이다. 이 외에도 기타 소승에 약 20여 분파가 있었는데 각 파마다 주장을 펴서 서로 논쟁을 하였다. 그래서 인도의 대승불교는 거의 공空과 유有를 주장하는 양파로 성립하게 된다. 그러나 양파의 조사祖師라고 할 수 있는 용수·제바, 무착·세친 시대에는 서로 논지가 달랐을 뿐 두드러진 논쟁은 없었다.

그리고 호법護法과 청변淸辯에 이르러 의타기성依他起性에 대한 공유논쟁이 전개되었다. 호법은 『성유식론』권8에서 제법은 모두가 인연에서 일어난 것으로 세 가지 성질로 나뉜다고 주장하였다. 변계소집성遍計所執性은 망정妄情이 드러난 법으로 공한 것이며, 의타기성은 제법이 인연에 따라 생겨나므로 유이다. 원성실성圓成實性은 일체법의 본체로 그 자체로 모두가 진실이므로 유有라고 하는 것이다. 그러나 청변은 『대승장진론』에서 '유도 공이며, 무도 공이 되어 모든 것이 공이다'라는 입장을 보였다. 또 계현(戒賢: 有)은 경공심유境空心有를 주장하고, 지광(智光: 空)이 심경구공心境俱空을 주장한 논쟁 등은 공유空有의 논쟁으로 유명하다.[33]

---

33 "홍법원", '공유이론'조와 "가산伽山", '공유논쟁'조 참조.

3. 불이법문不二法門

대승불교가 성립되면서 공空과 유有의 사상논쟁과 더불어 나타난 것으로 불이법문不二法門을 들 수 있다. 이 불이법문의 사상적인 배경은 반야경에 있다고 해도 그 사상은 『유마경』에서 두드러지게 나타나고 있다. 경전의 말씀을 직접 인용해 보기로 한다.

한때에 유마힐은 여러 보살들에게 말했다.

"어진 이들이여, 어떤 것을 보살이 둘 아닌 법문에 들어가는 것이라 하는지, 각각 생각한 대로 말씀해 보시오." 그래서 회중에 있는 보살들은 각각 자기의 뜻에 있는 대로 말하였다.

법자재法自在보살: 나고 없어지는 것은 두 가지인데, 법은 본래에도 나지 않고 지금에도 멸하지 않으니, 이 무생법인無生法忍을 얻으면 그것이 불이법문에 들어가는 것입니다.

덕정德頂보살: 때 끼임과 조촐한 것이 두 가지인데, 만일 때의 참다운 성질을 보면 조촐한 상相이 없어 멸상滅相에 따른 것이니, 그것이 불이법문에 들어가는 것입니다.

선안善眼보살: 한 상相과 상 없음이 두 가지인데, 한 상을 알면 곧 상이 없음이요, 또한 상 없음도 취하지 않는 것이 불이법문에 들어가는 것입니다.

묘비妙臂보살: 보살 마음과 성문 마음이 두 가지인데, 마음 상相이 공하여 환화幻化와 같은 줄로 관하면 보살 마음도 없고 성문 마음도 없으리니, 그것이 불이법문에 들어가는 것입니다.

불사佛沙보살: 선과 불선이 두 가지인데, 만일 선과 불선을 일으키지 아니하면 상이 없는 지경에 들어갈 것이니, 그것이 불이법문에 들어가는 것입니다.

사자師子보살: 죄와 복이 두 가지인데, 만일 죄의 성性을 밝게 알면 복과 더불어 다를 것이 없으니, 금강혜金剛慧로써 이 상을 결정하여 묶임도 없고 풀림도 없으면 그것이 불이법문에 들어가는 것입니다.

사자의師子意보살: 유루有漏와 무루無漏가 두 가지인데, 만일 모든 법의 평등을 얻으면 루漏와 무루의 상相이 일어나지 아니하여 상에도 착하지 않고 또 무상에도 머물지 않을 것이니, 그것이 불이법문에 들어가는 것입니다.

정해淨解보살: 유위有爲와 무위無爲가 두 가지인데, 만일 일체 수數를 여의면 마음이 허공과 같을 것이니, 청정한 지혜로써 걸리는 것이 없으면 그것이 불이법문에 들어가는 것입니다.

선의善意보살: 생사와 니르바나가 두 가지인데, 만일 생사의 성을 보면 곧 생사가 없습니다. 묶임도 없고 풀림도 없으면 생도 없고 멸도 없으니, 그것이 불이법문에 들어가는 것입니다.

전천電天보살: 명明과 무명無明이 두 가지인데 무명의 실성實性은 곧 명이요, 명도 또한 취할 수 없어서 일체 수數를 여의었으니, 그중에서 평등하여 두 가지가 없는 것이 불이법문에 들어가는 것입니다.

희견喜見보살: 색色과 색의 공한 것이 두 가지인데, 색은 곧 공이라 색을 멸해서 공이 된 것이 아니요, 색의 성性이 스스로 공한 것입니다. 이와 같이 수受·상想·행行과 및 식識과 식의 공한 것이 두 가지인데, 식은 곧 공이라, 식을 멸해서 공이 된 것이 아니요, 식의 성이 스스로 공한 것이니, 그 가운데서 통달하면 그것이 불이법문에 들어가는 것입니다.

복전福田보살: 복의 행行과 죄의 행과 죄의 행과 부동不動의 행이 두 가지인데, 3행의 실성實性은 즉 이 공이라, 공하면 복의 행도 없고 죄의 행도 없으며 부동의 행도 없으니, 이 3행이 일어나지 않으면 그것이 불이법문에 들어가는 것입니다.

화엄華嚴보살: 아我로부터 두 법이 일어나는 것이 두 가지인데, 나의 실상을 보면 두 법이 일어나지 않을 것이요, 만일 두 법에 머물지 아니하면 식識도 없고 식의 대상도 없으니, 그것이 불이법문에 들어가는 것입니다.

실인수實印手보살: 니르바나를 즐기는 것과 세간을 즐기지 않는 것이 두 가지인데, 만일 니르바나도 즐기지 않고 세간도 싫어하지 아니하면 두 가지가 다 없습니다. 무슨 까닭인가 하면, 만일 풀음이 있으면 풀음이 있지마는, 본래 풀음이 없으면 풀음을 구할 것도 없습니다. 풀음도 없고 풀음도 없으면 즐거움도 싫음도 없을 것이니, 그것이 불이법문에 들어가는 것입니다.

주정왕珠頂王보살: 정도正道와 사도邪道가 두 가지인데, 정도에 머무는 자는 사도·정도를 분별하지 아니합니다. 이 두 가지를 여의면 그것이 불이법문에 들어가는 것입니다.

낙실樂實보살: 실實과 불실不實이 두 가지인데, 실답게 보는 자는 실도 오히려 보지 않거니 하물며 불실이겠습니까. 무슨 까닭입니까? 그것은 육안肉眼으로 보는 것이 아니요, 혜안慧眼으로 보는 것이니, 이 혜안은 보는 것도 없고 보지 않는 것도 없습니다. 그것이 불이법문에 들어가는 것입니다.

이밖에도 여러 보살들이 이렇게 각각 말한 다음에, 문수보살에게 어떤 것이 보살의 불이법문에 들어가는 것이냐고 물었다. 문수사리는 대답하였다.

"내 생각으로는, 일체법에는 언설도 없고 보일 것도 없고 알 것도 없어서, 모든 문답을 여읜 것이 불이법문에 들어가는 것입니다."

그리고 문수사리는 유마힐에게 물었다.

"우리들은 각각 스스로 말했거니와, 인자도 말해 보시오. 어떤 것이 불이법문에 들어가는 것입니까?" 그때에 유마힐은 잠자코 말이 없었다. 문수사리는 칭찬하였다.

"장하고 장하다! 여기는 문자도 언어도 없으니, 이것이 참으로 불이법문에 들어가는 것이다!"

이 둘 아닌 법문을 설할 때에, 대중 중에 5천 보살이 모두 불이법문에 들어가 무생인無生忍을 얻었다.(「不二法門品」)[34]

4. 공유空有 개념의 여러 가지 의미

1) 공유空有

공空과 유有, 실체實體와 가상假象. 모든 사물에 있는 2개의 방면으로 중국불교에서는 유무有無와 같다고 본다. 제법諸法은 인연에 의해 생기고 존재한다고 보면 유有이고, 인연 화합에 의해 생기니까 본래

---

34 한정섭 편역, 『학습팔만대장경』, 불교통신교육원, 1983, pp.549~553.

무자성無自性이라고 보면 '공空'이 된다.

2) 공유이종空有二宗

근본적인 입장으로서 공을 설하는 종宗과 유를 설하는 종, 소승불교에
서는 대개 구사종을 유종有宗, 성실종을 공종空宗으로 하고, 대승불교
에서는 법상종을 유종, 삼론종을 공종으로 한다.

3) 공유이집空有二執

유무이견有無二見. 유집有執과 공집空執을 말한다. 범부의 미정迷情으
로 실다운 아我와 실다운 법이 있다고 고집하는 것을 유집有執이라
하고, 인과의 사법事法과 열반의 묘체妙體가 없다고 주장하는 것을
공집空執이라 한다.

4) 공유이관空有二觀

공空과 유有의 두 가지 집착을 부정하기 위해 세워진 두 종류의 관법觀
法. '실체로서의 아我와 법法은 없다'라고 보는 공관空觀으로써 유집有執
을 부정하고, '인과因果의 이법理法과 열반의 본체는 있다'고 보는
유관有觀으로써 공집空執을 부정하는 것을 말한다.[35]

---

35 이상은 "홍법원", '공유空有' 관련 항목 참조.

제6장 반야수행관

I. 수행론

1. 수행이란

불교에 있어서 수행이란 법답게 수행하는 것이고, 이는 곧 부처님의 가르침에 따라 수행해야 함을 말한다. 『별역잡아함경』 권9에 이르기를, "탐욕은 무상하다고 공연히 말로만 하고 실제로는 욕심을 버리지도 않고 남녀 상을 탐착한다. 탐착은 비법非法이니 그대들은 반드시 버려야 한다. 저 부처님의 가르침 가운데 여법하게 수행을 해야 한다"라고 하고, 『대반야경』 권571에서는 "여러 보살마하살들은 깊은 반야바라밀다를 행할 때 방편선교로 여법하게 수행한다. 태어나는 곳이 어디든지 항상 부처님을 만나며 이승二乘을 멀리 여의어 바른 도에 안주하여 대자재를 얻고 대사大事를 성취하니, 이를 모든 여래의 바른 지혜로 얻는 해탈이라고 한다"라고 하였다. 또 40권본 『대반열반경』 권25에서는 "네 가지 법을 떠나서 열반을 얻는다고 한다면, 이는 있을 수 없는 일이다. 어떤 것들이 그 네 가지인가? 첫째는 좋은 벗을 가까이하는 것, 둘째는 마음을 다하여 법을 듣는 것, 셋째는 마음을 붙잡아 사유하는 것, 넷째는 법에 맞게 수행하는 것이다. …… 처방대로 약을 조제하는 것은 삼십칠조도법三十七助道法을 여법하게 수행하는 것을 비유한다. …… 법에 따라 나라를 다스리는 것은 여러 보살들이 여법하게 6바라밀을 행하는 것을 비유한다"라고 하였다.

2. 반야십지般若十地와 십진여十眞如

1) 반야십지

『마하반야바라밀경』에서 설한 십지十地를 말한다. 십지는 수행자의 수행단계를 열 가지로 분류한 것인데, 각 경전의 출처에 따라 수행의 주체와 단계별 명칭이 다르다. 십지란 보살이 수행해야 할 52단계 중 특히 제41위에서 제50위까지를 십지十地라 하고, 이 십지의 지地는 범어 bhūmi의 번역어로 주지住處 혹은 생선의 뜻으로 불지佛智를 생성하고 능히 움직임이 없으며 온갖 중생을 짊어지고 교화하는 것이 마치 대지大地가 만물을 싣고 이를 윤택하게 하는 것과 같으므로 지地라고 한다. 반야십지는 삼승三乘에 공통된 것이기 때문에 공지共地라고도 하고, 그 계위의 명칭은 건혜지乾慧地·성지性地·팔인지八人地·견지見地·박지薄地·이욕지離欲地·이작지已作地·벽지불지辟支弗地·보살지菩薩地·불지佛地 등이다. 그 주처住處를 사는 집으로 하고, 또 그 주처에서 법을 보존하고 육성함으로써 과과를 얻게 되는 것을 말한다.

세친의 『십지론』 권2에 의하면 이 십지는 보살의 수행(因分)의 위계이지만, 한편 이미 중도中道의 도리를 증득하여 붓다의 내증(內證: 果分)과 같은 지혜를 갖추고 있다. 따라서 그 붓다의 과분果分의 덕은 새가 날아오른 발자취처럼 설명은 할 수 없지만 그 보살의 덕은 설명할 수가 있다고 하는 것이다. 그리고 건혜乾慧 등의 십지十地는 『대품반야경』 권6, 권17 등에서 설하고 있다. 『대품반야경』 권6에는 건혜乾慧 내지 불의 십지에 대해, 보살은 방편력에 의해서 6바라밀을 행하고, 또 사념처四念處 내지 십팔불공법十八不共法[1]을 차례로 행해서 전9지前九地를 지나 불지佛地에 이른다고 한다. 이 십지는 보살이 갖추지 않으면 안 되는 것으로서, 여기서 말하는 불지라 하는 것은 불과佛果를 가리키는 것이 아니고, 보살이 붓다와 같이 십팔불공법 등을 행하는 것을 말한다. 또 『지도론』 권75에는 이 십지를 다음과 같이 각기 삼승의 계위에 배당하고 있다.

(1) 건혜지(乾慧地: 過滅淨地・寂然雜見現入地・超淨觀地・見淨地・淨觀地): 건혜乾慧라 하는 것은 진리를 관하려고 하는 지혜는 있더라도 아직 선정禪定의 물에 윤택하지 못한 것을 의미하며, 이 자리는 성문聲聞의 삼현위三賢位, 보살의 초발심에서부터 순인順忍을 얻기 전까지의 계위에 해당한다. (2) 성지(性地: 種性地・種地): 성문의 사선근위四善根位, 보살의 순인順忍을 얻은 계위로서 제법실상을 애착하지만 사견邪見을 일으키지 않고, 지혜와 선정이 수반하는 경지이다. (3) 팔인지(八

---

1 십팔불공법이란, 십팔불공불법의 준말로 붓다의 십력十力, 사무소외四無所畏, 삼념주三念住와 붓다의 대비大悲를 합한, 붓다에게만 있는 18불공법十八不共法을 말한다.

人地: 제8地): 인人은 인忍의 뜻으로 성문의 견도십오심(見道十五心: 八忍七智)의 수다원향須陀洹向, 보살의 무생법인無生法忍에 해당한다.

(4) 견지(見地: 具見地): 성문의 사과四果 중의 초과初果 수다원과須 陀洹果, 보살의 아비발치(阿鞞跋致: 不退轉)의 위에 해당한다. (5) 박지 (薄地: 柔軟地·微欲地): 성문은 욕계구종欲界九種의 번뇌가 1분 끊어진 정도로, 수다원과 혹은 사다함과, 또 보살이 모든 번뇌를 끊어서 여기餘 氣가 엷어진 정도로 아비발치 이후 아직 성불 못한 사이의 계위이다. (6) 이욕지(離欲地: 離貪地·滅婬怒癡地): 성문은 욕계의 번뇌가 없어진 계위로서 아나함과, 보살은 욕심을 여의어서 오신통五神通을 얻은 계위(位)이다.

(7) 이작지(已作地: 所作辨地·已辨地): 성문은 진지盡智·무생지無生 智를 얻은 아라한과, 보살은 불지佛地를 성취한 계위이다. (8) 벽지불 지辟支佛地: 인연의 법을 관하여 성도한 것을 말하고 연각緣覺이라고도 한다. (9) 보살지菩薩地: 앞에 말한 건혜지에서 이욕지까지를 가리키 고, 혹은 후에 설하는 환희지歡喜地에서 법운지法雲地까지를 가리킨다 고 보기도 하며, 초발심에서 금강삼매까지, 즉 보살로서의 맨 처음에서 성도 직전까지의 자리를 말한다고도 해석한다. (10) 불지佛地: 일체종 지一切種智 등의 제불의 법이 완전히 구비한 자리를 말한다.

『지도론』권75에는 이 삼승공위三乘共位의 보살이 무루지無漏智에 의해서 혹惑을 다 없애고 깨달음을 여는 데 대하여, 등심燈心은 초염初焰 에 타거나 후염後焰에 타거나 정해지지 않은 것과 같이 십지의 어느 곳에서 단혹斷惑을 하더라도 고정적으로 정해지지 않고, 십지가 모두 서로 도와서 불과에 이르게 한다고 설하고 이 비유를 초주燋炷의 십지十

地라고 한다.²

2) 십진여十眞如

우주 만유에 가득한 본체인 진여는 본래 절대이므로 나눌 수 없는 것이나 그 덕상德相을 나타내며, 또 이를 증지證知하는 과정에 구별이 있으므로 분류하는 일이 있다. 이 10진여는 보살이 10지地에서 진여를 분증分證하는 승덕勝德으로 보아서 가립假立한 것으로 다음과 같다.

(1) 변행진여遍行眞如: 초지初地에 들어갈 때에 아집과 법집을 끊고 깨닫는 진여. (2) 최승진여最勝眞如: 제2지에서 사행장邪行障을 끊고 깨닫는 진여. (3) 승류진여勝流眞如: 제3지에서 암둔장暗鈍障을 끊고 깨닫는 진여. (4) 무섭수진여無攝受眞如: 제4지에서 미세번뇌현행장微細煩惱現行障을 끊고 깨닫는 진여. (5) 유무별진여類無別眞如: 제5지에서 어하승반열반장於下勝般涅槃障을 끊고 깨닫는 진여. (6) 무염정진여無染淨眞如: 제6지에서 추상현행장麤相現行障을 끊고 깨닫는 진여. (7) 법무별진여法無別眞如: 제7지에서 세상현행장細相現行障을 끊고 깨닫는 진여. (8) 부증감진여不增減眞如: 제8지에서 무상중작가행장無相中作加行障을 끊고 깨닫는 진여. (9) 지자재소의진여智自在所依眞如: 제9지에서 이타중불욕행장利他中不欲行障을 끊고 깨닫는 진여. (10) 업자재등소의진여業自在等所依眞如: 제10지에서 어제법증미득자재장於諸法中未得自在障을 끊고 깨닫는 진여.³

---

2 "홍법원", '十地'조 참조.
3 "홍법원", '십진여'조 참조.

3. 보살의 6바라밀 수행

① 부처님은 어느 날 저녁에 대림강당 앞뜰에서 대중에게 다음과 같이 설하셨다.

"사리푸트라여, 모든 법은 있는 것도 아니고 없는 것도 아니며, 나는 것도 아니고 없어지는 것도 아니라고 생각하고, 바라밀에 마음을 두어야 한다. 베풀어도 베푼다는 생각이 없이 보시바라밀을 행하라. 참다운 보시에는 베푼 사람도 없고, 베푼 물건도 없고, 베풂을 받는 사람도 없는 것이다. 계율로써 마음을 억제할 때에도 계를 지킨다, 마음을 억제한다는 생각이 없이 지계持戒바라밀을 행하라. 실제實際에 있어서는 허물을 범한다. 범하지 않는다는 것이 없는 까닭이다. 다른 사람의 괴롭힘을 참으면서, 다른 사람이 나를 괴롭힌다는 생각이 없이 인욕忍辱바라밀을 행하라. 괴롭힘에 의해서 마음이 움직이거나 움직이지 않는 것은 본래 없는 것이기 때문이다. 힘을 써도 힘쓴다는 생각이 없이 정진精進바라밀을 행하라. 힘쓰고 게으르다는 것은 본래 그것은 없는 것이기 때문이다. 생각해도 생각한다는 생각이 없이 선정禪定바라밀을 행하라. 선정을 닦고 안 닦는다는 것은 구별이 본래 없기 때문이다. 또 물건에 집착한다는 생각이 없이 반야바라밀을 행하라. 모든 법의 체體나 상相은 다 잡을 수 없는 것이기 때문이다.

사리푸트라여, 일체 모든 것은 얻을 수 없는 것이다. 이렇다고도 저렇다고도 할 수 없는 것으로 알고 반야바라밀을 행하라. 모든 것은 필경에 잡을 수 없는 것이다.

사리푸트라여, 빨리 일체의 지혜를 얻어, 모든 번뇌를 떠나 다시는 물러서지 않는 지위에 이르려고 하거든 반야바라밀을 닦지 않으면 아니 된다. 이 반야바라밀을 닦으면 사견을 가진 사람의 인과를 믿지 않고, 또 그 사람의 가르침도 듣지 않고, 마음의 번거로움을 돌려, 불·법·승을 믿어 기쁘게 될 것이다. 이것은 모든 사람을 부모나 형제와 같이 화목하게 만드는 것이다.

②사리푸트라여, 어떤 사람이 이 반야바라밀을 닦을 때에는 여러 하늘도 이것을 기뻐하여, 그 사람이 음행을 떠나 처음부터 끝까지 청정행을 닦도록 마음속으로 바라는 것이다. 왜 그러냐 하면, 욕심은 불과 같아서 몸을 태우고 더러워서 자기와 남을 더럽히며, 원수와 같이 틈을 엿보고, 마른 풀에 불붙는 것과 같다. 또 쓴 과일과 같고 칼과 같으며, 불덩이와 같고 독한 그릇과 같으며, 요술쟁이와 같고 어둠 속의 우물과 같으며, 거짓으로 친절히 구는 적과 같기 때문이다. 사리푸트라여, 이 반야바라밀을 닦을 때에는 반야바라밀을 보지도 말고, 반야바라밀의 이름도 보지 말며, 행하고 행하지 않는 구별도 보지 말라. 왜 그러냐 하면, 색은 그 본성이 공했기 때문에 공을 색이라 이름한 것이다. 원래 색의 자성自性은 공이다. 자성이 공에 의하지 않고 가설假設로 그것을 색이라고 이름한 것이다. 이런 경우에는 공은 색과는 다르다. 그러나 색은 공을 떠나지 않고 공은 색을 떠나지 않는 것이다. 이런 의미에서 색은 그대로 공이요, 공은 그대로 색인 것이다. 보리菩提라 하고, 중생이라 하고, 보살이라 하는 것도 다 그 이름뿐이다.

그 자성은 생도 없고 멸도 없으며, 더러운 것도 없고 깨끗한 것도 없다. 이렇게 관해서 반야바라밀을 닦아 생도 보지 않고 멸도 보지 않으며, 더러움도 깨끗함도 보지 않는 것이다. 세상에서는 가설로 이름하면서도 그 이름에 사로잡혀 분별을 일으키고 말을 일으키며 집착을 일으키는 것이다. 나라고 하고 사람이라고 하는 것도 다 얻을 수 없는 공이지마는, 세상을 따라 임시로 이름을 지었을 뿐이다. 거기에 무슨 집착을 일으키겠는가?

사리푸트라여, 이 반야바라밀을 닦아 모든 번뇌를 떠나고 위없는 깨달음을 열어 한량없는 사람을 깨우쳐 주겠다고 원하지 않으면 아니 된다. 공空·무상無相·무원無願의 법을 따라 일체를 뛰어나 다시는 물러서지 않는 지위를 얻어 모든 사람을 위한 참다운 복밭이 되지 않으면 아니 된다. 모든 착한 법은 이 사람으로 말미암아 세상에 나타나고, 이 착한 법으로 말미암아 세상에는 부귀가 있고, 하늘에는 영광이 있으며, 도에는 깨달음이 있는 것이다.

사리푸트라여, 이 사람은 이미 재물을 베푼 사람에게 따로 갚겠다는 생각을 할 필요가 없다. 왜 그러냐 하면, 이 사람은 큰 시주가 되어 이미 모든 사람에게 여러 가지의 착한 법과 부처의 도를 베풀고 있기 때문이다. 이 사람은 이미 여러 시주의 은혜를 갚은 참다운 복밭이다.

③ 사리푸트라여, 그러므로 반야바라밀을 닦을 때에는, 그 견해, 그 수행, 그 지혜가 참 지혜와 부처의 뜻에 계합한가 않는가를 보아서는 아니 된다. 그것은 벌써 일체 지智도 보지 않고 부처의 있는 것까지도 보지 않기 때문이다. 이와 같이 계합의 여부를 보지 않음으로써 반야바라밀에 계합하는 것이다. 이리하여 어떤 물건도 마음에 두지 않고 마음을 구속하지도 않으며, 유有에나 공空에나, 헤매는 데에나 깨닫는 데에도 마음을 두지 않고 또 마음을 구속하지 않는다. 법의 본래

성품에는 차별이 없음을 알고 있기 때문에, 이 반야바라밀을 닦는
것은 신통력을 얻는다든가 사람을 지도한다든가 하는, 무엇 때문에
하는 것은 아니다. 그러나 그는 사람을 사랑하고 잘 깨닫는 길에
서게 하며, 악마로 하여금 틈을 얻지 못하게 해서 그 번뇌를 없애고
항상 부처와 떠나지 않게 하는 것이다. 공과 계합하되 계합한다고
생각하지 않고, 깨달음을 구해도 구한다고 생각하지 않으므로 그
행의 공덕은 넓고 커서 한없이 불법을 일으키고, 육도六度의 큰 행은
항상 저절로 나타나 끊임이 없는 것이다."[4]

II. 오종수행

1. 오종법사五種法師

1) 법사란

법사(法師: ācārya, guru, dharma-kathika)란 불법에 정통한 사람 또는
불법을 설하여 중생을 교화하는 일을 하는 사람으로 대법사大法師·설
법사說法師 등이라고도 한다. 36권본『대반열반경』권16에서는 이르
기를, "법을 알기 때문에 대법사라 하고, 뜻을 알기 때문에 대법사라
하며, 때를 알기 때문에 대법사라 하고, 만족함을 알기 때문에 대법사라
하며, 자신을 알기 때문에 대법사라 하고, 대중을 알기 때문에 대법사라
하며, 중생의 여러 가지 성품을 알기 때문에 대법사라 하고, 모든

---

4 한정섭 편, 『학습팔만대장경』, 불교통신교육원, 1983, pp.800~802.

중생들의 근기가 영리하고 우둔하며 중간 정도인 줄을 알기 때문에 대법사라 하며, 중도를 설하기 때문에 대법사라 한다"라고 하여 부처님을 대법사라고 하는 이유를 밝혔는데, 이는 또한 일반 법사가 갖추어야할 요소이기도 한 것이다.

2) 법사의 자격

법사의 자격을 『유가사지론』 권81·『십주비바사론』 권7 등을 통해 정리해 보면 다음과 같다. (1) 다음의 열 가지 덕을 갖추어야 한다. ①법의 뜻을 잘 알 것, ②널리 설법을 베풀 수 있을 것, ③대중과 함께 있으면서 두려움이 없을 것, ④막힘이 없는 변재를 지닐 것, ⑤중생의 근기에 맞게 방편을 사용하여 법을 설하는 데 빼어날 것, ⑥법을 따르고 법대로 행할 것, ⑦위엄 있고 의칙儀則에 맞는 태도를 구족할 것, ⑧용맹스럽게 정진할 것, ⑨몸과 마음을 게을리 하지 말 것, ⑩인내력을 성취할 것 등이다. 이 열 가지 법을 구족하면 온갖 종류의 모습을 원만하게 성취하게 된다.

(2) 네 가지 법을 실천해야 한다. ①널리 많은 것을 배우고 모든 언사言辭나 장구章句를 자기 것으로 만들어 지닐 것, ②세간·출세간의 여러 가지 법의 생멸하는 모습을 잘 알 것, ③선정과 지혜를 얻어 여러 가지 불교의 진리에 수순하고 다투지 말 것, ④더하거나 줄이지 말고 오로지 법대로 행동하고, 말과 행동이 일치할 것 등이다.

3) 법사의 분류

법사를 그 성격에 따라 분류하면 다음과 같다. 『법화경』 권4 「법사품」·

권6 「법사공덕품」에 의하면, 법사는 법을 펴는 방식의 차이에 따라 수지受持·독경讀經·송경誦經·해설解說·서사書寫 등의 다섯 가지로 분류할 수 있으니, 이를 오종법사五種法師라 한다. 그리고 『승천왕반야바라밀경』 권7에 이르기를, "교시가(帝釋天, 釋帝桓因)여, 어떤 법사가 이 경을 유통시키는 곳이 있으면 그 땅은 곧 부처님이 다니시는 땅이니, 그 법사에 대해서 응당 선지식이라는 마음을 내고 존중하는 마음을 내어 부처님을 대하는 것과 같은 마음을 지녀야 한다. 이 법사를 보거든 공경하고 기뻐하며 존중하고 찬탄하라. 교시가여, 내가 세상에 1겁이나 혹은 1겁이 못 되도록 살면서 이 경을 펴는 법사의 공덕을 말한다 하더라도 다 말할 수 없을 것이다. 교시가여, 이 법사가 다니는 곳이면 선남자와 선여인은 그 피를 내어 땅에 뿌려 먼지가 일지 않도록 해야 할 것이다. 이렇게 공양해도 많이 했다고 하기에 아직 부족하니 왜 그런가. 부처님의 법은 실로 받아 지니기 어렵기 때문이다"라고 하였다.

2. 오종수행五種修行

『마하반야바라밀경』 제9권 「권지품」에서는 다음과 같이 설한다.

이때 부처님께서 석제환인에게 말씀하셨다. "교시가야, 그대는 마땅히 이 반야바라밀다를 마땅히 받아 지니고 독송하고 설하고 바르게 기억해야 한다. 왜냐하면 여러 아수라가 욕심을 내어 삼십삼천과 싸우고자 하면 교시가야, 그대는 이때 마땅히 반야바라밀다를 송념해야 한다. 그러면 여러 아수라의 나쁜 마음이 바로 소멸되고 다시는 생겨나지 않게 된다. 교시가야, 만약 여러 천자나 천녀에게 다섯 가지 죽음의 모습이 나타날 때, 장차 나쁜 곳에 떨어지려 하면 그때 그대는 마땅히 그들 앞에서 반야바라밀다를 송독해야 하니, 이 여러 천자나 천녀가 반야바라밀다를 들은 공덕에 의해서 다시 제자리에 태어나기 때문이다. 왜냐하면 반야바라밀다를 듣게 되면 큰 이익이 있기 때문이다. 다시 교시가야, 어떤 선남자 선여인 혹은 여러 천자나 천녀가 이 반야바라밀다를 들은 것만으로도, 그 공덕에 의해서 언젠가는 마땅히 아뇩다라삼먁삼보리를 얻게 된다. 왜냐하면 교시가야, 과거의 여러 부처님과 제자들이 모두 이 반야바라밀다를 배워서 아뇩다라삼먁삼보리를 얻고 무여열반에 들었기 때문이다.

또 부처님께서 석제환인에게 말씀하셨다. "만약 선남자와 선여인으로서 반야바라밀다를 듣고서 받아 지니고 가까이하고 나아가 바르게 기억하면 결코 자신의 실수로 독약을 먹고 죽는 일도 없고, 칼에도 다치지 않고, 물과 불의 위험에 떨어지지도 않고, 나아가 온갖 질병도 침범할 수가 없다. 단지 전생에 지은 업보만은 어쩔 수 없을 뿐이다."

1) 수지(受持, udgrahaṇa)

'받아서 지니다. 마음에 받아들여 기억하고 잊지 않는다'는 말로, 가장 중요한 수지 조목은 정법正法이며 나머지는 모두 정법을 실현하기 위하여 수반되는 조건이다. 정법을 수지함으로써 근본목표인 번뇌의 소멸과 열반에 이를 수 있다. 『별역잡아함경』 권8에 이르기를, "비록 법을 들었더라도 수지하지 않는다면 제대로 갖추었다고 하지 않는다. 그러므로 정법을 수지해야만 한다. 수지하더라도 그 뜻을 이해하지

못하면 갖추었다고 하지 않는다. 그러므로 그 말뜻을 이해해야만
한다. 비록 뜻을 이해했더라도 또 말씀대로 수행하지 않는다면 제대로
갖추었다고 하지 않는다. 그러므로 말씀대로 수행해야만 한다"라고
하고, 80권본 『화엄경』 권13에서는 이르기를, "어떤 중생이건 정법을
수지한다면 누구나 모든 번뇌를 끊을 수 있다"라고 하였다. 또 『대방광
총지보광명경』 권3에서는 "정법을 수지하는 중생이라면 오무간지옥
에 떨어지는 업을 없앨 수 있다"고 하고, 또 『유마경약소』 권1에서는
"정법을 수지한다는 말에서 정법은 사교四敎 중 정법을 가리킨다.
보살은 시방의 부처님들에게서 이 교법을 듣고 다라니를 얻은 다음
모두 지니고 잊지 않는데 이를 수지라 한다. 이 법을 지니고서 마구니를
항복시키고 외도를 제압하며 중생이 안팎으로 얽매여 있는 애착과
악견 등 갖가지 번뇌의 도적을 물리치고 열반의 성城을 수호한다.
이로써 온갖 중생과 법왕의 종성種性이 모두 편안한 경계를 얻어 헤아릴
수 없이 많은 불법을 조금도 잃지 않도록 한다면, 법을 수호하는
성에서 정법을 수지한다고 한다"라고 하였다.

　또한 정법 이외에 수지는 계율·경전·삼의三衣 등 세 가지에 일반적
으로 적용된다. 첫째, 계율을 수지한다. 출가와 재가를 막론하고 부처
님께서 제정한 계율을 받은 이상 지키겠다고 서원하고 어겨서는 안
된다. 둘째, 경전을 수지한다. 경전을 수학할 때 청정한 믿음과 이해를
일으킴으로써 공경하는 마음으로 읽고 아울러 그때마다 읽고 외운다.
또 부처님의 교법을 믿고 받아들이면 '부처님 말씀을 수지한다(受持佛
語)'라고 한다. 셋째, 삼의三衣를 수지한다. 『석씨요람』 권상 「수지의
법受持衣法」에 따르면, 승중僧衆은 삼의를 받은 뒤에 반드시 법도에

214

따라 적당한 시기와 장소에서 그것을 입어야 한다. 가령 마을에 들어가거나 법을 들을 경우에는 대의大衣를 입고, 깨끗한 곳에 가거나 경전을 읽을 때는 칠조의七條衣를 입으며, 어떤 장소가 되었거나 마음대로 입어도 무방한 옷은 오조의五條衣이다.

○'약지법화경기신심청정若持法華經其身甚淸淨'이라는 말이 있다. 『법화경』을 수지하여 청정한 신체를 얻게 되는 공덕을 나타내는 말로, 『법화경』 권6 「법사공덕품」에 "『법화경』을 수지하는 이는 그 몸이 매우 청정하여 저 깨끗한 유리와 같으니 중생이 모두 환희하며 보네. 또한 맑고 밝은 거울이 온갖 색상을 비추듯 보살의 청정한 신체에 세간의 모든 것이 드러나네"라고 하였다. 또 『법화경대관』 권6(卍속장 50, p.297)에서는 "다섯째 신근身根의 공덕을 설명한다. 유리처럼 청정한 신체를 얻는다는 것은 고덕께서 '온 대지가 모두 비로자나의 한 몸'이라고 하신 것과 같다. 안팎이 유리처럼 속속들이 밝으니 모든 유정과 무정, 그리고 육범六凡과 사성四聖이 마치 거울에 형상이 나타나듯이 그 신체에 나타난다는 말이다"라고 하였다.

2) 독讀

독송이란 경전을 읽고 외우는 것을 말한다. 그래서 '독'은 읽는 독경, '송'은 외우는 송경을 분리해 말하는 것이다. 『대반야경』 권101에 이르기를, "선남자와 선여인들이 이 반야바라밀다를 수지하고 독송하며 부지런히 수학하고 이치대로 사유하며 서사하고 해설하며 널리 유포하면, 이 선남자와 선여인들은 현법과 후법에 공덕과 수승한 이익을 얻는다"라고 하였다. 이를 후대의 주석서에서는 "'독'과 '송'을 개별적인 것으로 풀이하기도 하는데, 이때 '독'은 경전을 눈으로 보는 것, '송'은 경전을 보지 않고 암송하는 것이다"라고 하였다.

3) 誦誦

또한 '독'과 '송'을 모두 개별적인 것으로 풀이하기도 하는데, 『대지도론』 권56에 이르기를, "'듣는 것(聞)'이란 부처님이나 보살 혹은 설법하는 다른 사람에게서 시방삼세제불의 법보장法寶藏인 반야바라밀을 듣는 것이니, 듣고 나서 믿음의 힘이 작용하기 때문에 '받아들이고(受)'라고 하였고, 억념의 힘(念力)이 작용하기 때문에 '지니며(持)'라고 하였으며, 기미氣味를 얻기 위해 항상 와서 받들고 묻고 받아들이기 때문에 '가까이하며(親近)'라고 하였고, 가까이하고 나서 문장을 보거나 입으로 전하는 말씀을 받아들이기 때문에 '읽으며(讀)'라고 하였으며, 항상 체즉하여 잊지 않기 때문에 '암송하며(誦)'라고 하였고, 아직 듣지 못한 사람에게 설하여 전해주기 때문에 '다른 사람에게 말해주며(爲他說)'라고 한다"라고 하였다.

그러나 통상 '독'과 '송'을 합쳐서 독송讀誦이란 경전의 글자를 보면서 읽거나 혹은 소리 내어 외우는 것으로, 독경讀經·송경誦經·간경看經 등으로 부르며, 이들 낱말의 의미를 구별하여 쓰는 경우도 있으나 흔히 구별 없이 하나의 뜻으로 쓰인다. 여러 경전에 경전을 외우고 몸에 지님(誦持)으로 말미암아 얻는 공덕이 큼을 설한다. 경전을 독송하는 것은 인도 이래 행하여 왔는데, 원래는 경전의 의미·내용을 이해하고 실천하기 위해 읽었던 것이지만, 뒤에는 독송하는 것 자체가 하나의 수행법으로 되어 불전佛前에 독경하고 불타의 덕을 찬양함으로써 원하는 일이 이루어지도록 빌고, 죽은 자를 위해 독경의 덕을 쌓음으로 사후死後의 명복을 비는 등으로 행하여졌다. 경전을 처음부터 끝까지 통독通讀하는 것을 진독(眞讀: 信讀), 단지 경제經題 등을 읽어 경권經卷을 넘기는 것을 전독(轉讀: 略讀), 마음속으로 묵독默讀하는 것을 심독心讀, 몸으로 실천하는 것을 신독(身讀: 色讀)이라고 한다. 여기서 전독轉讀의 전轉이라 함은 번전翻轉의 뜻이니, 원래는 경권을 손에 잡고 넘기면서 전부를 읽는다는 뜻이었다.

또 선종禪宗 등에서 불덕佛德을 찬양하기 위해 경을 독송하는 것을 송독誦讀 또는 풍경諷經, 기원을 위해 많은 경을 읽는 것을 전독轉讀이라고 하며, 의미를 해석하며 읽는 것을 간경看經이라고 구별하는 경우가 있다. 예부터 독경을 함에 있어, 먼저 몸을 깨끗이 하고 단정히 하지 않으면 안 된다고 하여 독경의 음조音調를 고르기 위한 경磬·영령鈴·목어木魚·태고太鼓 등을 사용하였다. 그리고 선종에서 아침·점심·저녁의 세 때에 일과로 부처님 앞에서 경을 풍송諷誦하는 것을 삼시풍경三時諷經이라고 한다.

특히 『법화경』에서 「독송품讀誦品」이란 참되고 단정한 마음으로 『법화경』을 독송하고 이로 인해 내관內觀을 돕게 되는 지위로, 5품의 하나에 속한다.

4) 해설

해석하고 설명하는 것을 말한다. 경전 등의 의미를 이해하고 주석하는 해석으로는 다음과 같은 방법들이 있다.

①경론의 해석을 하는 데 먼저 제호題號나 대의大意를 설명하는 현의(玄義·玄談)와 다음에는 문장을 하나하나 해석하는 인문해석 방법을 사용한다. 예를 들면 지의智顗의 『법화현의法華玄義』는 『법화경현의』이고, 『법화문구』는 그 인문해석이다. 지의는 현의를 명(名: 명칭)·체(體: 본질)·종(宗: 목적)·용(用: 작용)·교(敎: 불교 전체의 조직)에 대해 논하고(五重玄義), 그 해석법으로서 칠번공해七番共解라는 방법을 사용했다. 이는 곧 명名·체體 등에서 논하고자 하는 문제를 제시하고(標章), 경전을 인용함으로써 증거로 삼고(引證), 명체 등의 순서를 논하고(生起), 분석 종합하여 생각하고(開合), 문답식으로 논하고(料簡), 명체 등을 대상으로 수행하며(觀心), 다른 이설異說을 평가하여 차원을 높게 해석하여 이해하고 받아들이는 방법이다.

②어구語句를 해석하는 방법에는 각 종파에 고유한 해석법이 있다. 삼론종·천태종 등의 사석四釋은 그 예이다. 첫째, '삼론三論'의 사종석의四種釋義란 의명석의依名釋義·인연석의因緣釋義·현도석의顯道釋義·무방석의無方釋義의 네 가지로, 길장이 그 저서 『이제의二諦義』와 『삼론현의三論玄義』 등에서 사용하였다. 예를 들면 진眞이란 진실의 뜻으로 세간 일반의 뜻대로 해석하는 것을 의명해석依名解釋, 진眞은 독립한 진으로서 있는 것이 아니고 속俗이라는 대칭적인 것을 인연으로 서로 관계가 있으므로 진眞은 속俗, 속은 진이라고 해석하는 인연석의因緣釋義, 그러므로 진이라 하고 속이라고 하여도 고정적인 것이 아니고 원래가 무상無相이라고 해석하는 것을 현도석의顯道釋義라 한다. 무용無用을 그 작용이라고 하여 부정적으로 나타난 것으로 진과 속도 일체법임에 틀림없다고 해석하는 것을 무방해석無方解釋이라고 한다.

둘째, 천태天台의 사석예四釋例란 인연석因緣釋·약교석約敎釋·본적석本迹釋·관심석觀心釋의 넷이다. 지의는『법화문구』에서 이 방법을 사용하였다. 교법에서 설한 인연, 곧 사실단四悉檀에 의하여 네 가지로 해석하는 것을 인연석, 화법化法의 4교판을 기본으로 해서 네 가지로 해석하는 것을 약교석, 본적이문本迹二門의 입장에서 두 가지로 해석하는 것을 본적석, 교설의 내용을 자기의 심중으로 끌어들여서 실상의 이치를 관하여 해석하는 것을 관심석이라고 한다. 해설이란 바로 이에 근거하여 설명하고 이해시키고 깨달음의 세계로 인도해 가는 것이다.

5) 서사(書寫: 寫經)

(1) 서사, 즉 사경이란 불전佛典을 글로 옮겨 쓰는 것 혹은 서사한 불전을 일컫는 말로, 천도薦度·공덕·수행·발원 등을 위해 정성들여 경문經文을 쓰고 변상變相을 그려 장엄하게 꾸미는 것을 총칭한다. 초기불교의 경전에서는 거의 언급하지 않았지만, 대승경전에서는 경전의 서사를 매우 중시하여 곳곳에서 그 공덕을 찬탄하면서 권장하고 있다.『대품반야경』권27에서는 이르기를, "보살이 6바라밀을 배우고자 하고 부처님의 지혜를 깊이 증득하여 들어가려고 하며 일체종지一切種智를 얻고자 하면, 응당 반야바라밀을 수지하고 독송하며 바르게 기억하여 생각하고 다른 사람을 위해 널리 설하며 경전을 서사하고 공양하며 존중하고 찬탄하되 향화香華에서부터 기악伎樂에 이르기까지 온갖 것을 바쳐 공양해야 한다"라고 하고,『법화경』권4에서는 "선남자 선여인이『법화경』이나『법화경』의 한 구절이라도 수지하고

독송하며, 해설하고 서사하며 여러 가지로 경전을 공양하기를 꽃이나 향이나 영락이나, 말향·도향·소향, 비단으로 만든 가리개, 당기와 번기, 의복, 기악 등으로 하거나 합장하고 공경하면, 이 사람은 일체 세간에서 응당 우러르고 받들어야 할 것이니 부처님께 공양하는 것처럼 이 사람에 공양해야 할 것이다"라고 하였다.

①인도: 인도에서 처음 불전을 서사할 때 쓰인 재료는 패다라엽(貝多羅葉, pattra)이다. 이는 종려나무과에 속하는 식물의 잎으로 넓고 단단하여 글을 쓰기에 비교적 편리하다. 후에 점차 비단, 금을 얇게 펴서 만든 판, 동銅을 얇게 펴서 만든 판, 훼나무 껍질, 자작나무 껍질, 죽간竹簡 등을 사용하였다. 종이가 발견되면서 기존의 사경 대부분을 종이에 옮겨 썼다. 종이 사본도 패다라엽을 사용할 때와 마찬가지로 종이를 가로로 가늘고 길게 잘라 포개어 가운데 작은 구멍을 두 개 내어 노끈으로 묶은 형식을 취하고 있다.

②중국: 중국에서는 동한東漢 때 경전 한역과 동시에 사경이 시작되었다. 곧 경전을 한역할 때 그 문장을 붓으로 받아 적는 일을 담당하는 이가 있었는데, 이들의 작업과정 자체를 사경이라고 할 수 있다. 이후 경전이 필요할 때마다, 혹은 경전을 유포하기 위해서 혹은 공덕을 쌓기 위해서 서사된 경전을 다시 베껴서 옮기는 일이 거듭되면서 사경의 풍속이 크게 성행하였다. 사경은 엄격한 과정과 의식절차를 거쳐 사성寫成되었으며, 단순한 필사가 아닌 신앙의식으로 행해졌다. 사경의 종류는 용지와 필사재료에 의해 구분하는 것이 일반적이다. 사경은 발원자에 의해 국왕발원경과 개인발원경으로 나누어 볼 수 있다. 국왕발원경은 국왕에 의해 국가적 차원에서 국조하장國祚遐長,

국태민안國泰民安, 외침영식外侵永息 등을 발원하여 이루어지는 것이다. 개인발원경은 발원의 내용에 따라 개인이 공덕을 쌓아 부처의 보호와 위력으로 일체의 재앙을 물리치고 수복壽福을 얻고자 발원하여 사성하는 공덕경功德經, 고인의 명복을 빌고 극락에의 천도를 발원하여 사성하는 명복경冥福經, 부처님께 공양을 올리기 위한 공양경供養經 등으로 세분할 수 있다.

③ 한국: 우리나라의 사경은 초기에는 불법佛法의 홍포弘布를 위해 사성이 이루어졌으나 목판인쇄술이 발달한 이후에는 공덕을 쌓기 위한 장식경裝飾經으로 발전하였다. 현재 전해지는 가장 이른 시기의 사경은 통일신라시대의 것으로, 경덕왕 13년(754)에 연기 법사緣起法師가 발원하여 이듬해 완성된 주본周本『백지묵서대방광불화엄경白紙墨書大方廣佛華嚴經』(리움미술관 소장, 국보 제196호)이다. 고려시대에는 외형에 치중하여 호화롭게 금은으로 쓴 사경이 많이 이루어졌는데, 이는 막대한 경제력과 신앙심이 전제되어야 하므로 국왕이나 귀족들에 의해 많이 이루어졌다. 현존하는 고려시대의 사경 중 가장 오래된 것은 일본 교토박물관에 소장되어 있는 목종 9년(1006)에 사성된『감지금니대보적경紺紙金泥大寶積經』권32이다. 고려 충렬왕(재위 1236~1308) 시기에는 뛰어난 사경 제작 기술이 중국 원나라까지 알려져 충렬왕 16년(1290)에 원나라의 요청으로 100명의 사경승을 보냈고, 충렬왕 23년(1297)과 28년(1302), 31년(1305)에도 사경승을 보냈다는 기록이 전한다. 조선시대의 사경은 국가적 사업으로 이루어지기보다는 개인의 추복追福을 위한 발원이 많았다. 조선 초기에는 고려의 양식을 그대로 전승하여 발원자도 왕실이나 사대부가 대부분이었다.

후대로 갈수록 억불抑佛정책의 영향으로 고려시대의 사경에 비해 재료
나 양식의 차이가 나타나고 양과 질에 있어서 현격한 쇠퇴를 보인다.

④일본: 일본에서는 대체로 중국과 같은 방식으로 사경이 이루어졌
다. 나라(奈良) 시대에 나라에서 설치한 사경소寫經所 이외에도 사원·
귀족 등이 설치한 사경소가 있었다. 텐무(天武) 천황이 673년 천원사川
原寺에서 대장경을 서사하게 하였는데, 이것이 일본 최초의 서사였을
것으로 추정된다.

(2) 사경이란 경전에 담긴 뜻을 마음속에 깊이 새기는 것이다.
『마하지관』 권3에 이르기를, "무엇을 사경이라 하는가? 중생으로
하여금 팔정도를 닦아 허망한 것을 무너뜨리게 하는 것을 말한다.
팔정도를 닦음에 있어 여러 가지가 있다. 마음이 인연에 의해 생멸하여
상주하는 것이 없음을 관찰하여 팔정도를 닦는다면 이는 삼장三藏의
경, 곧 아함부의 경전을 서사하는 것이고, 마음은 인연에 의해 생겨나는
것이어서 그 자체가 공한 것임을 관찰하여 팔정도를 닦는다면 이는
통교의 경전을 서사하는 것이며, 마음이 분별하고 교계함에는 한량없
는 종류가 있어 범부와 이승二乘은 헤아릴 수 없고 법안보살이라야
볼 수 있음을 관찰하고 한량없는 팔정도를 닦는다면 이는 별교의
경전을 서사하는 것이고, 마음이 곧 불성임을 관찰하여 원만하게
팔정도를 닦는다면 이는 중도의 경전을 서사하는 것이다"라고 하였다.

불교 사건을 중심으로 서술한 스리랑카의 역사서인 『Dīpavaṃsa(島
史)』·『Mahāvaṃsa(大史)』 등에 따르면 최초의 경전 서사는 기원전
1세기경 스리랑카에서 이루어졌다. 스리랑카에 불교가 전파된 것은
기원전 3세기경이고, 그 후 200년이 지난 후 대사파大寺派와 무외산사

파無畏山寺派로 분열되면서 대사파의 비구들은 무외산사가 불법을 왜곡할 것을 염려하여 그동안 암송의 형식으로 전해져 오던 불전을 글로 남겼는데, 이를 최초의 사경이라고 한다.[5]

III. 반야수행론

1. 보살선菩薩禪

1) 보살선이란

보살선이란 대승선大乘禪을 일컫는 말로 대승의 가르침을 따르는 보살이 실천하는 선법禪法을 설하는 것을 보살선이라 부른다. 보살선을 소개한 경전으로는 『대승보살장정법경大乘菩薩藏正法經』, 『선법요해禪法要解』 등이 있다.

(1) 『대승보살장정법경』

『대승보살장정법경』은 40권 11품으로 되어 있는 비교적 큰 경으로 『대보적경大寶積經』 제12 보살장회菩薩藏會의 이역異譯으로서 보리菩提를 이루는 보살장정법菩薩藏正法에 대해서 상세하고 설하고 있다.

장자 현호賢護가 부처님 출가의 인연을 묻는 것으로 서장序章을 장식하면서 전개되는 이 경은 생·노·병·사·우憂·비悲·고苦·뇌惱·수

---

5 이상은 한글대장경, 『마하반야바라밀경』 제9권 '권지품', 제13권 '문지품' 및 "가산伽山", "홍법원"의 '법사'와 '오종수행' 각 항목조를 참조하고, 또 『대품경』의 '멸쟁품'·'대명품'·'비유품'과 『소품경』의 '촉루품' 등에서도 오종수행에 대해 설하고 있다.

탄수歎·윤회의 열 가지 요란嬈亂을 비롯하여, 열 가지 손해되는 일과 열 가지 나쁜 소견과 열 가지 큰 병과 사랑의 열 가지 근본과 열 가지 삿된 법과 십불선업十不善業과 열 가지 잡염雜染 등에 대해 설하며 (一. 長者賢護品), 보살이 몸과 말과 뜻에 있어서 과실이 없고 청정한 무상無相을 얻고 깊은 지혜를 이루어 일체 중생이 귀의하는 곳이 되기 위해서는 반드시 깊고 견고한 보리심을 성취해야 한다고 설한다(三. 菩薩觀察品).

또 신심信心에 머무르고자 하는 보살은 부처님의 오묘한 신상身相과 미묘한 광명과 원만한 계戒와 정定과 혜慧와 그리고 대신족大神足·십종지력十種智力·사무소외四無所畏·대비심大悲心·불공법不共法 등의 열 가지 부사의不思議에 대해 믿고 이해하고 청정하여 희유하다는 생각을 내어야 한다고 설한다(四. 如來不思議品).

또 과거의 아승지겁에 계셨던 대온여래大蘊如來가 일체 중생을 위하여 사무량심四無量心을 설한 내용을 상세히 설하고(五. 慈悲喜捨品), 이어서 6장 이하에서 보살이 닦는 6바라밀행에 대해 상세하게 설하고 있다. 그리고 결론으로 보살의 정법은 아뇩다라삼먁삼보리를 섭수攝受하는 자량資糧이므로 그것을 수학하여 그치지 않으면 반드시 여래가 되리라고 설한다.[6]

(2) 『선법요해』

『선법요해』는 후진後秦 때 구마라집이 한역한 2권으로, 402~412년에

---

6 한글대장경, 『대승보살장정법경』 해제편.

224

걸쳐 완성하였는데, 『선법요해경』·『선요경禪要經』 등이라고도 한다. 보살이 선을 닦고 익히는 요체에 대하여 설한 경전이다. 처음에는 정관淨觀·부정관不淨觀을 서술하고, 다음으로 오개五蓋를 제거하고 초선初禪에서 제4선에 이르기까지의 사선四禪을 닦는 과정을 설명하며, 다음으로 자·비·희·사 등 사무량심四無量心, 사공정四空定·사제관四諦觀의 수습과 심전정心專正·질직質直·참괴慚愧 등의 십사十事, 그리고 사여의족四如意足·오신통五神通·팔배사八背捨·구차제정九次第定 등을 서술하였다. 아래 몇 가지를 소개한다.

①사무량심四無量心

사무량四無量·사등심四等心·사범주四梵住라고 한다. 무량無量은 범어 apramāṇa의 번역으로, 무량 중생에게 즐거움을 주고 고苦의 미혹을 없애주기 위해 자慈·비悲·희喜·사捨의 네 가지 마음을 일으켜 혹은 자慈 등의 네 가지 선정禪定에 들어가는 것이다. 곧 자무량심慈無量心·비무량심悲無量心·희무량심喜無量心·사무량심捨無量心의 네 가지로 이 가운데 즐거움을 주는 것은 자慈, 고苦를 없애는 것은 비悲, 다른 사람이 즐거워하는 것을 보고 즐거워하는 것은 희喜, 타인에 대해 애愛·증僧·친親·원怨의 마음이 없이 마음이 평등한 것이 사捨이다. 이것을 범주梵住·범당梵堂이라고 부르는 것은 이를 닦음으로써 대범천大梵天에 태어날 수 있기 때문이라고 한다.

②사여의족四如意足

사신족四神足이라고도 한다. 여의족如意足은 ṛddhipāda의 번역으로

37도품道品 중 세 번째의 수행법으로 주로 사선근위四善根位의 정위頂位에서 닦는다. 곧 욕여의족欲如意足·정진여의족精進如意足·심여의족心如意足(念如意足이라고도 함)·사유여의족思惟如意足(慧如意足이라고도 함)의 네 가지이다. 이것은 각기 서원誓願과 노력努力과 심념心念과 관혜觀慧의 힘에 의하여 일어난 정定으로, 그 정定을 소의所依로 해서 여러 가지의 신변神變(곧 如意)을 나타내므로 이것을 사여의족四如意足이라고 한다.[7]

③ 팔해탈八解脫

여덟 가지의 정定의 힘으로 탐착심을 버리는 것을 말한다. 또 팔배사八背捨라고도 한다. 배背는 거역하는 뜻이다. (1) 색상色想이 내심內心에 있으므로 제거하기 위하여 외경外境에 있는 부정관不淨觀을 수행하는 것. (2) 내심의 색상은 사라졌으나 다시 이것을 확실히 하기 위하여 부정관을 계속하는 것. (3) 앞에 부정관의 마음을 버리고 외경의 색상에서 청정한 면을 관하여 탐욕이 생기지 않고 정해탈淨解脫을 몸으로 깨닫고 구족하여 주하는 것. (4) 물질적인 상相을 다 멸하여 공무변처정空無邊處定에 들어가는 것. (5) 공무변심空無邊心을 버리고 식무변처정識無邊處定에 들어가는 것. (6) 식무변심을 버리고 무소유처정無所有處定에 들어가는 것. (7) 무소유심을 버리고 비상비비상처정非想非非想處定에 들어가는 것. (8) 수受·상想 등을 버리고 멸진정滅盡定에 들어가는 것을 말한다. (1)(2)는 초선初禪과 제이선第二禪에

---

7 이상은 "弘法院", '사무량심', '사여의족'조.

의한 것이고, (3)은 제사선第四禪, (4)(5)(6)(7)은 차례로 사무색정四無色定에 의한 것이다. 또 (1)과 (2)를 둘로 나누고 (3)을 넷으로 나눈 것이 팔승처八勝處이다. 팔해탈은 8종의 관념觀念이며, 이 관념에 의하여 5욕欲의 경계를 등지고 그 탐하여 고집하는 마음을 버리므로 배사背捨라 하고, 또 이것으로 말미암아 삼계三界의 번뇌를 끊고 아라한과를 증득하므로 해탈이라 한다.

④ 구차제정九次第定

색계色界의 사선四禪, 무색계無色界의 사선, 그리고 멸진정滅盡定을 중단 없이 계속 수행하는 것을 말한다. 구차제멸九次第滅·구차제등지九次第等至·구차정九次定·구차제사유정정九次第思惟正定·구처제정수九次第正受·무간선無間禪·연선鍊禪이라고도 한다. 원래 색계 사선과 무색계 사선은 서로 관계가 없이 외도들의 논서나 수행론에서도 산발적으로 발견되는 것이었는데, 불교에서 정리되어 일관된 형태를 갖추게 되었다. 한 선정에서 나와 다른 마음을 일으키지 않고, 다음 선정에 계속하여 들어가는 것이므로 차제정次第定이라고 한다. 차례로 닦는 9종의 선정禪定. 곧 초선차제정初禪次第定·이선차제정二禪次第定·삼선차제정三禪次第定·사선차제정四禪次第定·공무변처차제정·식무변처자제정·무소유처차제정·비상비비상처차제정·멸수상차제정滅受想次第定 등으로 계속하여 들어가는 것이다. 『대지도론』권 21에 이르기를, "구차제정이란 초선심을 따라 일어나서 차례대로 제2선에 들면서 다른 마음으로 들어갈 수는 없게 하며, 선하거나 번뇌가 끼거나 이와 같이 멸진정까지 이르게 된다"라고 하였다.[8]

⑤ 십사十事

처음에 그 수행문門을 익히려면 열 가지 일(十事)이 있다.

첫 번째는 마음이 전일專一하게 바르니 갖가지 외부의 일(外事)이 다가와 파괴하려 해도 마음을 바뀌게 할 수 없다.

두 번째는 질박하고 올곧은 것이다. 스승이 설하는 법을 듣고 그 장단長短을 보지 않고, 가르침을 따라 의심하지 않는다.

세 번째는 부끄러워함(慚愧)이다. 이것은 제일가는 최상의 의복이며 가장 오묘한 장엄이다. 부끄러워함은 온갖 악한 마음을 감아 제어한다.

네 번째는 방일하지 않음(不放逸)이니, 이는 세간에서 방일하면 온갖 이로운 길을 잃으며, 수행자가 방일하면 열반의 이로움을 잃는 것과 같다.

다섯 번째는 멀리 여의는 것(遠離)이다. 만약 오욕五欲을 가까이하면 온갖 정情이 개발된다. 먼저 몸이 취락으로부터 떠나야 하고, 다음으로는 마음이 세간의 일을 멀리 여의고 그것을 생각하지 말아야 한다.

여섯 번째는 욕심을 작게 내는 것(小欲)이다.

일곱 번째는 만족할 줄 아는 것(知足)이다.

여덟 번째는 마음이 어떤 일에 계착繫著하지 않는 것이다.

아홉 번째는 세간의 즐거움을 좋아하지 않아야 한다는 것이다.

열 번째는 인욕이다. 수행자가 도를 구할 때에는 마땅히 모든 일을 참아야 한다.

사람들이 병의 양상을 알면 병의 인연을 알 수 있고, 병을 치료하는

---

8 "弘法院", '팔해탈', '구차제정'조 참조.

약을 알 수 있으며, 간병인을 구해 병자의 마음에 따라 필요한 것을 제공해 주면 머지않아 차도가 있는 것과 같다. 수행자도 진실로 괴로움의 양상(苦相)을 알면 괴로움의 인연을 알 수 있고, 괴로움이 다하는 도道에 관해 알 수 있으며, 훌륭한 스승과 동학同學을 얻는 것을 알게 된다. 이와 같으면 머지않아 안온한 상태인 적멸寂滅을 얻는다.[9]

2. 겁초劫初에로의 회귀선回歸禪

1) 식염상(食厭想, āhāra-pratikūla-saṃjñā)

식염상이란 음식이 청정하지 못하여 멀리하고 싶다고 생각하는 관상觀想을 말한다. 염오식상厭惡食想·식부정상食不淨想·불내식상不耐食想·염식상厭食想 등이라고도 한다. 이것은 겁초劫初 이전의 천상세계[10]를 지향하는 관법으로, 이것을 필자는 '겁초에로의 회귀선'이라고 이름한 것이다.

　『성실론』 권14에 이르기를, "모든 고苦의 발생은 모두가 다 음식에 대한 탐욕으로 말미암고, 또한 음식은 음욕이 일어나도록 돕기 때문에 욕계欲界에 있는 모든 고苦는 무엇이거나 음식과 음욕으로 인하여 발생한다. 음식에 대한 탐욕을 끊고자 하면 반드시 그것이 꺼림칙한

---

9 한글대장경, 『선법요해』 하권, pp.40~41에서 발췌.

10 겁초 이전의 천상세계란 인간이 이 지구가 생긴 후 처음 천계天界의 세계로부터 화생化生으로 하강한 후 음식을 섭취함으로부터 인간세계가 전개된 것으로 지구상에 하강하기 이전의 천계를 말하는 것이다. 이 인간이 하강한 천상의 세계는 경전에서는 제2선천의 광음천光音天으로 설하고 있다.

대상이라는 관상觀想을 닦아야 한다. 또한 겁초劫初에 살았던 중생은 천계天界에서 내려와 변화한 화신化身으로 이 세상에 태어나면서 몸에는 광명이 있고 자유롭게 날아다녔지만, 지상의 음식 맛을 보고 나서 그중 많이 먹은 중생은 위광을 잃게 되었다. 이 같은 과정으로 점점 늙음과 병듦과 죽음이 생겨 백세에 이르기까지 갖가지 수많은 고뇌들이 모두 음식에 대한 탐욕에서 비롯하므로 이러한 이익을 잃었다. 이 때문에 음식에 대하여 바르게 관찰해야 한다. 또한 음식에 탐욕을 일으키므로 음욕이 일어나고 음욕에서 다른 번뇌가 따라 일어나며, 다른 번뇌로부터 선하지 않은 업業을 저지르고 선하지 않은 업으로부터 삼악취三惡趣가 늘어나고 인천人天에 태어나는 중생이 줄어든다. 그러므로 모든 쇠약과 번뇌는 모두가 음식에 대한 탐욕에서 비롯된다"[11]라고 하였다.

그 수행방법으로서는 『사리불아비담론』 권17에는 십상十想 중 하나로 '식염상'을 제시하였다. 세간의 음식은 부정한 인연에서 나왔다고 관찰함으로써 음식에 대한 탐욕에서 벗어나 정신을 통일하는 수행법이다. 근본적인 선정에 들어가기 위한 예비수행 중 하나에 속한다. 또 『대지도론』 권23에 따르면, 가령 고기는 정혈精血에서 나왔고 농충膿蟲이 머무는 곳이며, 소蘇·유乳·락酪은 피가 변하여 만들어진 음식으로 문드러진 고름과 다르지 않다고 관한다. 또한 『법원주림』 권42에는 『대지도론』의 이 부분을 인용하기 전에 "음식을 항상 탐하면 번뇌를 증가시키니 반드시 꺼림칙한 대상으로 관하여 부정하다는 생각을

---

11 한글대장경, 『성실론』 권14, '식염상품' 참조.

해야 한다"라고 하였다.

2) 식상食想

식염상과 비슷한 말로 식상(食想, anna-saṃjñā)이 있다. 음식에 대한 생각, 즉 음식을 먹고 싶은 마음이나 생각을 말하는 것이다.

식食이란, 범어 āhāra의 번역으로 끌어당기다, 기르다, 보존해 나간 다는 뜻이 있다. 중생의 육신이나 성자聖者의 법신法身을 각기 존재하 는 상태로 끌어당겨 양육하여 그 상태를 길이 유지하게 하는 것을 일컫는다. 삼계三界에 있는 육신을 유지하기 위한 음식을 세간식世間食 이라 하고, 깨달음(法身)의 생명체인 지혜를 보양保養하기 위한 양식을 출세간식出世間食이라 한다.

(1) 세간식

세간식世間食에는 단段·촉觸·사思·식識의 4식食이 있다. 단식段食은 향香·미味·촉觸의 색법色法을 체體로 하는 것, 곧 음식물을 말한다. 촉식觸食은 정신의 주체가 외계外界의 대상을 포착하였을 때 일어나는 주객主客의 접촉작용으로서 마음의 움직임으로 인하여 감각과 의지의 자양분이 되고 육체를 도우므로 식食이라 한다. 사식思食은 의지를 갖게 하는 작용을 말한다. 내가 좋아하는 존재상태를 희구하여 그 응보應報를 끌어들여 생존상태를 계속하게 되므로 식食이라 한다. 식식識食은 정신의 주체를 말한다. 전삼식前三食의 세력에 따라 미래의 응보를 만드는 주체가 되어서 신명身命을 보양하므로 식食이라 한다.

(2) 출세간식

출세간식出世間食은 이것을 선열식禪悅食·원식願食·염식念食·해탈식解脫食·법희식法喜食의 다섯 가지로 나눈다. 선열식 등의 오식五食이란 곧 선정禪定의 힘, 바른 원, 바른 생각, 번뇌를 떠난 자유, 불법佛法을 배우는 희열이 이것이다. 그래서 이 다섯 가지를 가지고 깨달음의 종자를 심어 키워서 지혜智慧의 생명을 유지하므로 식食이라 한다. 즉 오식五食이란, 선근善根을 양성하는 다섯 종류의 법식法食을 말하는 것이다.

① 염식念食: 언제나 정념正念에 머물러 일체의 선근善根을 기름, ② 법희식法喜食: 묘법妙法을 사랑하여 마음에 기쁨을 내어 혜명慧命을 기름, ③ 선열식禪悅食: 선정禪定에 의하여 심신에 기쁨을 내어 혜명을 기름, ④ 원식願食: 서원誓願에 의하여 몸으로써 일체의 선근을 기름, ⑤ 해탈식解脫食: 모든 속박을 벗고 법法에 자재함을 얻어 일체의 선근을 기르는 것을 말하는 것이다.[12]

『대반야경』권576에 이르기를, "용길상이 묘길상에게 말했다. '그렇습니다. 존자여! 그런데 음식에 대한 생각을 아직 깨뜨리지 못하셨습니까?' '저는 음식에 대한 생각에 대해 도무지 있는 것인지를 알지 못하겠습니다. 무엇이 깨뜨리는 대상인 줄로 아는 것입니까? 이유가 무엇일까요? 일체법의 본성이 공적空寂이기 때문입니다. 마치 허공에는 무너질 것도 끊어질 것도 없는 것과 같으니, 제가 무슨 수로 깨뜨릴 수 있겠습니까?'"라고 하였다. 그리고 또 『법화경』권4에서는 "법을 들은

---

12 "弘法院", '식食'과 '오식五食'조.

기쁨과 선정禪定에 들어간 즐거움이 음식이 되니, 그 외에 어떠한 음식에 대한 생각도 없네"라고 하였다.[13] 그러므로 이 '식상'은 세속적인 음식을 생각하는 것이 아니라 출세간적인 음식, 즉 선열식禪悅食·원식願食·염식念食·해탈식解脫食·법희식法喜食 등을 말하는 것이다. 이로써 깨달음의 종자를 양육하여 지혜의 생명을 보전하게 되기 때문에 식食이라고 말하는 것이다.[14]

---

13 "伽山", '食想'조 참조.
14 "總合", '食'조 참조.

제7장 선과 삼매론

1. 선바라밀

1) 선

선禪이란 선나(禪那, dhyāna)의 준말로 마음을 한곳에 집중하여 수행한다는 뜻이다. 사유수思惟修·선정禪定·정려靜慮 등으로 한역한다. 그리고 선나관禪那觀이란 선정에 들어가 실상을 관하는 작용으로 번뇌가 끊어지고 고요한 경계에서 일어나는 힘이다. 『원각경석의소』권3(卍속장94, p.158)에 이르기를, "〈경〉: 만일 모든 보살이 지극히 고요한 힘으로써 …… 중간에 선나를 닦고, 마지막에는 삼마발제(三摩鉢提: 等持)를 닦는다. 〈소〉: '지극히 고요한 힘으로써'라는 말은 먼저 사마지奢摩地를 닦고 사마지의 관법이 성립됨으로써 비로소 고요한 힘을 얻게 됨을 나타낸다. 지극히 고요해진 다음에는 다시 지극히 고요한 힘으로써 마음을 일으켜 번뇌를 끊는데 이것이 바로 정려靜慮이다. 다시 말해서 고요한 경계에서 사려를 일으키는 지혜를 말한다. '중간에

234

선나를 닦는다'고 한 말이 그것이다. 번뇌를 끊고 나면 곧바로 선나관이 성립되고, 선나관이 성립되면 부분적으로 성불할 수 있다. 그러면 차마 중생을 버리지 못하고 나중에 다시 자비의 배를 거슬러 타고 갖가지 신통한 변화를 일으켜 보살의 청정하고 미묘한 행을 닦고 익히며 허깨비와 같은 모든 중생을 제도한다. 이것이 '마지막에는 삼마발제를 닦는다'라고 한 뜻이다"라고 하였다.

2) 선정禪定

선은 범어 선나禪那의 약칭으로, 사유수思惟修라 번역하며, 신역新譯은 정려靜慮라 한다. 사유수는 마음을 한곳에 모아 움직이지 않게 하고, 자세히 사유思惟하는 수행이란 뜻이고, 정려는 고요히 생각하는 것으로, 심체心體가 적정하여 능히 심려審慮한다는 뜻이다. 정정은 범어 삼매三昧의 번역으로, 마음이 한 경계에 정지定止하여 흐트러짐을 여읜다는 뜻이다. 곧 한마음으로 사물을 생각하는 것을 선禪이라 하고, 일경一境이 정념靜念한 것을 정정定이라 한다. 그러므로 정정의 이름은 관관이며 일체의 식려응심息慮凝心으로 이름한 것이며, 선禪의 이름은 협협이니 정정의 일분一分이다. 왜냐하면 선나禪那의 사유思惟와 심려審慮는 스스로 정지定止·적정寂靜의 뜻이 있으므로 정정이란 이름을 얻었고, 삼매는 사유와 심려의 뜻이 없으므로 선禪이란 이름을 얻었다. 이러한 두 가지 뜻을 총별합칭總別合稱하여 선정禪定이라 한다.[1]

또『대지도론』권5에서는 "마음이 한 곳에 머물러 움직이지 않는

---

[1] "弘法院", '선정'조.

것을 이름하여 삼매"라 하고, 같은 책 권28에서는 "일체 선정禪定은 또한 이름하여 정定이라 하고, 또 이름하여 삼매"라고 한다 하며, 『대승의장』 권9에서는 "심체心體는 적정寂靜하여 사란邪亂을 여의므로 삼매三昧라 한다"고 하였다.[2]

3) 선바라밀(禪波羅蜜, dhyāna-pāramitā)

선바라밀이란 선정禪定으로 생사의 고해를 건너 열반의 피안에 도달하는 수행법을 말한다. 구역은 정도定度, 신역은 정도피안定到彼岸이다. 다른 바라밀과 비교하면 산란을 막아 고요함을 얻도록 한다는 특징을 지닌다. 이 고요한 심경에서 실상을 관조할 수 있기 때문에 선바라밀은 지혜의 근원이기도 하다. 『비화경』 권2에 이르기를, "이 도는 산란하지 않으니 선바라밀을 행하기 때문이다. 이 도는 잘 가려내니 반야바라밀을 행하기 때문이다"라고 하고, 같은 책 권6에서는 "모든 곳에서 공상空相을 수행하여 적멸의 법을 얻는다면 이를 선바라밀이라 한다"라고 하였다.

또 『대지도론』 권81에서는 "'선바라밀에 머무는 것을 중심으로 삼아 나머지 다섯 바라밀을 취한다'라고 한 말은 무슨 뜻인가? 보살이 선바라밀에 머물러 마음을 유순하게 조복하여 동요하지 않으면 모든 법의 실상을 관찰할 수 있는데, 비유하자면 밀실에 등불을 붙이면 빛이 분명하게 비추는 현상과 같다. 이를 가리켜 '선바라밀에 머물러 지혜를 일으킨다'고 한다"라고 하고, 『금강정유가약술삼십칠존심요』에서는

---

2 김승동 편, '삼매'조 발췌.

"선바라밀이란 무엇인가? 범부는 수행할 때 마음이 산란해져 분별에 속박되는 것이 보통이다. 곧 여섯 가지 산동散動을 갖추어 몸과 마음을 얽어맴으로써 마음을 불안하게 만들어 해탈할 수 없게 된다. 이런 까닭에 마음을 하나의 경계에 머물게 하고 더 이상 다른 대상을 지향하지 말아야 한다"라고 하였다.

4) 각종 선관禪觀

석존께서 최초에 행한 설법(초전법륜)의 내용은 '사제팔정도四諦八正道'였다고 전해지고 있다. 사제四諦는 존재론에서 해탈론에 이르는 불교사상의 기본적 골격을 형성하고 있으나 그 구체적 실천법은 도제道諦의 내용을 이른 '팔정도八正道'이다. 이 가운데 제8 정정正定이 선정에 해당되고, 반대로 이상의 경지는 선정 실천에 집약되는 구조를 가지고 있다.

뒤의 교리연구 시대에는 '정정正定'의 구체적 내용으로서 선정의 단계를 네 가지로 분류한 '사선四禪'을 맞추었다. '초선初禪'에서 단계적으로 선정을 심화시키고, '사선'에서는 고락을 초월하여 마음의 평정·청정한 상태가 되고, 이 단계에 도달하여 마음과 지식의 활동이 조화하여 해탈을 얻을 수 있다고 한다. 신체에의 관심을 축으로 전개하는 선관이라 할 수 있으나, 이에 대해 '무색계(無色界: 고도의 정신세계)'의 선정, 결국 마음의 움직임에 관심을 보인 선관이 '사무색정四無色定'이다. 이 사선四禪·사무색정四無色定은 당초에는 무관계로 설명되었지만, 이윽고 정리되어 팔등지八等至로 이름 붙여진 데다가 '멸진정滅盡定'을 더해 구차제정九次第定의 교리체계가 정립되었다.

부파불교시대에는 교리의 관찰 연구가 상세화하여 선정에 관해서도 다양한 분류와 분석이 이루어졌다. 그중에서도 유부有部의 선관禪觀인 오정심관五停心觀과 남방상좌부南方上座部의 선관인 40업처四十業處 등이 잘 알려져 있다. 모두가 선정의 심화를 정밀하게 관찰한 것으로 번쇄철학의 범주에 들어간다. 해탈解脫은 일반적으로 난해하며 반드시 계통적이라고는 할 수 없고 간단히 나열할 수 없다고 생각되는 경우도 있다.

그리고 대승의 선관은 '삼학三學'의 발전형이다. '육바라밀六波羅蜜'의 제5 선바라밀에 해당된다. 대승경전은 엄청난 수에 달하지만, 여러 가지가 독자적인 세계관과 수행修行 이론을 가지며 거기에 선정의 위치를 더하고 있다. 또 선경禪經이라 칭해지는 선관의 이론과 실천을 천명하는 수많은 경전도 중국으로 가져가서 중국의 실천불교의 발전에 큰 영향을 끼쳤다.[3]

5) 선정십종이익禪定十種利益

보살행을 닦는 사람은 선정을 잘 수습修習하기 때문에 10종의 이익을 얻는다.

①안주의식安住儀式: 보살이 여러 선정禪定을 배우면 반드시 정숙한 위의威儀를 성취하며, 법식에 따라 오래 행하면 모든 근根이 적정寂靜하고 정정正定이 나타난다. ②행자경계行慈境界: 보살이 여러 선정을 배우면 항상 자애심慈愛心이 생겨서 살상하려는 생각이 없어져서 중생

---

3 김승동 편, pp.1044~1045 참조.

238

들을 편안하게 한다. ③ 무번뇌無煩惱: 보살이 여러 선정을 배우면 모든 근根이 적정寂靜해지며 탐·진·치 등의 일체 번뇌가 자연히 일어나지 않으므로 무번뇌이다. ④ 수호제근守護諸根: 보살이 여러 선정을 배우면 항상 안眼 등의 모든 근根을 잘 지켜 색色 등의 여러 진塵에 의해서 움직이지 않게 된다. ⑤ 무식희락無食喜樂: 보살이 여러 선정을 배우면 선열禪悅의 맛을 얻게 되어 도체道體를 도와주게 되며, 비록 음식을 먹지 않아도 자연히 기쁨이 넘치게 된다. ⑥ 원리애욕遠離愛欲: 보살이 선정을 배우면 일심一心이 고요해져서 산란하지 않으므로 일체 애욕의 경계에 염착染着하지 않는다. ⑦ 수선불공修禪不空: 보살이 선정을 배우면 선禪의 공덕을 얻고, 진공眞空의 이치를 증득하므로 단멸斷滅의 공空에 떨어지지 않는다. ⑧ 해탈마견解脫魔羂: 보살이 여러 선정을 배우면 능히 생사의 일체 마망魔網을 멀리 여의어 해탈을 얻게 된다. ⑨ 안주불경安住佛境: 보살이 모든 선정을 배우면 무량한 지혜를 밝게 발하고 깊은 법의法義에 통달하여 부처님의 지견知見이 자연히 밝아지므로 마음이 적멸하게 된다. ⑩ 해탈성숙解脫成熟: 보살이 선정을 배우면 일체의 惑業이 소멸되어 무애해탈無礙解脫이 자연히 원숙圓熟하게 된다.[4]

2. 『능가경』의 4종선

『능가경』에서는 다음과 같은 4종선을 말하고 있다.

---

4 "弘法院", '선정십종이익'조.

1) 우부소행선(愚夫所行禪, bālopacārika-dhyāna)

우부(愚夫, bāla, mūrkha)란 어리석은 범부를 말한다. 『인왕호국경』 권상에 이르기를, "어리석은 범부는 때 묻은 식으로 허망한 것에 집착하여 그 모양에 속박된다"라고 하고, 『인왕호국반야바라밀다경소』 권중 2에서는 "우부라는 말은 본래 우치범부 또는 소아범부라 한다. 이 문에서는 줄여서 우부라고만 한다. 어리석다(愚)는 말은 지혜(智)가 없다는 뜻이다. 때 묻은 식識이란 무슨 뜻인가? 비롯함을 알 수 없는 더러운 번뇌로 헛되게 분별하므로 때 묻은 식이라 한다"라고 하였다. 또 『능가경』 권4에 이르기를, "어리석은 범부는 생멸에 얽매여 고통이 다한 것을 깨닫지 못하니 열반을 모른다"라고 하였다.

우부소행선이란 어리석은 범부가 행하는 선으로 우치범부소행선愚癡凡夫所行禪이라고 한다. 무상·고 등의 상을 견고하게 설정하여 그것에 집착하면서 궁극인 멸진정滅盡定에 이르고자 하는 선이다. 『능가경』 권2에 이르기를, "무엇을 어리석은 범부가 실행하는 선이라 하는가? 성문과 연각과 외도의 수행자들은 인무아人無我의 본성과 자상自相·공상共相·골쇄(骨鎖: 白骨觀의 대상), 그리고 무상·고·부정 등의 상에 대하여 분별하며 으뜸이라고 집착한다. 이와 같은 상이 다르지 않다고 관찰하며 앞뒤의 순서대로 점차 단계를 높여 상부제멸(멸진정)에 이른다고 여기는 선을 어리석은 범부가 실행하는 선이라 한다"라고 하였다.

2) 관찰의선(觀察義禪, artha-pravicaya-dhyāna)

『능가경』에서 설한 4종선(四種禪: 愚夫所行禪·觀察義禪·攀緣如禪·如來

禪)의 하나로, 이미 자상自相과 공상共相에 있어서 인무아人無我의 이치를 알고 또한 자타自他의 갖가지 조작을 여의어서 법무아法無我의 뜻을 관찰하는 것을 말한다. 『능가경』권2에 이르기를, "관찰의선이란 무엇인가. 인무아를 이름이니 자상공상·외도자타 모두 무성이요, 법무아를 관하여 저 지상地相의 이치 점차 증진하니 이를 관찰의선이라 한다(云何觀察義禪 謂人無我 自相共相 外道自他 俱無性已 觀法無我 彼地相義 漸次增進 是名觀察義禪)"라고 하고, 또 같은 책 권3에서는 "대혜여, 어떤 것이 관찰의선인가. 이른바 인무아를 관하니 자상동상이기 때문이요, 우치범부외도를 보니 자상동상이요 자타상무실이기 때문이며, 법무아를 관하니 제지행상의 뜻이 점차이기 때문이니, 대혜여, 이를 관찰의선이라 한다(大慧 何者 觀察義禪 謂觀人無我 自相同相故 見愚癡凡夫外道 自相同相 自他相無實故 觀法無我 諸地行相義次第故 大慧 是名觀察義禪)"라고 하였다.

3) 반연진여선(攀緣眞如禪, tathatālambana-dhyāna)

4권본 『능가경』에서 제시하는 네 가지 선정 중 하나로, 여실하게 진여의 이치를 관하여 인무아人無我와 법무아法無我에 대한 집착을 제거하는 선정을 말한다. 반연여선攀緣如禪·염진여선念眞如禪·연진여선緣眞如禪 등이라고도 한다. 인무아와 법무아는 다만 인집人執과 법집法執을 대치하기 위해 설한 것일 뿐 실체가 있는 것이 아니다. 그러므로 진여의 이치를 여실하게 알면 이 두 가지 무아에 대한 어떠한 집착도 일어나지 않는다. 반연이란 관하는 것이고, 진여란 여실한 이치로서 관의 대상이 된다. 『대승입능가경』권3에 이르기를, "대혜여! 네 가지 선정이 있으니, 네 가지란 어떤 것인가? 어리석은 범부가 행하는 선·대상을 관찰하는 선·진여를 반연하는 선·여래선 등이 그것 이다. …… 진여를 반연하는 선이란 어떤 것인가? 만약 무아에 두 종류가 있다고 분별하면 허망한 생각(念)이지만, 여실하게 알면 그와 같은 망념이 일어나지 않으니, 이것을 진여를 반연하는 선이라 한다'라 고 하였다.

또 『주대승입능가경』 권4에 이르기를, "무엇이 망념인가? 곧 인무 아·법무아 등 두 가지 무아가 망념이다. 왜인가? 인아人我에 대한 견해와 법아法我에 대한 견해를 대치하기 위해서 인·법 등 두 가지 무아를 설했지만, 대치해야 할 대상이 실재하지 않는 이상 대치하는 주체 또한 허망한 것이므로 '두 가지 무아는 망념이다'라고 말한 것이 다. 여실하게 이치에 따라 평등하다는 것을 알면 두 가지 무아에 대한 망념이 일어나지 않을 것이니, 이것을 '진여를 반연하는 선'이라 하고, 또 '진여를 바르게 염하는 선'이라고도 한다"라고 하고, 『능가아 발다라보경주해』 권2[5]에서는 "반연여선이란 돈교의 보살이 닦는 것인 데, 『입능가경』에는 '연진여선'이라 하였다. 연은 반연하다는 뜻으로 관하는 것이고, 진여는 이치로서 반연하는 대상이 되니, 이것은 이치 를 관하여 망상을 제거한다는 뜻이다. 망상이란 인집과 법집이요, 두 가지 무아란 인집과 법집이 공함을 관하는 것이다. 분별망상심만을 보존하여 취하거나 버린다면 이것이 망상이요, 인집과 법집의 공한 것임을 요달하여 관하는 주체와 대상이 사라지면 이것이 곧 여실한

---

5 대정장 39, p.372.

경지이니, 망상이 일어나지 않는다"라고 하였다.

4) 여래선(如來禪, tathāgata-dhyāna)

① 여래선이란 불지佛地의 선정禪定을 말하는 것으로, 『대승입능가경』 권3 「집일체법품執─切法品」에 이르기를, "모든 여래선이란 무엇인 가? 불지에 들어가 스스로 증득한 성스러운 지혜의 세 가지 즐거움에 머물면서 모든 중생들을 위해서 부사의한 일을 하게 되니 이것을 모든 여래선이라 한다"라고 하였다. 또 『주대승입능가경』 권4에 이르 기를, "〈경〉: 모든 여래선 …… 그것을 모든 여래선이라 한다. 〈주〉: 여래의 지위를 성취하여 스스로 증득한 성스러운 지혜로써 진실한 법신이 항상 적멸에 머물고, 중생들도 세 가지 즐거움과 여래가 성취한 지혜로운 법신의 부사의한 일까지 얻도록 한다. 세 가지 즐거움이란 선정의 즐거움과 보리의 즐거움과 열반의 즐거움이니 이를 여래선이라 한다"라고 하였다.

② 여래선이란 또 오선(五禪: 五味禪) 중 하나로, 종밀宗密이 『도서』 권상에서 주장하였다. 종밀은 최상승선最上乘禪을 여래청정선如來清 淨禪이라 하였는데, 이것을 약칭하여 여래선이라고도 한다.

③ 여래선은 또 교종의 선법을 말하는 것으로, 이에 상대하여 철저하 게 선종의 관점에 따른 분류로서 내세운 선법이 조사선祖師禪이다. 이렇게 대립하는 짝이 성립하게 된 유래는 앙산仰山과 향엄香嚴의 문답 가운데 『경덕전등록』 권11 「앙산혜적전仰山慧寂傳」과 『위산어 록』 등에서 볼 수 있다. 향엄이 '지난해의 가난은 가난이 아니요, 올해의 가난이 진실로 가난이라네. 지난해에는 송곳 꽂을 땅이 없었지

만, 올해는 송곳조차도 없구나'라고 읊은 게송에 대해 앙산은 이르기를, 여래선은 이해했다고 인정하겠지만 조사선은 꿈에도 알지 못했다고 평가하였다. 향엄이 다시 '나에게 하나의 기틀이 있으니, 눈을 깜박거려 그것을 보이노라. 만일 그것을 알아차리지 못하는 이가 있다면, 특별히 그를 사미라고 부르리라'라는 게송 한 수를 들려주자 앙산이 비로소 조사선을 이해했다고 인정하였다.

요컨대 여래청정선如來淸淨禪이란 불과佛果를 성취하는 청정한 선을 말하는 것으로, 성문이나 연각과 구별되는 불보살의 선정을 말하는 것이다. 종밀이 분류한 다섯 가지 선 중 하나이기도 하다.『이취육바라밀다경』권8에는 부처님이 자씨慈氏보살에게 성문과 독각은 알 수 없는 보살의 16종 정려바라밀다靜慮波羅蜜多를 제시한다. 그중 첫 번째로 "생사 그대로 생사가 아닌 이치를 빈틈없이 깨닫는 경지가 보살의 정려이니, 여래의 청정한 선에 안주하기 때문이다"라고 하였는데, 이는 부처님이 깨달은 청정한 선정으로 이승二乘과 구별되는 불보살의 선정을 나타낸다.『능가경』권2에서는 더욱 세분하여 구분된다. 곧 "범부가 행하는 선, 상相의 이치를 관찰하는 선, 진실 그대로를 대상으로 삼는 선, 여래청정선"이라고 하였다.

그리고『화엄경소』권58에는 여래청정선을 고요한 업의 작용(寂靜業用)과 하나로 묶었다. 종밀의『도서』권상에서는 "만일 자기 마음이 본래 청정하고 번뇌가 없는 무루지성을 스스로 갖추고 있으며, 이 마음 그대로 부처여서 필경에는 다름이 없음을 단박에 깨달으면 이것에 의하여 수행하는 것이 최상승선이며, 여래청정선이라고도 하고, 일행삼매라고도 하며, 진여삼매라고도 하니, 이것이 모든 삼매의 근본이다'라고 하였다. 또 종보본『단경』에서는 "경에 '만약 여래가 앉기도 하고 눕기도 한다고 말하면 이는 삿된 도를 행하는 것이다'라고 하였다. 왜 그런가? 여래는 온 곳도 없고 갈 곳도 없기 때문이다. 이처럼 생멸이 없는 경지가 여래청정선이다'라고 하고,『경덕전등록』권28에서는 "본래 있었고 지금도 있어서 수도나 좌선에 의지하지 않으며, 닦지도 않고 앉지도 않는 바로 그것이 여래청정선이다'라고 하였다.[6]

3. 삼매三昧론

1) 삼매(三昧, samādhi)란

삼마지三摩地·삼마제三摩提 등으로도 음사하고 등지等持·정定·정정正定·정의定意·조직정調直定·정심행처正心行處 등으로 한역한다. 마음을 하나의 대상이나 경계에 집중하여 동요가 없이 안정된 상태를 말한다. 일반적으로 이 상태에 도달하면 바른 지혜가 일어나 이치를 깨닫게 되므로 경전에도 삼매와 지혜가 하나의 쌍으로 따른다.『잡아함경』권26에 이르기를 "무엇을 선정의 근본(定根)이라 하는가? 부처님께서 처음 보리심을 발했을 때 일으켰던 삼매를 선정의 근본이라 한다. 무엇을 지혜의 근본(慧根)이라 하는가? 부처님께서 처음 보리심을 발했을 때 일으켰던 지혜를 지혜의 근본이라 한다'라고 하고, 또 같은 책, 권29에 "고요한 방이나 길가에 앉아 마음을 집중하여 생각을 한곳에 묶어두고 관찰하며 잘 배우는 것을 삼매라 한다'라고 하였다.

---

6 이상은 "가산伽山"의 '4종선' 해당 항목조. "용곡龍谷"의 '사종선四種禪' 참조.

또 『인왕호국반야바라밀다경소』 권1상에서는 "삼매란 범어로서 삼마지와 함께 등지等持라 한역한다. 이전에 선나(禪那, dhyāna)를 사유수思惟修·공덕림功德林 등이라 한역한 것은 모두 의역이다. 심일 경성心一境性은 등지와 같은 말이며 별경(別境: 欲·勝解·念·定·慧) 중 정定에 속한다"라고 하였는데, 다섯 가지 별경 중 정이라 한 주장은 유식종의 설에 따른 말이다. 이밖에 공空·무상無相·무원無願 또는 공공空空·무상무상無相無相·무원무원無願無願 등 삼중등지三重等持, 곧 삼중삼매三重三昧를 가리켜 삼매라 하기도 한다.

또한 마음의 거친 작용을 찾아 헤아리는 심尋과 마음의 미세한 작용을 찾아 헤아리는 사伺의 유무에 따라 다음과 같이 나눈다. 초정려 (初靜慮: 初禪)와 미지정未至定은 심과 사가 모두 있는 삼마지(有尋有伺: 有覺有觀)에 속하고, 중간정려(中間靜慮: 中間定)는 심은 없고 사만 있는 삼마지(無尋有伺: 無覺有觀)에 속하며, 제이정려(第二靜慮: 第二禪)의 근분近分 이상은 심도 없고 사도 없는 삼마지(無尋無伺: 無覺無觀)에 속한다. 또 인식 주관인 인人과 그 대상인 법法을 모두 공이라고 관하는 삼매를 가리켜 공삼매空三昧라 하고, 차별상을 버리는 삼매를 무상삼매無相三昧라 하며, 구하려는 생각을 버리는 삼매는 무원삼매無願三昧라 한다. 『십주비바사론』 권11에 "선이란 사선四禪이고, 정이란 사무색정과 사무량심 등을 모두 가리키는 이름이며, 해탈이란 팔해탈八解脫을 말한다. 삼매란 사선 전체와 팔해탈을 제외한 나머지 모든 정을 가리키는 이름이다"라고 하였다.[7] 여기에서는 반야경의 108삼매

---

7 "가산伽山"; "多屋"의 '三昧'조 참조.

를 소개한다.

2) 반야경의 백팔삼매百八三昧

반야계 경전에서 시설한 108가지의 삼매를 일컫는 말로, 삼매는 정定이라고 한역하며, 마음이 하나의 대상에 편안하게 머물러 고요한 상태를 가리킨다. 『대품반야경』 권3 「상행품」·권5 「문승품」 등과 본 경의 해설서인 『대지도론』 권43 「석행상품」·권47 등에 수록된 내용을 참조하여 그 명칭과 의미를 살펴보면 다음과 같다.

①수능엄삼매首楞嚴三昧: '수능엄'이란 견고하게 제법을 섭지攝持하는 것을 의미한다. 보살이 이 삼매에 머물면 마치 위대한 장군이 병력의 많고 적음, 강력함과 유약함을 두루 아는 것처럼, 모든 삼매의 행상行相에 대해 그것의 많고 적음, 얕고 깊음을 분명히 인식하게 된다. 또한 전륜성왕이 군대를 이끌고 모든 적을 물리치는 것처럼, 모든 번뇌를 물리쳐 그것에 의해 무너지는 일이 없다. ②보인삼매寶印三昧: 보살이 이 삼매에 머물면 일체의 삼매를 모두 인증印證한다. 모든 보배 중에 법보를 가장 뛰어난 것이라 하니 현재 세상과 후세에, 그리고 열반에 이르기까지 언제나 보살을 이익되게 한다. ③사자유희삼매獅子遊戲三昧: 보살이 이 삼매에 머물면 모든 삼매 가운데에 입入·출出·지遲·속速 등을 시도함에 있어서 모두 자재할 수 있다. 마치 사자가 유희할 때 능히 모든 짐승들이 두려워하며 따르는 것과 같다. 또한 사자가 유희할 때 뭇 짐승 가운데 강력하게 대항하는 것은 죽이고 항복하는 자는 놓아주는 것과 같이, 이 삼매를 얻으면 모든 외도 중에 강력하게 대항하는 이는 무너뜨리고 믿음을 갖고 조복하는 이는

제도한다. ④묘월삼매妙月三昧: 보살이 이 삼매에 들면 마치 어떤 것에 의해서 가리어지지 않은 밝은 달이 능히 밤의 어둠을 제거하는 것처럼, 중생이 지닌 삿된 견해와 무명의 어둠을 제거한다. ⑤월당상삼매月幢相三昧: 보살이 이 삼매에 들면 일체제법을 통달하고 걸림이 없어 모두 순종한다. 마치 대장이 깃발에 보배로 달의 형상을 그려서 걸면, 이것을 본 사람들이 모두 따르는 것과 같다. ⑥출제법삼매出諸法三昧: 보살이 이 삼매에 머물면 마치 때에 맞추어 비가 내려 초목이 무성해지는 것처럼 능히 모든 삼매를 증장增長하게 한다. ⑦관정삼매觀頂三昧: 보살이 이 삼매에 머물면 마치 산의 정상에서 모든 사물을 두루 보는 것처럼 일체 삼매를 두루 보게 된다. ⑧필법성삼매畢法性三昧: 제법의 체성은 한량없고 차별이 없어서 잡아 지니기 어렵지만, 보살이 이 삼매에 들면, 능히 제법의 성품을 결정코 알아 정상定相을 얻는다. 마치 허공에는 능히 머물 수 없지만 신통력을 얻으면 능히 그곳에 머물 수 있는 것과 같다. ⑨필당상삼매畢幢相三昧: 보살이 이 삼매에 머물면 능히 모든 삼매 가운데 가장 존귀하고 빼어난 것이 된다. 마치 대장이 깃대(幢)를 얻어 그 존귀하고 위대한 모습을 나타내는 것과 같다. ⑩금강삼매金剛三昧: 보살이 이 삼매에 머물면 지혜가 견고해져서 능히 모든 삼매를 파괴한다. 마치 금강이 견고하여 다른 것에 의해 무너지지 않고 능히 모든 사물을 부수는 것과 같다.

⑪입법인삼매入法印三昧: 마치 국경을 넘어 그 나라로 들어갈 때에 허락을 표하는 인장이 있어야 들어가고 인장이 없으면 들어가지 못하는 것처럼, 보살이 이 삼매에 머물면 제법의 실상에 능히 들어간다. ⑫삼매왕안립삼매三昧王安立三昧: 보살이 이 삼매에 머물면 일체 삼매

248

중에 모두 편안히 머물 수 있게 된다. 마치 대왕이 정전正殿에 어떤 두려움도 없이 편안히 머물면서 모든 신하를 불러 명령을 내리면 다 와서 순순히 그 명령을 따르는 것과 같다. ⑬방광삼매放光三昧: 보살이 이 삼매에 머물면 능히 여러 가지 광명을 내어 모든 삼매를 비추어 모든 것을 밝게 안다. ⑭역진삼매力進三昧: 보살이 이 삼매에 머물면 먼저 신력信力·정진력精進力·염력念力·정력定力·혜력慧力 등 의 오력五力을 얻고, 그 후에 모든 삼매에 대해 자재력을 얻는다. 또한 비록 이 삼매에 머물지만 항상 능히 신통변화하면서 모든 중생을 제도한다. ⑮고출삼매高出三昧: 보살이 이 삼매에 머물면 지니고 있는 복과 덕과 지혜가 모두 증장하여 모든 삼매의 성품이 마음에서 나온다. ⑯필입변재삼매必入辯才三昧: 보살이 이 삼매에 머물면 중생의 언어, 경전에 수록된 글 등을 모두 분명하게 알아 걸림이 없게 된다. ⑰석명자 삼매釋名字三昧: 보살이 이 삼매에 머물면 제법이 비록 공이지만 능히 제법의 뜻을 문자에 의해 풀이하여 사람들로 하여금 이해케 한다. ⑱관방삼매觀方三昧: 보살이 이 삼매에 머물면 시방의 중생들을 자비 롭고 불쌍히 여기며 평등하게 대하는 마음으로 관찰하여 모두 제도한 다. 또한 '방'이란 도리에 수순하여 방도를 얻었다는 뜻도 있으니, 보살이 이 삼매의 힘으로 말미암아 모든 삼매의 도리를 얻음으로써 출입이 자재하여 걸림이 없게 되었음을 의미하기도 한다. ⑲다라니인 삼매陀羅尼印三昧: 보살이 이 삼매에 머물면 모든 삼매를 잘 분별하여 모든 삼매의 다라니를 소유한다. ⑳무광삼매無誑三昧: 보살이 이 삼매 에 머물면 애착과 분노 등과 같은 무명에 의한 삿된 견해를 일으키지 않으니, 모든 삼매에 미혹되거나 어두운 일이 없게 된다.

㉑섭제법해삼매攝諸法海三昧: 보살이 이 삼매에 머물면 마치 모든 샛강의 물이 바다로 돌아가는 것처럼 삼승법이 모두 이 삼매에 들어간다. ㉒변부허공삼매遍覆虛空三昧: 보살이 이 삼매에 머물면 삼매의 힘으로 한량없고 끝이 없는 허공을 두루 덮으며, 혹은 광명을 내거나 혹은 소리를 내거나 하여 허공에 가득 차게 한다. ㉓금강륜삼매金剛輪三昧: 보살이 이 삼매에 머물면 능히 모든 삼매를 지녀 일체법에 대해 이르는 곳마다 걸림이 없다. 마치 금강륜이 가는 곳에는 어디에나 장애가 없는 것과 같다. ㉔보단삼매寶斷三昧: 보살이 이 삼매에 머물면 능히 일체 삼매에 있어서의 번뇌를 끊는다. 마치 참된 보배는 능히 모든 보배를 다스려 정결하게 하는 것과 같다. ㉕능조삼매能照三昧: 보살이 이 삼매에 머물면 열 가지의 지혜로 모든 법을 환히 비추어 다 이해한다. 마치 해가 뜨면 세간을 두루 비추어 보지 못하는 사물이 없는 것과 같다. ㉖불구삼매不求三昧: 보살이 이 삼매에 머물면 제법을 환히 비추어 보고 모든 것이 허깨비와 같은 것임을 알아, 삼계의 애욕이 모두 끊어지고 어떤 것도 얻으려고 추구하지 않는다. ㉗무주삼매無住三昧: 보살이 이 삼매에 머물면 제법이 찰나마다 변화하여 마침내 머물 만한 모양 또는 머물만한 때가 있지 않음을 환히 비추어 안다. ㉘무심삼매無心三昧: 보살이 이 삼매에 머물면 심心·심소법心所法이 모두 생겨나지 않는다. ㉙정등삼매淨燈三昧: 보살이 이 삼매에 머물면 모든 번뇌를 여의어 지혜의 등불이 청정하고 밝게 드러난다. ㉚무변명삼매無邊明三昧: 보살이 이 삼매에 머물면 한량없고 셀 수 없는 광명을 내어 한량없는 중생과 한량없는 제법을 두루 비추어 모두 환히 드러나게 한다.

㉛능작명삼매能作明三昧: 보살이 이 삼매에 머물면 어둠 속에 횃불이 빛나는 것처럼 모든 법을 비추어 밝게 이해하지 못하는 것이 없게 된다. ㉜보조명삼매普照明三昧: 보살이 이 삼매에 머물면 마치 전륜성왕의 보배구슬이 그 빛을 사방에 두루 비추는 것처럼 제법의 여러 가지 문門을 두루 비춘다. ㉝견정제삼매堅淨諸三昧: 보살이 이 삼매에 머물면 능히 모든 삼매로 하여금 청정하고 견고하여 어떤 번뇌에 의해서도 물들거나 무너지지 않게 한다. ㉞무구명삼매無垢明三昧: 보살이 이 삼매에 머물면 능히 일체 삼매의 번뇌를 여의고 모든 삼매를 환히 비춘다. ㉟환희삼매歡喜三昧: 보살이 이 삼매에 머물면 한량없고 가없는 법락法樂을 일으킨다. ㊱전광삼매電光三昧: 보살이 이 삼매에 머물면 마치 번갯불이 잠깐 번쩍이면 길 가던 사람이 다시 길을 찾는 것처럼 무시이래로 잃었던 도를 다시 얻게 된다. ㊲무진삼매無盡三昧: 보살이 이 삼매에 머물면 제법이 무상無常하다고 하는 상相을 없애고 바로 생겨나는 것도 없고 소멸하는 것도 없다고 하는 진실한 이치를 증득한다. ㊳위덕삼매威德三昧: 보살이 이 삼매에 머물면 한량없는 위덕으로 장엄하게 된다. ㊴이진삼매離盡三昧: 보살이 이 삼매에 머물면 모든 삼매에 다함이 없음을 보고, 아울러 한량없는 아승기겁 동안 쌓은 공덕이 반드시 과보를 얻게 되는 이치를 통달하여 일체법이 단멸斷滅한다는 견해를 멀리 여의게 된다. ㊵부동삼매不動三昧: 보살이 이 삼매에 머물면 제법의 실상이 필경에 공적함을 알아 지혜가 삼매와 더불어 상응하니, 일체 삼매와 일체법에 대해 전혀 희론을 내지 않는다.

㊶불퇴삼매不退三昧: 보살이 이 삼매에 머물면 항상 모든 삼매에서

물러나지 않게 된다. ㊷일등삼매日燈三昧: 보살이 이 삼매에 머물면 마치 해가 천하의 모든 세계를 비추는 것처럼, 또한 등불이 어두운 방을 환히 비추는 것처럼 능히 모든 법문과 삼매를 환히 비춘다. ㊸월정삼매月淨三昧: 보살이 이 삼매에 머물면 지혜가 청정하여 중생을 이익되게 하고, 또한 밝고 둥근 달이 칠흑 같은 어둠을 사라지게 하듯이 모든 삼매의 무명을 무너뜨린다. ㊹정명삼매淨明三昧: 보살이 이 삼매에 머물면 사무애지四無礙智를 얻어 제법을 환히 알고 장애가 없다. ㊺능작명삼매能作明三昧: 보살이 이 삼매에 머물면 반야의 지혜와 상응하여 모든 삼매의 문을 환히 비춘다. ㊻작행삼매作行三昧: 보살이 이 삼매에 머물면 이전에 얻은 모든 삼매로 하여금 그 작용을 얻게 한다. ㊼지상삼매知相三昧: 보살이 이 삼매에 머물면 모든 삼매 가운데에서 진실한 지혜의 모습을 본다. ㊽여금강삼매如金剛三昧: 보살이 이 삼매에 머물면 모든 번뇌에의 결박을 무너뜨려 남김없이 쫓아 버린다. 마치 금강이 모든 사물을 파괴하여 남은 것이 없이 다 소멸시켜 버리는 것과 같다. ㊾심주삼매心住三昧: 마음의 모양새란 가볍게 질주하고 멀리 달아나서 그 형체가 없으니, 제어하기 어렵고 지니기 어렵다. 마치 독사의 혀와 같고 원숭이와 같고 번갯불과 같다. 보살이 이 삼매에 머물면 마음이 움직이거나 구르거나 산란해지지 않으며, 또한 이러한 마음이 있다는 것에 집착하지도 않는다. ㊿보명삼매普明三昧: 보살이 이 삼매에 머물면 모든 법에서 광명상을 보아 어둠을 없애고, 신통력으로 세간을 두루 비추어 밝게 알아 장애가 없다.

(51)안립삼매安立三昧: 보살이 이 삼매에 머물면 모든 공덕을 일으키

는 법에 마치 수미산처럼 편안하고 견고하게 머물러 움직이지 않는다. ㉒보취삼매寶聚三昧: 보살이 이 삼매에 머물면 능히 모든 국토를 칠보로 이루어지게 한다. ㉝묘법인삼매妙法印三昧: 보살이 이 삼매에 머물면 모든 부처님과 보살의 깊고 오묘한 공덕을 갖춘 지혜를 얻는다. ㉞법등삼매法等三昧: 보살이 이 삼매에 머물면 능히 제법을 평등하게 관찰하여 어떤 법도 평등하지 않음이 없게 된다. ㉟단희삼매斷喜三昧: 보살이 이 삼매에 머물면 일체법에 대해 고苦·공空·무상無常·무아無我·부정不淨 등의 상相을 관찰함으로써 일체 세간에 대해 싫어하고 떠나려는 마음을 내고, 즐거워하고 집착하는 생각을 일으키지 않는다. ㊱도법정삼매到法頂三昧: 보살이 이 삼매에 머물면 반야방편의 힘에 의해 법이라는 산의 정상에 도달하여 어떤 무명에 의해 생겨난 번뇌에 의해서도 흔들리지 않는다. ㊲능산삼매能散三昧: 보살이 이 삼매에 머물면 공혜空慧와 상응하여 능히 모든 법을 무너뜨리고 흩어지게 한다. ㊳분별제법구삼매分別諸法句三昧: 보살이 이 삼매에 머물면 모든 법의 언어와 문구를 잘 분별하여 중생을 위해 연설함에 있어서 그 말에 막히거나 걸림이 없다. ㊴자등상삼매字等相三昧: 보살이 이 삼매에 머물면 모든 글자, 모든 언어를 함께 평등하게 관찰하여 꾸짖든지 찬탄하든지 간에 미워하거나 애착을 가지는 일이 없다. ㊵이자삼매離字三昧: 보살이 이 삼매에 머물면 모든 법의 진여의 뜻에 통달하여 문자나 언어 등에 의해 장애를 받지 않는다. 뜻이라는 바다에서 스스로 망령되게 문자의 존재를 보지 않고, 경전을 채운 문자 속에서 바로 참된 뜻을 보아 문자에 대한 집착을 멀리 벗어난다.

㊶단연삼매斷緣三昧: 보살이 이 삼매에 머물면 즐거운 일 중에서도

환희심을 내지 않고 고통스러운 일 중에서도 분노하거나 원망하는 마음을 내지 않으며, 고통스럽지도 않고 즐겁지도 않은 일 가운데에서도 또한 어리석은 마음을 내지 않는다. 이 세 가지 감수 작용을 모두 여의어 집착하지 않으면 마음이 멸하고 이로써 연緣도 또한 끊어진다. ㉒불괴삼매不壞三昧: 보살이 이 삼매에 머물면 법의 성품이 필경에 공적하다는 것을 알아 어떤 희론에 의해서도 무너지지 않고 무상無常한 것을 마주하여도 따라서 구르지 않으니, 이미 공적의 성품을 깨달아 그 마음이 무너졌기 때문이다. ㉓무종상삼매無種相三昧: 보살이 이 삼매에 머물면 제법이 모양이 없음을 환히 알아 모든 법에 대해 여러 가지 모습을 보지 않는다. ㉔무처행삼매無處行三昧: 보살이 이 삼매에 머물면 탐욕·분노·어리석음 등의 세 가지 독이 삼계를 불태우는 것을 알기 때문에, 그 마음을 이것에 의지하지 않는다. 열반도 필경에는 공한 것을 알기 때문에 이것에도 또한 의지하지 않는다. ㉕이몽매삼매離朦昧三昧: 보살이 이 삼매에 머물면 모든 삼매 가운데에서 일체의 번뇌를 다 없앤다. ㉖무거삼매無去三昧: 보살이 이 삼매에 머물면 모든 법의 가고 오는 모습을 보지 않는다. ㉗불변이삼매不變異三昧: 보살이 이 삼매에 머물면 모든 삼매법이 변하여 달라지는 모습을 보지 않는다. ㉘도연삼매度緣三昧: 보살이 이 삼매에 머물면 육진六塵 중 모든 번뇌가 소멸된다. 육진이라는 큰 바다를 건너서 또한 일체 삼매가 경계를 반연하여 생겨난 지혜를 모두 넘어선다. ㉙집제공덕삼매集諸功德三昧: 보살이 이 삼매에 머물면 믿음에서 지혜에 이르기까지 모든 선근공덕을 닦아 모으기를 밤낮으로 그치지 않는다. ㉚주무심삼매住無心三昧: 보살이 이 삼매에 머물면 마음을 따르지 않고 단지 지혜를 따라 제법의 실상에 머문다.

⑦정묘화삼매淨妙華三昧: 보살이 이 삼매에 머물면 모든 삼매 중에 모든 공덕의 꽃을 열어 자재로이 장엄한다. 마치 나무에서 꽃이 피어 나무 스스로를 장식하는 것과 같다. ⑦각의삼매覺意三昧: 보살이 이 삼매에 머물면 모든 삼매로 하여금 변하여 무루無漏를 성취하여 칠각七覺과 더불어 상응하게 한다. ⑦무량변삼매無量辯三昧: 보살이 이 삼매에 머물면 한량없는 변재를 얻어, 즐겨 한 구절을 설함에 있어서 한량없는 겁을 지나고 다하지 않는다. ⑦무등등삼매無等等三昧: 보살이 이 삼매에 머물면 모든 중생을 부처님과 같이 보고, 모든 법을 부처님의 법과 같이 보아 무등등반야바라밀無等等般若波羅蜜과 상응한다. ⑦도제법삼매度諸法三昧: 보살이 이 삼매에 머물면 삼해탈문에 들어가 삼계를 벗어나서 삼승의 법으로 삼승의 중생을 제도하고 교화한다. ⑦분별제법삼매分別諸法三昧: 보살이 이 삼매에 머물면 모든 법의 선과 불선, 유루와 무루, 유위와 무위 등의 여러 가지 모습을 잘 분별하게 된다. ⑦산의삼매散疑三昧: 보살이 이 삼매에 머물면 일체법 중에서 모두 의심의 그물을 끊고 제법의 실상을 증득한다. ⑦무주처삼매無住處三昧: 보살이 이 삼매에 머물면 모든 법에 통달하여 하나하나의 법에 결정코 머물 곳이 있음을 보지 않는다. ⑦일장엄삼매一莊嚴三昧: 보살이 이 삼매에 머물면 모든 법이 하나임을 관찰한다. 곧 일체법은 유상有相이어서 하나이고, 혹은 일체법은 무상無相이어서 하나이며, 혹은 일체법은 공이기 때문에 하나이다. 이와 같이 모든 관점에서 하나이니 하나의 모양으로 보는 지혜로 이 삼매를 장엄하기 때문에 일장엄삼매라 한다. ⑧생행삼매生行三昧: 보살이 이 삼매에

머물면 여러 가지 행상行相·입상入相·주상住相·출상出相 등에 대해서
이 모든 모습이 한결같이 공이어서 볼 수 없다는 것을 관찰한다.

⑧일행삼매一行三昧: 보살이 이 삼매에 머물면 필경공과 더불어
상응하여 다시 나머지 어떤 행을 차례대로 닦는 일을 하지 않는다.
⑧불일행삼매不一行三昧: 보살이 이 삼매에 머물면 여러 삼매의 단일한
모습을 보지 않는다. 이 삼매로써 능히 나머지 여러 가지 관행을
겸해서 행한다. ⑧묘행삼매妙行三昧: 필경공에 상응하는 삼매이다.
보살이 이 삼매에 머물면 모든 삼매에서 비록 미묘하고 뛰어난 행行을
일으키더라도 그것에 집착하지 않게 된다. ⑧달일체유저산삼매達一切
有底散三昧: 보살이 이 삼매에 머물면 무루無漏의 지혜로 삼유三有를
통달하여 그 끝인 비유상비무상처非有想非無想處에 이르고, 마침내
무여열반無餘涅槃에 들어 모든 존재(有)로부터 벗어나게 된다. ⑧입명
어삼매入名語三昧: 보살이 이 삼매에 머물면 모든 중생, 모든 사물,
모든 법의 명자名字를 알게 된다. ⑧이음성자어삼매離音聲字語三昧:
보살이 이 삼매에 머물면 모든 음성과 언어에서 벗어나게 된다. ⑧연거
삼매燃炬三昧: 보살이 이 삼매에 머물면 지혜의 횃불로 모든 법을
밝게 비추어 조금도 혼란함이 없게 된다. ⑧정상삼매淨相三昧: 보살이
이 삼매에 머물면 청정함을 구족하고 32가지 모습으로 장엄하게 된다.
또한 법대로 제법의 총상과 별상을 관찰하고 제법이 모양이 없이
청정함을 관찰한다. ⑧파상삼매破相三昧: 보살이 이 삼매에 머물면
모든 법의 모양을 보지 않고 모든 삼매의 모양도 보지 않게 된다.
⑨일체종묘족삼매一切種妙足三昧: 보살이 이 삼매에 머물면 모든 공덕
으로 좋은 집안, 좋은 신체, 좋은 권속 등과 같은 조건을 원만하게

장엄한다. 또한 선정과 지혜 등도 원만히 구족하게 된다.

�91불희고락삼매不喜苦樂三昧: 보살이 이 삼매에 머물면 세간의 즐거움이란 허물과 근심이 많으며 허망하고 전도되어 애착을 가질 만한 것이 아님을 관찰한다. 또한 세간의 고통은 병든 것과 같고, 화살이 몸에 박힌 것과 같음을 관찰하여 마음으로 즐거워하지 않는다. 모든 법이 헛된 것이기 때문에 고통과 즐거움에 대해 모두 기뻐하는 마음을 내지 않는다. �92무진상삼매無盡相三昧: 보살이 이 삼매에 머물면 일체법이 무너지지도 않고 다하지도 않음을 관찰한다. 이것은 일체법이 인연에 의해 생겨나고 사라지는 것을 관찰하는 것으로, 또 하나의 집착인 상견常見과는 구별된다. �93다라니삼매陀羅尼三昧: 보살이 이 삼매에 머물면 온갖 종류의 다라니가 저절로 얻어진다. �94섭제사정상삼매攝諸邪正相三昧: 보살이 이 삼매에 머물면 정정취正定聚·사정취邪定聚·부정취不定聚 등의 모든 중생을 하나도 버리지 않으면서도 결정코 삿된 것이라거나 바른 것이라거나 하는 등의 모양이 있음을 보지 않는다. �95멸증애삼매滅憎愛三昧: 보살이 이 삼매에 머물면 모든 증오와 애착을 멸하여, 즐거워할 만한 법에 대해서도 애착하는 마음을 내지 않고 미워할 만한 법에 대해서도 분노하는 마음을 일으키지 않는다. �96역순삼매逆順三昧: 보살이 이 삼매에 머물면 모든 법 중에 거스르고 수순함이 자재하여 모든 종류의 삿되고 거스르는 중생을 물리치고 모든 종류의 교화할 만한 중생에 수순한다. 또한 집착을 여의었기 때문에 일체법을 물리치고 선근이 증장하기 때문에 일체법을 이룬다. 또한 제법의 거스름과 수순함을 보지 않고 이러한 일도 또한 보지 않으니, 본래 있는 것이 없기 때문이다. �97정광삼매淨光三昧:

보살이 이 삼매에 머물면 모든 삼매에 있어서 번뇌를 없애고 능히 모든 삼매를 밝게 비춘다. 『대반야경』에서는 ⑱견고삼매堅固三昧: 제법의 실상에 대한 지혜와 상응하는 삼매이다. 마치 허공과 같이 견고하여 파괴할 수 없기 때문에 '견고'라고 한다. ⑲만월정광삼매滿月淨光三昧: 보살이 이 삼매에 머물면 청정한 지혜의 광명을 완전하게 갖추어서 애욕, 분노 등과 같은 무명의 불꽃을 제거하고, 청량한 공덕으로 중생을 이익되게 한다. ⑳대장엄삼매大莊嚴三昧: 보살이 이 삼매에 머물면 시방에 있는 항하의 모래알처럼 많은 세계를 보고, 칠보와 향과 꽃으로 부처님이 계신 곳을 장엄한다. 또한 일시에 모든 공덕을 장엄하되 이 장엄이 공하여 있는 바가 없음을 관찰하여 마음에 집착하는 것이 없다.

⑩능조일체세삼매能照一切世三昧: 보살이 이 삼매에 머물면 중생세간·주처세간住處世間·오중세간五衆世間 등의 일체제법을 환히 비춘다. ⑩삼매등삼매三昧等三昧: 보살이 이 삼매에 머물면 모든 삼매를 평등하게 관찰하여 깊고 얕음, 높고 낮음의 차별을 보지 않는다. ⑩섭일체유쟁무쟁삼매攝一切有諍無諍三昧: 보살이 이 삼매에 머물면 일체법에 걸림이 없이 통달하여, 어떤 법에 대해서도 '이와 같은 모양이다'라거나 '이와 같은 모양이 아니다'라거나 하는 견해를 내지 않으며, 중생에 대해서도 아름답다거나 추하다고 하는 쟁론을 짓지 않는다. 단지 그 마음의 작용을 따르면서 갈무리하고 받아들여 제도하고 해탈시킨다. ⑩불락일체주처삼매不樂一切住處三昧: 보살이 이 삼매에 머물면 세간에 머무는 것을 좋아하지 않으니, 세간은 무상하기 때문이다. 또한 세간이 아닌 것(非世間)에 머무는 것도 좋아하지 않으니, 세간이

아닌 것은 일체법이 없이 공하기 때문이다. ⑩여주정삼매如住定三昧:
보살이 이 삼매에 머물면 일체법을 실상 그대로 알아 이것을 넘어선
어떤 법이 있음을 보지 않는다. ⑩괴신쇠삼매壞身衰三昧: 보살이 이
삼매에 머물면 지혜의 힘에 의해 피와 살과 힘줄과 뼈 등이 화합하여
이루어진 몸이 배고픔과 추위와 더위 등과 같은 우환이 항상 함께하면
서 쇠퇴해 가는 모습을 무너뜨리고, 그러한 모습을 얻을 수 없다는
상도 보지 않는다. ⑩괴어여허공삼매壞語如虛空三昧: 보살이 이 삼매
에 머물면 어업語業을 무너뜨린다. 곧 바람이 일어나면서 칠처七處에
접촉하여 소리가 있고 소리에 의해 언어가 있게 된다. 이와 같이
언어가 생겨나는 인연을 관찰하기 때문에 언어를 무너뜨리고 아상我相
이나 증오·애착 등을 내지 않는다. ⑩이착허공불염삼매離著虛空不染
三昧: 보살이 반야바라밀을 닦으면 제법이 필경공이어서 생겨나는
것도 없고 멸하는 것도 없음이 마치 허공과 같음을 관찰하게 된다.
그런데 둔한 근기를 가진 보살은 이 허공에 집착하게 되는데, 보살이
이 삼매를 얻으면 허공과 같은 법에 집착하지 않고 이 삼매에도 또한
집착하지 않는다.[8]

4. 삼매의 여러 가지 뜻

1) 삼매락(三昧樂, samādhi-sukha)

삼매락이란 삼매에 들어가서 누리는 즐거움으로, 바른 삼매에 들어가

---

[8] "가산伽山", '백팔삼매'조 참조.

번뇌와 고통이 사라지면서 발생하는 즐거운 상태를 말한다. 삼매가
주는 즐거움을 모두 열반으로 착각하면 궁극적인 경계를 성취할 수
없다. 『대보적경』 권61 이르기를, "선정의 교요함을 경계로 삼아 뛰어
난 방편으로 삼매의 즐거움을 닦고, 행주좌와 등에서 갖가지 선행에
의지한다면 마음이 항상 즐거워 고뇌가 없으리라"고 하였다. 또 『능가
경』 권2에서는 "삼매의 즐거움에 맛이 들어 무루의 경계에 안주한다면,
궁극적인 경지도 없고 또한 이전의 경계로 물러나지도 않으면서 온갖
삼매의 몸을 얻어 겁의 세월이 지나도록 삼매에서 깨어나지 못할
것이다"라고 하고, 『능가경주해』 권2하에서는 "이승二乘은 분단생사
의 고통에서 벗어나 진공의 열반이 주는 즐거움을 얻어 그것에 맛이
들리면, 수행의 진전은 없지만 또한 물러나 범부가 되지도 않는다.
그러나 삼매를 즐기는 이 몸은 무위無爲의 구덩이에 떨어져 많은 겁劫의
세월이 지나도록 깨어나지 못한다. 비유하자면 세속의 사람들이 술에
취하여 정신이 혼란에 빠지면 전혀 알아차리지 못하다가 술에서 깬
다음에야 알아차리는 것과 같다. 이것은 이승二乘의 근기가 마음을
돌려 법이 무아라는 궁극의 바른 지혜를 깨닫는다는 뜻을 비유한다"라
고 하였다.

2) 삼매력(三昧力, samādhi-bala)

삼매력이란 삼매의 힘으로 삼매에 들어감으로써 갖가지 공덕을 얻게
되는 힘을 말한다. 번뇌의 속박에서 풀려나 모든 공덕을 초래하는
삼매의 근본적인 효력을 가리킨다. 오력(五力, pañca balāni), 즉 신·근·
염·삼매·혜력 가운데 하나이기도 하다. 『관불삼매해경』 권10에 이르

기를, "이 삼매를 닦는 사람은 비록 번뇌가 있어도 번뇌에 시달리지 않는다. 이 염불삼매의 힘 때문에 시방의 모든 부처님께서 큰 광명을 발하며 그 수행자 앞에 나타난다"라고 하였고, 『주유마힐경』 권8에서도 "승조僧肇가 말하였다. '이 삼매의 힘으로 모든 공덕을 낳을 수 있다'"라고 하였다.

3) 삼매부반야모三昧父般若母

삼매를 아버지로 삼고, 반야를 어머니로 삼는다는 말로, 산란한 마음을 통제하는 삼매와 실상을 관조하는 반야가 불법의 근원이기 때문에 부모에 비유한다. 『대지도론』 권34에 이르기를, "부처님께서는 반야를 어머니로 삼고, 반주삼매를 아버지로 삼으신다. 삼매는 오로지 산란한 마음을 거두어 머물게 함으로써 지혜를 이루도록 할 뿐 오든 법의 실상을 관찰할 수 없다. 반야바라밀은 모든 법을 두루 관찰하고 그 실상을 분별하여 통달하지 못하는 일이 없고 이루지 못하는 일이 없어 공덕이 크기 때문에 어머니라 한다"라고 하였다.

4) 삼매현전三昧現前

삼매현전이란 삼매의 실현, 즉 삼매가 눈앞에 실현된다는 말이다. 『이취육바라밀다경』 권9에 이르기를 "이와 같은 망상을 지니고는 설령 선정의 문에 들어가더라도 마음에 여전히 집착이 남아 있을 것이다. 이런 사람은 지혜가 없기 때문에 무수한 겁의 세월이 지나더라도 결코 삼매의 실현을 성취하지 못한다. 또한 어리석은 사람은 갖가지 견해에 망령되게 집착하니, 자아가 상주한다고 집착하기도 하고 자아가 단멸한다고 착각하기도 하여 견해가 청정하지 못하거늘 어떻게 삼매의 실현을 성취할 수 있겠는가?"라고 하였다. 또 『수습지관좌선법요』에서는 "마땅히 무상無常의 이치를 깨달아 번뇌를 조복하고 신령한 심기를 맑고 밝게 하며 상념하는 마음을 밝고 청정하게 하여야 한다. 이와 같아야 비로소 마음을 성스러운 경계에 깃들게 하여 삼매가 눈앞에 실현될 수 있다"라고 하였다. 또 『현밀원통성불심요집』 권상에서는 "부지런히 몸과 마음을 채찍질하여 게으르지 않도록 하면서 성취에 가까워지고자 할 때 반드시 갖가지 장애가 일어날 것이니(道高魔盛), 마땅히 항복법과 식재법息災法 등을 행하여야 한다. 수행자가 지니는 근성의 차별에 따라 그 중간에 반드시 삼매의 실현을 이룬다. 그러면 선정에 들어 있을 때 무수한 불회佛會와 마주쳐 미묘한 법음을 듣고서 십지十地 보살의 지위를 증득하게 된다"라고 하였다.

5) 삼매화三昧火

삼매화란 삼매의 불, 즉 삼매에 들었을 때 온몸을 밝히는 밝은 불꽃을 말하는 것으로, 입적할 때 몸에서 일어나는 불꽃을 가리키기도 한다. 『전법정종기』 권1에 따르면 부처님께서 열반에 드시기 직전 가섭에게 금루승가리의金縷僧伽梨衣를 전하시고, 뒤이어 구시나가라성의 사라쌍수 사이로 가시어 자리를 펴고 우측으로 누워 제자들에게 둘러싸인 채 열반에 드셨을 때, 가섭이 소식을 듣고 달려오자 금관金棺 안에서 삼매화가 타올라 그 사리의 불꽃이 천지를 두루 비추었다고 한다"라고 하였다.[9]

5. 『좌선삼매경坐禪三昧經』

이 경은 2권으로 되어 있으며, 5세기 초에 구자국龜玆國 출신의 학승 구마라집이 한역한 것이다.

이 경에서는 세상일을 관찰하여 번뇌를 없애는 삼매법에 대하여 설하고 있다.

1) 상권의 내용

탐욕을 다스리는 법문, 성냄을 다스리는 법문, 어리석음을 다스리는 법문 등의 삼독심과 정신작용을 다스리는 법문 등을 설하고 있다.

경에서는 인생이란 한갓 허무한 것이니 일체 고통스러운 생각을 말고 부처님의 구원을 바라야 한다는 것, 이 세상에서 죄를 지으면 죽어서 지옥에 떨어지며, 마음을 안정하여 불도를 닦으면 열반에 들게 된다는 것을 설하였다.

다음으로 삼매법을 배우는 사람들의 마음가짐에 대하여 설하고 있다. 명상법을 배우는 사람들은 다섯 가지 계율을 지키고 엄중한 죄가 없어야 한다. 그러기 위해서는 탐욕하지 말고 성내지 말며 어리석고 미혹한 행동을 그치고 조용히 앉아 호흡을 순조롭게 하고 오직 부처님만을 생각해야 한다. 탐욕은 재물과 세속에 대한 애착에서부터 오는 것이기 때문에 인간 생활과 자신을 잊어야 한다. 또한 어리석음과 성냄은 마음을 닦지 않고 남에 대한 원한을 품고 불도와 어긋나는

---

9 이상은 "가산伽山", "홍법원"의 '삼매' 관련 항목 참조.

생각을 하는 것에서 생기는 것이므로 사람들에 대하여 항상 착한 생각만을 가져야 한다. 그리고 모든 번뇌를 가지고 마음속으로 꾸준히 부처님의 모습을 그리면 이 인연으로 하여 부처님의 구제를 받게 된다고 하였다.

2) 하권의 내용

이 권에서는 삼매 속에서의 불도 수행법에 대하여 설하고 있다. 먼저 삼매에 들 때 마음의 안정을 이루지 못하는 것은 세속에 대한 번뇌가 가셔지지 못한 것에서 기인하므로 인간 세상에 대한 애착을 영영 버리고 다시 처음부터 마음의 수행을 시작해야 한다고 하였다. 만일 삼매에 의하여 마음이 안정되면 명예를 탐내지 않고 교만하지 않으며 성품이 유순해지고 악한 마음과 질투가 없어진다.

다음으로 삼매의 수행방법은 세상의 모든 것을 허무한 것으로 보는 것이라고 하였다. 누구나 부처의 교리를 지니려면 외계의 그 어떤 현상에도 현혹되지 말고 오직 삼매 속에서 부처님만을 생각해야 한다. 그래야 마음이 흔들리지 않고 불교교리에 정통하게 되며 인간 세상과 인연을 끊게 된다.

다음으로 삼매 중에 잡념을 없애려면 모든 것을 부처님 교리대로 생각해야 한다고 하였다. 사람은 전생에서의 생활과 이 세상에 태어나서 늙고 병들고 죽고 저 세상에까지 이어지는 12인연의 내용을 부처님의 교리대로 자세히 해석해야 한다. 그래야 과거와 현재, 미래에 걸쳐 죄를 짓지 않고 항상 고요한 곳에서 삼매에 들어 일체의 잡념을 버리고 열반에 들어가게 된다.

　이상과 같이 이 경에서는 결국 열반에 들 수 있는 요인이 인간 세상을 버리고 삼매 속에서 사유하고 마음을 닦아야 한다는 것을 설하고 있다.[10]

---

10 한글대장경, 『좌선삼매경』 해제편 참조.

제8장 반야적 실천법

I. 아공·법공과 비안립관

1. 아공我空과 아공관我空觀

1) 아공: 생공(生空: jāta-śūnyata, sattva-śūnyatā)

아我란 ātman의 번역으로 『대품반야경』 제2에는 아我의 16가지 이명異名을 들어 ① 아我 ② 중생衆生 ③ 수자壽者 ④ 명자命者 ⑤ 생자生者 ⑥ 양육자養育者 ⑦ 중수衆數 ⑧ 인人 ⑨ 작자作者 ⑩ 사작자使作者 ⑪ 기자起者 ⑫ 사기자使起者 ⑬ 수자受者 ⑭ 사수자使受者 ⑮ 지자知者 ⑯ 견자見者의 16명名을 설하고 있다. 아직 아집我執을 끊지 못한 자는 실아實我가 있다고 고집하지만, 이를 여의면 일체법무아의 이치를 알고 열반에 들 수가 있다고 한다.[1]

---

1 "望月", p.372.

아공我空은 ātmā-śūnyatā의 번역으로 아我의 체體는 공무空無라는 뜻이고, 또 인공人空, 생공生空, 인무아人無我라고도 한다. 중생의 몸은 오온의 가화합으로 그 내부에 다른 아체我體가 없다고 설하는 것을 말한다. 『성실론』 제12 「멸법심품」에 "공관이란 가명의 중생을 보는 것이 사람이 병을 봄에 물이 없기 때문에 공병이라고 하는 것과 같이, 이와 같이 오온의 내용을 봄에 사람은 없기 때문에 공空이라고 하는 것이다"라고 하였다.[2]

아공我空이란 중생은 오온 등의 인연에 의해 일시적으로 구성되었을 뿐 실체로서 존재하지 않는다는 말이다. 『대승의장』 권1에서는 "두 가지 무아란 첫째는 인무아이고, 둘째는 법무아이다. 인무아란 경전에서 중생무아·생공·인무아·인공·아공 등이라고도 한다. 갖가지 법에 의해 성립되어 생기기 때문에 중생이라고 한다. 단지 가유假有를 생기게 할 뿐 자성이 없다. 그러므로 중생무아라고 한다. 중생의 성性과 상相 등 일체가 모두 없으니 이것을 공이라고 한다"라고 하였다.

또 『금강경찬요간정기』 권1에 이르기를, "아집이란 오온 전체에서 주재자가 있다고 생각하는 것을 말한다. 만약 개별적으로 살펴서 색 등의 요소에서 자아의 실체를 발견하지 못하면 이를 아공이라고 한다"라고 하고, 『십이문론소』 권상에 "아공이란 유위로서의 아를 밝힌 것이다. 유위는 공이므로 아 역시 공이다. 만약 무위로서의 아가 본래 유위를 원인으로 한다면 유위가 이미 공이니 아는 원인이 될 것이 없다. 그러므로 아 역시 공이다"라고 하였다. 『기신론소필삭기』

---

2 "望月", p.407.

권2에는 "아공이란 무엇인가? 이 가르침의 설명대로, 모든 유위법이 인연의 작용력이고 그 안에 주재자가 없기 때문에 아공이라 한다"라고 하였다.

2) 아공관

그러면 이 아공관이란 무엇일까? 아공(我空, ātman-śūnyatā)이란 모든 유위법에 실체적인 주재자主宰者가 없다는 말이다. 자아가 자성(自性, svabhāva)이 없이 오온五蘊에 의해 임시적으로 구성되었다는 것은 인아공(人我空: 人無我)이라 하고, 요소적 존재가 항존하지 않는다는 것은 법아공(法我空: 法無我)이라 한다. 법무아를 법공法空이라 하고, 인무아에 한정하여 아공이라는 용어를 쓰는 경우도 있다.

　여기에서 아공관이란 중생의 신체가 사대四大·오온五蘊·십이처十二處로 구성된 이치를 관하는 것을 말한다. 이 관법은 "지금 나의 몸은 본래 실체가 없으며 단지 색色과 심心의 두 가지 요소가 화합한 모습일 뿐"이라는 생각으로 관찰해야 한다. 『대승본생심지관경천주』권3³에 이르기를 "아공은 아집의 번뇌를 끊고 증득한 열반이다. 법공은 법집에 대한 번뇌를 끊고 증득한 열반이다. 구공俱空은 인과법이 모두 공이고 공이라는 도리에도 집착하지 않는 것이다. 이것은 소지장을 떠나서 증득하는 최상의 열반이다"라고 하였다.

　이것은 생공관生空觀이라고도 해서 중생이 공이라는 이치를 관찰하는 관법을 말하는 것이다. 분석적인 관찰을 통하여 중생이 인연에

---

3 권속장 34, p.189.

의해 구성되었을 뿐 실재하지 않는다는 도리를 깨닫는 관법이다. 『대승의장』 권3에 "생공관은 오온에 실체가 없음을 관찰하는 것이다" 라고 하고, 『범망경직해』 권상에 "처음에 신심으로 발심할 때 생공관 을 닦아 제7신위에 이르면 아집을 분별하여 끊은 다음, 이어서 법공관 에 들어가 삼현위를 거쳐 초환희지에 도달할 때 법집을 분별하여 이 또한 끊는다"라고 하였다. 이에 생공삼매生空三昧란 중생이 실체가 없다는 이치를 깨닫는 삼매를 말하는 것이다. 『대반야경』 권582에 이르기를, "만약 보살들이 두 번째로 발심하여 독각지를 초월하면 모든 법이 공이며, 공의 이치에 의해 드러난 평등하고 진실한 법계의 일체를 널리 깨닫는다"라고 하였다.[5]

2. 법공法空과 법공관法空觀

1) 법공(法空, dharma-śūnyatā)

법(法, dharma)이란 자성自性을 지니고 있어 개변改變할 수 없는 것이라 는 뜻으로, 『구사론』 제1에 "능히 자상自相을 지니고 있기 때문에 이름하여 법法이라 한다"라고 하고, 『불지경론』 제3에 "법法이란 이것 은 자상을 지니고 있다는 뜻이다"라고 한다. 그러나 불전에서 법은 여러 가지 의미로 쓰이고 있어 그 의미가 하나같지 않다. 『대지도론』 제22에서는 "법에 2종이 있다. 하나는 붓다의 설하시는 3장 12부의 팔만사천 법취이고, 둘은 붓다의 설하시는 법의法義로서 소위 지계·선

---

4 卍속장 61, p.76.

5 "가산伽山", "망月"의 '아공' '아공관' 등을 참조.

정·지혜 8정도 및 해탈·과果·열반 등이다"라고 하였다.

법공法空이란 법의 자성공自性空이라는 뜻으로, 법무아(法無我, dhar-ma-nairātmya)라고도 한다. 즉 일체법은 무아 또는 인연생으로서 정해진 실체의 자성이 없기 때문에 공이라고 보는 것이다. 그러나 법공이라고 할 때는 일체법 무아의 뜻에 의한 것과 인연생의 뜻에 의한 것의 두 가지 설이 있다.[6]

유부(설일체유부: 이하 유부로 약칭)에서는 현상계의 모든 것을 여러 요소들의 결합에 의해 성립된 것이라고 보고, 그것들이 성립할 수 있게 하는 기본요소를 찾아내어 현상계와 구분되는 실재로 간주하는데, 이것이 바로 법法이다. 유부는 이러한 법의 분석을 바탕으로, 법의 결합에 의해 생겨나는 것은 모두 공이지만 그것들의 기반인 요소들은 실재한다고 주장했는데, 이러한 입장을 인공법유人空法有라고 한다. 유부의 법유설은 삼세설三世說과 결합하여 법은 무상無常하여 찰나마다 소멸하지만 미래의 법이 현재화하면서 이어지기 때문에 상주하는 것으로 보인다고 한다. 이에 대해 대승불교에서는 법공설을 주장한다. 중관학파의 법공설을 보면 다음과 같다. 『중론』에 이르기를, "〈게송〉: 만약 그대가 모든 법에는 결정코 자성이 있다고 본다면 모든 법에는 인因도 없고 연緣도 없다고 보는 것이다.〔청목의 주석(靑目註)〕. 그대는 모든 법에 확정된 자성이 있다고 말한다. 만약 그렇다면 모든 법에 인因도 없고 연緣도 없다고 보는 것이다. 왜 그러한가? 만약 어떤 법이 결정코 자성이 있다면 발생하지 않고 소멸하지도

---

6 "望月", p.4566, '法空'조.

않을 것이다. 이와 같은 법에 어떻게 인과 연이 작용하겠는가? 만약 모든 법이 인과 연에서 발생한다면 자성이 있지 않다. 그러므로 법들에 자성이 있다면 인과 연이 생겨날 수 없다"라고 하였다.

이상은 유부의 법유法有사상이 불교의 근본진리인 연기설에 위배되는 것임을 밝힌 것이다. 유식학파에서 법이란 우리의 마음을 떠나 그 자체로 존재하는 것이 아니다. 따라서 법은 오직 식識에 의해 성립될 뿐, 그 자체 독립된 실체를 갖지 않는 것이다.『도서』권상1에서는 이르기를, "아공에만 치우친 진리를 깨닫고 수행하는 것을 소승선이라 하고, 아공·법공이라는 두 가지 공이 드러내는 진리를 깨닫고 수행하는 것을 대승선이라 한다"라고 하였다.

이러한 법은 자상自相과 공상共相을 가지고 있다.『대반야경』권413에 이르기를, "자상自相과 공상共相이 공共이라고 하는 뜻은 무엇인가? 자상은 모든 법의 자체적인 상을 일컫는다. 예컨대 변하고 장애가 되는 것이 색色의 자상이고, 받아들이는 것이 수受의 자상이며, 이미지를 취하는 것이 상想의 자상이고, 조작하는 것이 행行의 자상이며, 이해하고 구별하는 것이 식識의 자상인 것과 같다. 이와 같은 것들이니 유위법 자상이든 무위법 자상이든 모두 자상이다. 공상은 모든 법의 공통적인 상을 일컫는다. 고苦가 유루법의 공상이며 무상無常이 유위법의 공상인 것과 같다. 공·무아의 이치가 모든 법의 공상이다. 이와 같은 것들에 한량없는 공상이 있다"라고 한다. 법의 공상이란 법의 공통적인 상相을 말하는 것으로 각각의 법이 다른 것과 차별되는 특징인 법자상法自相과 대립되는 말이다.

2) 법공관(法空觀, dharma-śūnyatā-samanupaśyanā)

법공관이란 법공法空의 도리를 관하는 것, 즉 현상계를 이루는 구성요소인 법이 실체가 없음을 관하는 것이다. 아집我執과 법집法執의 두 가지 대표적 집착 가운데 법집을 대치하기 위해 닦는 관법이다. 법공의 상대어는 법유法有인데, 법공은 이러한 법유의 오류를 시정하면서 나타난 사상이다.

대승불교에서는 화합에 의해 이루어진 현상 사물만이 아니라, 현상의 배후에 놓여 있는 불변의 실재라고 여겨지던 법도 공이라고 주장하는데, 이것이 법공法空의 이론이다. 법유의 이론을 비판하고 법공의 이론을 정립하는 데 결정적 역할을 한 것은 반야부 경전과 이 경의 내용을 철학적으로 체계화한 중관中觀학파이다. 중관학파의 창시자인 용수는 법이 공이 아니라면, 그 자체의 본성에 갇혀버려 그것의 화합 자체가 불가능하기 때문에, 결국 어떤 존재도 만들어 낼 수 없게 된다는 사실을 지적함으로써 법유法有 이론의 문제점을 비판하였다. 그리고 연기緣起란 단순히 법의 화합에 의해 이루어진 존재에 대해서 적용되는 원리일 뿐만 아니라, 화합의 요소인 법에도 적용되는 원리라고 보고 법공의 이론을 정초하였다. 이후 대승불교의 수행자에게 있어서는 인공人空과 법공法空을 관하는 것이 깨달음의 요체가 되었다.

또 『인왕호국반야바라밀다경소』 권1에 "명가실관名假實觀이란 무엇인가? 이름이란 제법諸法을 부르는 명칭이며 명백하게 말로 나타내는 수단이다. 법의 공상을 얻더라도 자성이 없기 때문에 모든 법은 자성의 체가 명칭을 떠나 있다. 그러나 중생들은 그릇되게 전도되어 제멋대로 집착을 일으켜 명칭에 기대어 의미를 헤아리고 의미에 기대어 명칭을 헤아린다. 무한한 시간을 통해 그릇되게 훈습된 힘을 끊어 없애기 때문에 바르게 관찰할 수 있는 것이다"라고 하였다.

유식학에서는 아집에 의해 번뇌장煩惱障이, 법집에 의해 소지장所知障이 형성되고, 번뇌장에 의해 생사를 윤회하고, 소지장에 의해 진리를 있는 그대로 알지 못한다고 본다. 다시 아집은 아공我空의 이치, 곧 중생의 심신心身에 상일주재하는 인격적 실체가 존재하지 않는 이치를 관함으로써 소멸된다. 법집은 법공의 이치, 곧 외계 사물이 자기의 마음을 떠나서 독립적으로 실재하지 않는 도리를 관함으로써 소멸된다. 법집 중에 분별기(分別起: 후천적인 것)의 법집은 그 행상行相이 두드러지기 때문에 초지初地에 들어갔을 때 일체법의 법공진여를 관함으로써 없앨 수 있고, 구생기(俱生起: 선천적인 것)의 법집은 미세하기 때문에 십지十地에서 뛰어난 법공관을 반복적으로 닦아 익힘으로써 비로소 없앨 수 있다.

『성유식론』권2에 이르기를, "모든 법집은 두 가지가 있다. 첫째는 선천적으로 가지고 태어나는 것이고, 둘째는 후천적으로 분별함으로써 생겨나는 것이다. 선천적으로 일어난 법집은 시작을 알 수 없는 과거로부터 허망하게 훈습되어 온 내부 원인의 세력 때문에 항상 신체와 함께하는 것으로, 삿된 가르침과 삿된 분별을 기다리지 않고 저절로 굴러서 생겨난다. 그러므로 태어날 때부터 가지고 태어나는 것(俱生)이라고 한다. 여기에 다시 두 가지가 있다. 하나는 항상 상속하고, 제7식이 제8식을 반연하여 자기 마음의 모습을 일으키고 집착하여 실법實法이라고 하는 것이고, 다른 하나는 잠시 끊어짐이 있으며, 식識이 전변된 5온·12처·18계의 모습을 제6식이 반연하여 총체적으로 혹은 개별적으로 자기 마음의 모습을 일으키고 집착하여 실법으로 삼는다. 이 두 가지 법집은 미세하기 때문에 끊기 어렵다. 견도 이후의 십지十地 중에서 뛰어난 법공관을 반복해서 닦아 익혀서 비로소 없앨 수 있다. 후천적으로 분별에 의해 생겨나는 법집은 또한 현재 세상에서의 외부 세력에서 비롯되기 때문에 신체를 받음과 동시에 생겨나는 것이 아니고, 반드시 삿된 가르침과 삿된 분별을 기다린 이후에야 비로소 일어난다. 따라서 분별에 의해 일어난 법집이라고 하는데, 오직 제6의식에만 있다. 여기에 다시 두 가지가 있다. 첫째는 삿된 가르침에서 설한 온·처·계인 18계界의 양상을 반연하여 자기 마음의 양상을 일으켜서 분별하고 계탁해서 집착하여 실체의 법으로 삼는다. 둘째는 삿된 가르침에서 설한 자성 등의 모습을 반연하여 자기 마음의 모습을 일으켜서 분별하고 계탁해서 집착하여 실체의 법으로 삼는다. 이 두 가지 법집은 두드러지기 때문에 끊기가 쉽다. 초지初地에 들어갈 때 모든 법의 법공진여를 관하여 없앨 수 있다"라고 하였다.[7]

3. 비안립과 비안립관非安立觀

1) 비안립이란

비안립非安立이란 안배하여 건립하지 않는다는 뜻이다. 모든 법에 대해 그 차별상에 입각하여 언어나 명상名相 등으로 차별된 뜻을 시설하는 것은 안립이라 하고, 모든 법의 평등한 진여에는 차별이 없다는

---

7 "伽山", '법공'조.

274

관점에 따라 어떤 차별상도 시설하지 않는 법을 비안립이라 한다. 비안립은 비록 주요한 의미에 대하여 언어의 해설로 종지를 말하는 방법을 폐기하는 일진법계一眞法界를 가리키지만, 또한 해설에 의지하여 종지를 드러내는(依詮顯旨) 인공과 법공이라는 두 가지 진여(二空眞如)를 가리키기도 한다. 이것을 가명비안립假名非安立이라 한다.

2) 비안립관

비안립관이란 비안립제非安立諦의 진여를 관하는 관법, 곧 인공人空과 법공法空이라는 두 가지 진여(二空眞如)의 평등성을 관하는 것을 말한다. 비안립제관이라고도 한다. 『대승입도차제』권1[8]에 "또한 가행위에서는 안립관과 비안립관을 모두 닦는다. 곧 사제四諦 등을 안립이라 하고, 이공관二空觀 등을 비안립이라 한다. 이것은 간략하게 가행위加行位에 있는 별도의 수행상을 간략하게 밝힌 것이다"라고 하였다.

그리고 비안립제(非安立諦, avyavasthita-satya)란 인공과 법공 등 이공진여二空眞如를 관찰하고 사제四諦의 차별을 보지 않는 것으로 비안립진여非安立眞如라고도 한다. 안립제가 분별의 경계라면 비안립제는 무분별의 경계이다. 안립제는 안립세제安立世諦와 안립진제安立眞諦로 나누어진다. 안립세제는 분별성을 가리키고 안립진제는 진실성 또는 삼무성三無性을 말한다. 진여의 본체가 지니는 본질은 문자로 드러내지 못하고 마음으로 헤아리지도 못한다. 그것을 가리켜 적멸무위寂滅無爲라 하고 문자와 분별이라는 수단으로 안립하지 못하는 진리

---

8 대정장 45, p.461.

이므로 비안립제라 한다. 그러나 진여의 그러한 특징은 갖가지 이치와 차별로 시설될 수 있다. 그것을 안립진여 또는 안립제라 한다. 『성유식론술기』 권9말에 이르기를 "차별이 있는 언어는 안립이라 하고, 차별이 없고 언어를 떠난 것은 비안립이다. 안립이란 시설한다는 뜻이다"라고 하고, 같은 책 권1본에 "가명의 비안립제를 가리켜 두 가지 공의 도리라 한다. 임시로 설정한 공의 문(假空門)에 의지하여 진성眞性이라 설하고, 그 진성으로 말미암아 지혜의 경계를 증득한다. 말로 모두 드러내지 못하여 두 가지 공의 진여라 하지만, 임시로 시설하는 것일 뿐이다"라고 하였다.

소지장을 벗어나기 위하여 이공진여二空眞如를 관하는 비안립제관을 말하는 반면, 사제관四諦觀은 번뇌장을 벗어나기 위한 것이다. 보살의 장애를 제거하는 관법이므로 비안립관이라고도 한다. 『삼무성론』 권하에 이르기를, "출세도의 경계에도 두 종류가 있다. 첫째는 번뇌장을 벗어나기 위하여 사제관을 닦는다. 둘째는 일체의 지장을 벗어나기 위하여 비안립제관을 닦는다. 이 두 경계는 세 가지 장애(煩惱障·業障·異熟障)를 제거할 수 있으니, 먼저 세간도의 경계를 관하여 범부의 장애 곧 피번뇌(皮煩惱: 修惑)를 제거하고, 다음으로 사제를 관하여 이승二乘의 장애 곧 육번뇌(肉煩惱: 見惑)를 제거하며, 마지막으로 비안립제를 관하여 보살의 장애 곧 심번뇌心煩惱를 제거한다. 그러므로 번뇌(惑)를 청정하게 하는 경계라는 뜻에서 정혹경계淨惑境界라 한다"라고 하였다.[9]

---

9 "가산伽山", '비안립관'조.

II. 공관空觀

1. 삼공관문三空觀門

1) 삼공관문이란

열반에 이르도록 하는 세 가지 법문으로, 공문空門·무상문無相門·무원
문(無願門: 無作門) 등을 가리킨다. 삼해탈문三解脫門이라고도 한다.
『인왕경』권상에 그 법회에 모인 아라한이 성취한 경지를 다양하게
설명하면서 삼공관문三空觀門을 증득할 것을 들었다. 이를 통틀어서
삼삼매三三昧라고도 하고 삼해탈문이라고도 하는데, 삼삼매는 루漏와
무루無漏에 모두 통하고, 삼해탈문은 오직 무루에만 해당한다. 삼장
법사는 말하였다. '세 가지 가假에 대해 공한 것을 통찰하는 것을
삼공이라 한다. 삼공은 삼무성三無性의 이치를 드러낸다.'

　여기에서 삼무성의 이치란 삼자성三自性, 곧 변계소집성·의타기성·
원성실성 등의 삼무자성三無自性, 곧 상무자성(相無自性: 변계소집성에
의해 나타난 것은 그림자에 불과하여 형상이 본래부터 없음을 자각하는 것)·
생무자성(生無自性: 의타기성에 의해 생겨난 것은 진실한 성품이 없어 본래부
터 생성된 것이 아님을 자각하는 것)·성무자성(性無自性: 원성실성은 본래부
터 어떤 변화나 모양도 없음을 자각하는 것)을 말하는 것이다. 삼공문과
삼무자성의 관계를 『백의해白衣解』에서는 이르기를, "'삼공정관'이란
다음과 같다. 첫째, 공정관이니 변계소집성이 본래 공임을 관하기
때문이다. 둘째, 무상정관이니 원성실성이 모든 상을 여읜 것을 관하기
때문이다. 셋째, 무원정관이니 의타기성이 구할 만한 대상이 없음을

관하기 때문이다. 이것은 곧 삼성을 삼공정관에 배대하여 해석한
것이다"[10]라고 하였다.

『인왕반야실상론』 권2[11]에서 이르기를, "'항상 삼공문의 관을 행하
고'란 열 가지 상相을 지니지 않은 것을 '무상'이라 하고, 25종류의
존재에 대해 어떤 희구도 하지 않기 때문에 '무원'이라 하며, 25종류의
존재에 대해 견해가 없어지기 때문에 '공'이라 하고, '문'이란 체가
통하여 걸림이 없는 것을 '문'이라 한다"라고 하였다. 앞의 인용문에서
의 열 가지 상을 원측圓測은 『인왕경소』 권상에서 이르기를, "'상'이란
열 가지 상을 말한다. 곧 색·성·향·미·촉·남·녀·생·노·사 등을 말한
다. 열반에는 이러한 상이 없으므로 무상이라 한다"라고 하였다. 그러
나 이러한 세 가지 공은 이승二乘의 행법이므로 대승의 추구하는 진실하
고 궁극적인 의미의 공이 아니라는 것이다. 그런데 『증일아함경』
권16에서는 공삼매·무원삼매·무상삼매(無想三昧: 無相三昧와 같음) 등
이라고 하고, 공삼매란 모든 법이 공하다는 것을 관하는 것, 무상삼매란
모든 법은 생각할 대상도 없고 볼만한 대상도 없다는 것을 관하는
것, 무원삼매란 모든 법에 대해 원하여 구하는 일을 하지 않는 것이라고
하였다.[12]

2) 삼삼매와 공상空相

삼매三昧라는 말은 정定이라는 말이며, 갖추어 말하면 선정禪定과

---

10 한불전 6, p.414.
11 대정장 85, p.163.
12 "가산伽山", '삼공관문'조.

지혜智慧를 구비한 것을 뜻하며 지관止觀이라고도 해석한다. 삼매는 마음을 통일하고 산란한 마음을 안정하게 하고 모든 번뇌심을 정화하는 것이며, 선정을 닦는 마음으로 사물을 본다면 마음의 본성과 사물의 진여성眞如性이 서로 통하게 되며 그 진실성을 깨닫게 한다. 이러한 선의 경지에서는 모든 것과 통할 수 있다는 뜻에서 심일경성心一境性이라고도 해석한다. 이러한 삼매에는 공삼매空三昧와 무상삼매無相三昧무원삼매無願三昧가 있으며 이것들은 합하여 삼삼매라고 한다. 삼삼매의 내용은 대승불교에까지 크게 영향을 끼치게 되는 것으로 그 내용은 다음과 같다.

①공삼매空三昧:『잡아함경』에 의하면 공삼매는 공空이라는 단어에 대하여 이미 설명한 바와 같이 모든 번뇌가 없는 경지이며 번뇌가 없기 때문에 마음이 번거롭거나 흔들림이 없으며(無煩搖), 그리고 마음이 산란하거나 고뇌가 없는(無惱亂) 경지에 도달하게 되며 또한 마음에는 욕심도 없게 된다[13]고 한다. 그리고 욕심이 없기 때문에 집착에 의한 소득所得이 없게 되고 소득이 없기 때문에 집착이 없게 되는 정신에 도달하는 것을 공삼매라고 한다. 다시 말하면 여러 인연이 집합하여 출생한 육체와 감수성과 생각과 모든 정신작용까지도 모두 공한 것임을 깨닫는 것이다. 그리고 육체와 마음이 인연이 되어 형성된 오온五蘊도 무상한 것이고 무상한 것이기 때문에 이에 대한 욕심을 여의는 것을 공삼매라고 한다.

②무상삼매無相三昧: 무상無相이라는 말은 사물의 형상에 집착하지

13『잡아함경』권3, p.20上.

않고 또 생각 속에 나타나는 모습(念相)에도 집착하지 않는 것을 뜻한다. 그리고 무상은 본래 모습이 없는 진실성을 뜻하며, 무소유無所有와도 통하고 또 소득이 없다는 공空사상과도 통하는 말이다. 무소유는 사물을 인식할 때 반연하는 마음(能緣識)과 반연되어지는 대상(所緣境)이 모두 중도中道의 경지에 있고 내지 진리의 경지만이 증득되어지는 내용을 표현하는 말이다. 그러므로 무상삼매는 중국의 혜능 대사慧能大師가 무상無相을 선의 체성으로 한다는 사상과 서로 통한다. 그리고 무상삼매는 바르게 사유하는 선정(正思惟三昧)을 말하며, 사물의 모습(色相)은 변치 않으면서 유한하게 존재하고 무상하게 존재하지만 그 본성은 변치 않는 것을 관찰한다. 그리고 소리·냄새·맛·촉각·법칙 등의 모습들도 무상無常하지만 변치 않고 오히려 진실성이 눈앞에 조화롭게 전개되고 있는 이치를 깨닫는 것을 이름하여 무상삼매라고 한다.

③무원삼매無願三昧: 무원삼매는 위에서 말한 공空의 도리와 무상無相의 도리를 관찰하고, 나아가서 모든 사물이 무상하면서도 영원히 변치 않는다는 것을 관찰하고 깨달은 뒤에 더 이상 깨달음을 바랄 것이 없는 것을 의미한다. 이와 같이 삼삼매는 모든 선정의 기초가 되고 진리를 깨닫는 근본이 되는 것이다.[14]

14 吳亨根, 『인도불교의 선사상』, 한성, 1992. pp.18~19.

2. 십팔공관十八空觀

1) 십팔공관

십팔공十八空의 사상은 인무아人無我와 법무아法無我의 진리와 불성佛
性과 진여성眞如性을 깨달아 성불하도록 도와주기 위하여 설해진 공사
상이다. 인무아는 인간의 내용을 잘 관찰하도록 하기 위한 표현이다.
사람은 여러 가지 인연이 집합하여 형성된 것에 지나지 않으며 동시에
나(我)라고 지적할 만한 실체적인 자성이 없기 때문에 이것을 무아無我
라고 한다. 인무아라는 말은 깊은 뜻을 갖고 있으며 올바른 지혜를
갖도록 하는 진리적 표현이다. 법무아는 모든 사물을 관찰해 보면
역시 사물도 여러 인연이 집합하여 성립된 것이며, 그 사물을 하나하나
분석하여 보면 결국 형상이 없는 공의 경지에 도달하게 된다는 사상이
다. 법法이 공했다는 것은 곧 무아無我를 뜻하며 동시에 영원히 변치
않는 실상을 말한다. 십팔공론은 위와 같은 인무아와 법무아의 도리를
설명하고 이밖에도 공을 관찰하는 사상을 여러 가지로 설명한다.

　이들 공사상은 중생의 몸과 마음이 공성空性의 것이라는 진리를
설명하는 것이고 모든 물체도 공성의 것이라는 진리를 설명하기 위한
것이다. 그리고 공사상은 선수행을 위한 사상의 기본이 되는데, 왜냐하
면 선禪은 공의 진리를 깨닫는 데 목적이 있기 때문이다. 공의 진리를
깨달으면 진여를 깨닫게 되고 진여를 깨달으면 성불을 하게 되므로
공관空觀은 선과 직결되는 수행이다.[15]

---

15 龍樹造, 眞諦譯, 『十八空論』, p.861(대정장 권31).

이제 이들 십팔공의 사상을 요약하여 몇 가지 내용들을 간단히 살펴보기로 한다.

2) 십팔공관의 내용

(1) 내공內空

내공은 수자공受者空이라고도 한다. 이는 눈·귀·코·혀·몸·뜻 등 인간의 여섯 기관(六根)을 통하여 객관계의 물체가 마음 안에 그림자로 나타나는 것을 마음 안으로 받아들여 일차적으로 잘 생각해 보는 것을 말한다. 마음 위에 나타난 사물의 영상들이 실체가 있는 것이 아니고 인연이 모여서 나타나는 것에 불과하며, 따라서 마음에 비치는 그림자는 공성의 것이라고 생각하고 집착하지 않는 것을 내공이라고 한다.

(2) 외공外空

외공은 일명 소수공所受空이라고도 이름한다. 만약 육근六根을 통하여 밖에 있는 색깔·소리·냄새·맛·촉감·정신과 물질의 모습 등 여섯 가지 대상(六境, 六塵)을 대할 때 그 대상들이 인연의 모음에 불과하며 그 자체의 실상은 공空의 도리라는 깨달음을 얻는 것이다. 그리하여 내공內空의 깨달음으로 아공을 증득하고 아집을 단절하게 되고 이로 말미암아 법공을 증득하게 되면 동시에 법집法執을 단절하게 되는 것이다. 이러한 나(我)와 법法이 함께 공한 것을 유식무경(唯識無境, 人法俱空)이라 하며 이것을 외공外空이라고 한다. 그리고 집착할 수 있는 경계가 없다는 무경無境으로 말미암아 망식妄識이 사라진 것이 곧 내공內空인 것이다. 육근六根에 의거하여 사물을 착각하고 집착하는 망식이 없어지면 즉시 망식에 의하여 집착된 아집도 없어지는 것이다. 그리고 육근과 육진(육경)이 공함을 알게 되면 집착의 법집이 없어지며, 이때 안과 밖이 공하고 마음과 법이 함께 공한 내외공內外空의 진리가 전개된다.

(3) 내외공內外空

내외공은 이른바 신공身空이라고도 한다. 신공은 몸이 공함을 뜻하고, 몸은 지地·수水·화火·풍風 등 사대四大에 의지하는 존재로서 사대는 안과 밖의 의지처가 되는 것이다. 다시 말하면 마음이 몸에 의지하여 활동할 때 안의 의지처는 육근六根이다. 이 육근은 눈·귀·코·혀·몸·뜻 등을 의미하며, 먼저 오근은 지수화풍의 미세한 정색淨色으로 조직되고, 그리고 정신의 의지처인 의근意根은 정신내면의 의지처를 말한다. 이들 육근은 마음의 의지처가 되며 객관계의 육경六境보다는 안쪽이 되기 때문에 내의內依라고 이름한다.

  다음은 마음의 의지처 가운데 육근보다는 밖의 의지처(外依)가 있는데 이는 외부의 빛깔·소리·냄새·맛·촉감·인연법 등 객관계에 있는 여섯 가지 인식의 대상(六境)을 말한다. 오근五根을 형성하는 정색淨色은 사대가 바탕이 되며 이 오근은 마음의 직접적인 의지처가 되므로 이를 내內라고 하고, 그 밖에 육경六境은 오근(몸)에 의하여 섭지攝持되기 때문에 이를 외外라고 칭한다. 그러나 외경外境도 몸에서 분리될 수 없는 것이다. 인간의 몸은 몸에 있는 육근과 밖에 있는 육경을 섭지하는 의지가 되기 때문에 의依라고 이름한다. 그런데 마음이 의지

하는 육근과 육경이 모두 공한 것이기 때문에 내외공內外空이라고
한다. 이에 대하여 좀 더 부언해 보기로 한다. 마음이 직접 의지하는
눈·귀·코·혀·몸·의지 등 육근이 물질일 뿐만이 아니라 육근을 통하여
의식되는 모든 대상(六境)도 물질에 속한다. 이들 물질은 사대四大의
인연이 집합하여 형성된 것으로서 이를 낱낱이 분석하게 되면 극미極微
에 이르게 되며 극미를 다시 분석하면 공空이 된다.

이와 같은 불교의 물질론에 의하여 물체를 관찰하면 내외공內外空의
진리를 관찰할 수 있으며, 이러한 내외공의 경지를 관찰하는 지혜를
내외공관內外空觀이라고 한다.

(4) 대공大空

대공은 천체와 같은 큰 물체도 공한 이치를 지니고 있음을 밝히는
공사상이다. 천체는 인간이 생활하며 사는 이 지구를 비롯하여 모든
천체를 말하며 이들을 기세간器世間[16]이라고 한다. 이들 기세간은 겉으
로 보기에 불변의 실체가 있고 파괴되지 않을 것 같은 물체이지만,
불교의 천체론의 입장에서 보면 현실적으로 천체는 찰나 찰나 변천하
고 있다. 천체의 바탕은 공空한 것이고 공을 바탕으로 물체가 가립假立
되기 때문에 오히려 변천하게 된다는 것이다. 여기서 말하는 공은
아무 것도 없다는 뜻이 아니라 진여성眞如性을 말하고 물질의 본성을
말하는 것이다. 그 본성은 선정을 닦아 얻은 지혜의 눈만으로 관찰할
수 있으며, 그래서 진여의 공성을 완전히 관찰하는 지혜를 가진 사람을

---

16 龍樹造, 眞諦譯, 『十八空論』 p.861中.

부처를 이룬 사람이라고 말한다. 이러한 관찰법에 의하여 천체를 관찰하면 천체가 아무리 크다고 하더라도 공으로 직관할 수 있으며, 선정을 닦는 지혜로 관찰하면 그 천체는 대공大空의 바탕을 지니고 있음을 깨닫게 된다. 이 도리를 밝혀 주고자 대공大空을 설명하는 것이다.

(5) 공공空空과 진실공眞實空

먼저 공공은 진실한 모습을 관조觀照하여 모든 물체가 공하다는 것을 아는 공지空智를 나타내는 것을 말한다. 그리고 진실공은 진경공眞境空[17]이라고도 하며 내외가 모두 공하고 아공我空과 법공法空의 경지가 모두 진실하다는 것을 아는 지혜의 경지를 뜻한다. 진실공의 경지는 그 체성이 공(性空)한 것을 진실공이라고 한다. 이는 오직 진실한 지혜만이 증득할 수 있는 공空의 경지인 것이며, 분별심으로는 가히 증득할 수 없다.

(6) 필경공畢竟空

필경공은 항상 다른 사람에게 이익을 주는 지혜를 닦는 자만이 깨달을 수 있는 공의 내용이다. 필경에는 중생을 교화하며 다른 사람들에게 이익을 주는 수행을 할 때 이전의 있었던 이기심과 애착의 마음을 버림으로써 나타나는 지혜로 깨달을 수 있는 경지다. 그리고 참선하는 사람이 지속적으로 보살행을 수행할 수 있는 것은 필경에 애착하는

---

17 龍樹造, 眞諦譯, 『십팔공론』, p.861中.

마음이 없음을 뜻한다. 그러므로 보살은 마음을 비워서 애착의 마음을 없애야 하며, 그렇게 하려면 독특한 공관空觀이 있어야 하는데 그 공의 이름을 필경공이라고 한다.

(7) 무전후공無前後空

무전후공은 필경공의 사상을 앞뒤 없이 실천하여 깨닫는 공을 뜻한다. 이 무전후공은 이름과 같이 전후가 없는 실천수행을 통하여 중생에게 이익을 주는 공관空觀이다. 이는 시작이 없는 보살행을 수행하여 공의 도리를 깨닫는다고 해서 무시공無始空이라고도 이름한다.

(8) 자상공自相空

자상공의 상相에는 오근五根과 오경五境은 사대四大의 인연으로 형성된 색상色相이 있고, 또 마음 위에 떠오르는 심상心相이 있다. 즉 오온 가운데 색온은 색상이 되고, 수·상·행·식 등 사온四蘊은 심상心相이 되는 것이다.[18]

이와 같이 몸(五根)과 객관계의 물질(五境)도 인연의 집합으로 말미암아 성립된 색온이기 때문에 그 내용이 공한 것이고, 정신에 해당하는 사온도 인연의 집합에 의하여 행동이 나타나게 되는 것이므로 그 행상行相이 공한 것이다. 모습의 내용이 공한 것이기 때문에 이는 허망한 것이지만 그 성질은 영원히 변치 않고 존재하는 것이다. 그러므로 물질의 성질과 마음의 성질을 무위법無爲法이라 하고 또 진여성眞如

---

18 龍樹造, 眞諦譯, 위와 같음.

性 또는 불성佛性이라고 한다. 이와 같이 공空은 진여성과 통하며 진여성은 중생을 구제하는 이타심을 발생시키는 근본이 된다. 그것은 성공性空과 상공相空, 그리고 일체법공一切法空 등 삼공三空에 의하여 이타사利他事가 실현되는 보살행이 나타나기 때문이다. 이들 삼공으로 말미암아 자리와 이타의 원인(因)을 밝히게 된다.

먼저 성공性空은 청정한 불성이 공한 것을 뜻하며, 불성이 공한 것이기 때문에 모든 법의 자성이 될 수 있다. 만법의 자성인 불성은 자연과 더불어 본래부터 존재하는 것이다. 자성에는 두 가지 뜻이 있는 바, 하나는 비롯함이 없는 것(無始)을 말하고 또 하나는 만법의 원인(因)이 되는 것을 말한다. 그러나 모든 정신과 물질의 자성은 본래의 것이므로 시작이 없고 또 원인도 본래 없는 것이라고 한다. 이와 같이 성공性空은 영원한 것이며 동시에 상공相空도 영원한 것이다.

(9) 일체법공一切法空

일체법공은 위에서 말한 성공性空·상공相空과 함께 삼공三空이 되는 것이며, 이 삼공으로 말미암아 자리와 이타의 수행이 될 수 있는 원인을 밝히게 된다. 이밖에도 일체법공은 유법공有法空·무법공無法 空과 함께 삼공三空이라고도 한다. 유법공은 나(人)와 법法은 본래 소유가 없는 것이며, 증익과 감소도 없는 것이므로 시비와 비방도 붙지 않으며 모든 형상을 제외시키게 되는 것이고 동시에 모든 것을 초월한다. 그리고 무법공은 진실만이 있을 뿐이며 인집人執과 법집法執 이 없는 진리의 성질이다. 중생의 망집妄執이 없기 때문에 이런 집착도 없게 되어 얻는 진실성을 무법공이라고 한다. 이 무법공은 손익損益의 현상과 상관되지 않으며, 증감增減을 여의고 유무有無에도 치우치지 않기 때문에 공체空體라고 이름하는 것이다. 공체는 본래 청정한 것을 의미한다.

(10) 불가득공不可得空

불가득공은 단절되지도 않고(不斷), 상주하지도 않으며(非常), 그리고 항상 존재한다는 뜻을 가히 얻을 수 없고, 단절된다는 뜻도 가히 얻을 수도 없는 것을 뜻한다. 정상定相도 가히 얻을 수 없기 때문에 난득難得이라고 이름한다. 그리고 이 공의 도리(空理)는 고통도 있을 수 없고 즐거움도 있을 수 없기 때문에 대락大樂이라고 하며, 또 나(我)도 아니고 무아無我도 아니기 때문에 대아大我라 한다. 그리고 청정도 아니고 부정도 아니기 때문에 대정大淨이라 한다. 인집人執과 법집法執이 없고 아공과 법공이 원만함을 이루므로 공체空體라 하고, 동시에 불가득공의 원리를 갖춘다.

이상으로 용수보살이 설명한 십팔공十八空의 사상을 간추려 살펴보았다. 이들 내용에 의하면 삼라만상의 체성은 공한 것이며, 공의 체성은 진여眞如의 체이고 만물의 법성法性이며 불성佛性이다. 선의 수행은 이러한 공성을 깨닫는 것이다. 그래서 진여와 불성을 깨닫고 증득하려면 선을 수행해야 하고 선을 통하여 공의 원리를 깨달아야 하는 것이다. 왜냐하면 공의 진리를 깨닫는 것은 성불과 직결되기 때문이다. 그러나 중생들은 대부분 현상계의 공성空性과 본성을 깨닫지 못하고 표면의 형상만을 집착하며 여러 가지 번뇌를 야기하게 된다. 그렇기 때문에

용수는 이들 중생을 계몽하고 현상계를 올바로 관찰하도록 하기 위해
공삼매空三昧를 설명하는 것이다.

3) 공空의 실상實相

용수보살은 공의 실상을 다음과 같이 설명하고 있다. 『지도론智度論』
권31에 말하기를 "일체의 언어의 길을 단절하였기 때문에 공이라
하고(斷一切語言道故名爲空), 일체 마음의 행상을 멸하였기 때문에 공
이라 한다(滅一切心行故名爲空)"라고 하였다. 공空은 불완전한 언어로
는 표현할 수 없는 경지이고, 또한 번뇌의 마음으로는 공의 도리를
인식할 수 없는 경지이다. 만약에 염불과 참선을 하여 공의 대명사격인
아공과 법공을 증득하였다면 이 경지는 마음을 교란시키는 번뇌의
장애(煩惱障)가 없어지고 또 마음의 지혜를 덮어버리는 지혜의 장애(所
知障)가 없어진 상태가 된다. 이러한 장애가 없어지면 인간의 본성인
진여심眞如心과 지혜가 나타나게 되며 공과 진여의 진실성도 깨닫게
되는 것이다. 그러므로 용수보살은 백팔삼매百八三昧 등의 여러 선정을
설명하는 가운데서도 삼삼매三三昧가 핵심이 되는 선정禪定이라고
한다. 그리고 삼삼매는 공 가운데서 십팔공의 진리를 깨닫는 것이며
공을 깨닫는 선정을 닦는 것이라고 강조하였던 것이다. 『지도론』
권23에 의하면 삼매는 금강삼매와 아라한과 벽지불이 닦는 삼매와
모든 부처님이 닦는 삼매가 있으며, 왕삼매王三昧와 수능엄삼매 등
여러 가지 삼매가 있지만, 이들 삼매를 요약하여 말하면 삼삼매에
지나지 않는다고 한다. 이와 같이 많은 선정의 종류 가운데서도 삼삼매
가 모든 선정의 핵심이 되는 것이다.

『지도론』권24에 의하면 선정을 수행해야 산란심을 없앨 수 있고 또 애착과 사견과 아만 등의 모든 번뇌도 없앨 수 있다고 한다. 선禪의 수행은 반야를 발생시키는 것이므로 선정에 의거하면 만법을 관찰하는 반야(智慧)가 발생하고, 반야로 인하여 바라밀이 발생하게 된다고 한다. 그리고 용수는 선정을 유심唯心사상에 입각하여 잘 정리하고 있다. 또『지도론』권29에서 용수는 다음과 같은 말을 하고 있다.

"욕계欲界와 색계色界와 무색계無色界 등 삼계에 있는 모든 것은 마음이 만들어 낸 것이다. 그 까닭은 마음에 따라 생각이 나타나고 모든 것을 볼 수 있기 때문이다. 그리고 마음으로 부처를 볼 수 있고 마음으로 부처가 될 수 있으니 마음이 곧 부처요, 마음이 곧 나의 몸이다. 마음은 스스로 알지 못하는 것이며 또한 스스로 보지 못한다. 만약 마음의 모습(心相)을 취한다면 지혜가 모두 없어지게 되며 따라서 그 마음은 허광虛狂하게 된다. 그러므로 이와 같은 무명無明으로부터 탈출해야 하고 무명에서 해탈하게 되면 마음의 모습을 여의게 되며 모든 법의 실상에 깨달아 들어갈 수 있게 된다."[19]

제법의 실상(諸法實相)은 항상 공한 것이기 때문에 상공常空이라고 한다. 이와 같은 상공과 제법실상을 증득하려면 선정(三昧)과 지혜智慧를 닦아야 하고, 선정과 지혜를 원만하게 수행하면 상공의 진리와 모든 법의 실상을 깨닫고 진리를 실현할 수 있다고 한다. 용수는 또 선정과 지혜를 함께 닦아야 하는 필요성을 다음과 같은 예로써 설명하고 있다.

---

19 『대지도론』권29, p.276中.

"금시조金翅鳥라는 새가 있는데, 그 금시조 가운데에서도 왕은 두 날개를 구족하게 갖추어 허공을 날 때 자유롭게 날 수 있고 동시에 날아가고자 하는 목적지까지 도착할 수 있다. 이와 같이 보살도 선정과 지혜의 힘을 함께 구족해야 바른 진리를 깨달을 수 있고 최고의 목적인 성불도 할 수 있다. 보살의 선정은 한 생각을 할 때 대천세계大千世界에 이를 수 있다. 이와 같이 일심의 선(一心禪)은 오욕五慾과 오개五蓋를 제거하여 멸할 수가 있다."

이와 같이 용수보살은 선정과 관련시켜서 오욕과 오개를 매우 광범 위하게 설명하고 있다. 오욕은 색色·성聲·향香·미味·촉觸 등 오경五 境에 집착하는 것을 말한다. 그리고 오개는 탐욕貪欲·진에瞋恚·수면睡 眠·도거掉擧·의疑 등 다섯 가지 번뇌를 뜻한다.

이상과 같이 용수보살은 백팔삼매 등 여러 가지 선정을 설명하고 그 가운데서도 삼삼매가 선정의 핵심이 된다는 것을 강조하였다. 그리고 용수는 십팔공十八空의 진리를 관찰하는 선정을 수행해야 하며 선정으로 말미암아 나타나는 지혜는 십팔공의 진리를 증득하게 된다고 강조하였다.[20]

4) 심상心相에 대한 공관과 18공관

불교에 있어서의 수행은 모든 경전을 통하여 사상을 정립하고 그 사상에 의거하여 지관止觀의 수행을 해야 한다. 유가사들이 닦는 지관 은 문자를 통하여 마음에 자리잡은 모든 모습을 제거하는 역할을

---

20 吳亨根,『인도불교의 선사상』, 한성, 1992, pp.182~191 참조.

하게 된다. 그리고 지관을 통하여 안과 밖으로 받아들이는 마음의 영상을 모두 정화해야 진실한 진여성을 증득할 수 있으며 성불도 할 수 있다고 본다.

『해심밀경』에서는 심소집수상心所執受相, 영납상領納相, 요별상了別相, 정지상正智相, 진여상眞如相[21] 등이 마음속의 모습으로 나타나서 번뇌의 현상이 된다고 한다. 이들 모습들은 마음을 가리는 장막이 되며, 이러한 모습들을 제거하는 수행이 곧 선정이며 지관의 수행이다. 그리고 이러한 모습의 장애물을 제거하는 수행은 공관을 닦는 것이라고 한다. 그 공관은 십공관十空觀 내지 십팔공관十八空觀을 의미한다. 이는 용수보살의 『지도론』에 십팔공 등 공삼매를 닦는다고 한 취지와 동일한 뜻을 갖고 있다. 『해심밀경』에서는 열 가지 모습(十種相)을 공관으로 능히 제거해 버리는 공능제견空能除遣의 뜻을 설명하고 있다. 이들 십종의 모습과 십종의 공관을 간단히 소개하고자 한다.

(1) 법의 뜻(法義)을 요지了知[22]함으로 말미암아 생기는 여러 가지 문자의 모습(種種文字相)이 마음속에 생기게 된다. 이러한 모습은 법공法空의 관법으로 일체의 모습을 능히 제거하게 된다.

(2) 현상의 세계에 펼쳐져 있는 안립진여安立眞如를 요지함으로 말미암아 마음속에 생주이멸의 모습이 되풀이되는 생주이멸상속상生住異滅相續相이 생기게 된다. 이러한 생멸상은 출생하고 잠시 머물고 변천하고 없어지는 모습으로서, 이는 공한 것이라고 관찰하는 상공相空의 관법에 의하여 없앨 수 있다. 그리고 그 모습들이 전후로 상속하는

---

21 玄奘譯, 『解深密經』 권3 「分別瑜伽品」 참조.
22 玄奘譯, 『解深密經』 권3 「分別瑜伽品」, p.701上.

것도 곧 공한 것이라고 관찰하는 무선후공無先後空의 지관에 의하여 제거된다.

(3) 마음으로 대상을 능히 취착하며 인식하는 것(能取義)이 마음속에 생기게 되면 이것을 애착하고, 나아가서 몸을 애착하는 모습(顧戀身相)과 아만상我慢相이 생기게 된다. 이러한 모습들은 공했다는 내공內空의 관법과 소득이 없다고 생각하는 무소득공無所得空의 관법으로 말미암아 없어지게 된다.

(4) 상진여相眞如의 뜻을 요지함으로 말미암아 보특가라무아상補特伽羅無我相과 법무아상法無我相과 유식상唯識相과 승의상勝義相이 마음속에서 생기게 된다. 이들 모습은 필경공畢竟空과 무성공無性空과 무성자성공無性自性空과 승의공勝義空 등의 공관을 닦는 지관으로 인하여 제거된다.

(5) 청정진여淸淨眞如의 뜻을 깨달음으로 말미암아 진여는 변천이 없다는 생각을 지속하는 무위상無爲相과 진여는 공간적으로 변함이 없는 것이라고 고집하는 무변이상無變異相이 마음속에 생기게 된다. 이는 무위공無爲空과 무변이공無變異空의 공관을 닦는 지관止觀에 의하여 능히 제거된다.

(6) 앞에서 말한 상相들을 정화하는 공성에 대해서 경각심을 갖고 사유하는 작의사유作意思惟에서 공성상空性相이라는 모습이 마음에 생기게 된다. 이러한 공성상은 공공空空의 관법으로 말미암아 제거된다.

이상과 같이 우리 마음속에는 여러 가지 경계의 모습이 있다. 이 모습을 아는 지식에 의하여 고정적인 모습이 자리잡게 되는 것이며 그 모습들이 오히려 지혜를 장애하게 된다. 그 모습들은 공관의 지관에 의하여 제거하고 정화해야 한다. 심지어는 지관止觀에 의하여 나타나는 영상을 제거해야만 모든 잡염의 결박상(雜染縛相)으로부터 해탈할 수 있고 또 그 해탈했다는 것조차도 제거할 수 있다고 한다.

이와 같이 유가교瑜伽教의 선사상은 『유가론』(『유가사지론』)과 『해심밀경』에 의하여 발달된 것이며, 발달과정에서도 지관과 정혜定慧를 유식학적인 인식론과 심리학적인 해석을 모두 활용하여 설명하고자 노력한 것이 유가교의 선정사상이라고 할 수 있다.[23]

III. 해탈·성불의 길

1. 반야경에 있어서 번뇌와 업業의 문제

1) 번뇌와 업

불교에 따르면 사람은 번뇌로 인해 업業을 일으키고 업에 의해 고과苦果를 초래한다고 한다. 번뇌와 업業과 고苦의 이 삼자일련의 관계로 말하면 고苦를 초래하는 직접 원인은 업이고, 번뇌는 간접원인인 것처럼 보인다. 그러나 업도 단순한 업이 아니라 번뇌에 바탕을 둔 업인 곳에 고를 초래하는 결정적 성격이 생긴다. 그러므로 업의 명칭을 내지 않고 바로 번뇌에 의해 고苦가 있다고 말하는 경우가 많다. 하나의 예문을 들어 보겠다.

---

23 오형근, 앞의 책, 1992, pp.203~205.

"지혜가 없는 자는 착란하고 미혹하여 가르침을 받아들이지 않는
다. 나는 안다. 이 중생은 일찍이 착함의 근본을 심지 않았으며
다섯 가지 욕망에 집착하여 어리석음과 애착으로 번뇌가 생기며,
온갖 욕망의 인연으로 삼악도에 떨어지고 육도 가운데 윤회하면서
온갖 고통과 해로움을 다 받는다는 것을."

無智者錯亂 迷惑不受敎 我知此衆生 未曾修善本 堅著於五欲 癡愛故生惱
以諸欲因緣 墮墮三惡道 輪迴六趣中 備受諸苦毒(『法華經』「方便品」).

불교는 이와 같은 번뇌에 의한 육도윤회의 존재를 불쌍히 여기고,
고뇌의 생활로부터 사람들을 구출하려고 하는 것이 목적이다. 그러나
사람들의 마음에 휘감겨 매어 놓고 선善으로 향하는 마음을 계속
방해하는 번뇌의 쇠사슬은 과연 이것을 끊어낼 수가 있는 것일까.
만약 끊어낼 수가 없는 것이라면 고는 영겁에 계속되고 해탈은 바랄
수가 없다. 부처님의 가르침은 그것이 가능하기 때문에 대자비심을
가지고 사람들을 해탈로 인도하기 위해서 계속되었던 것임에 틀림없
다. 붓다의 깨달음을 믿고 붓다의 원願을 믿는 한 범부가 번뇌·업·고의
유전으로부터 탈출할 수 있는 가능성은 반드시 남아 있다고는 생각되
지만 그 가능성은 어떻게 하면 발견할 수가 있을까. 번뇌를 모두
끊어 삼계로부터 벗어났다고 믿고 있는 아라한에게도 본인에게는
아직 전혀 정신이 들지 않은 번뇌의 여습餘習이 잔재하고 있다고 듣게
되면, 속박되어 있는 범부에게는 자기의 마음을 직시하면 직시할수록
해탈에의 바람을 가질 수 없게 된다.

2) 보살의 업業의 문제

『반야경』 가운데서 업의 문제를 들어 논의하고 있는 곳으로서 「사제
품」 제84를 주의해야 할 것이다. 전의 「팔정품」 제83에서 6바라밀을
비롯하여 이하 붓다의 십력·사무소외·사무애지·십팔불공법에 이르
기까지 모두 그러한 공덕은 모두 이 아뇩다라삼먁삼보리의 길이라고
설하고 있다. 거기에서 이 「사제품」에서는 그것을 이어받아, 만약
그와 같이 이들의 제법이 보살의 법이라고 한다면 무엇을 불법이라고
하게 될까. 보살법과 불법의 차이를 알 수 없게 되는 것은 아닌가
하는 것으로 먼저 문제가 제기되었다. 그 답은 다음과 같다. 즉 보살의
법은 또 이 불법이기도 하다. 만일 일체종一切種을 알았다면 일체종지一
切種智를 얻게 되고 일체의 번뇌습을 끊게 되기 때문이며, 보살이라고
하는 것은 앞서 이 법을 얻는 자의 것, 불佛이라고 하는 것은 일념상응의
혜慧를 가지고 일체법을 알아 아뇩다라삼먁삼보리를 얻는 자의 것.
즉 보살과 불은 금후에 얻는 자와 이미 얻은 자라고 하는 단계의
구별이고, 본질적으로 길을 달리하는 것은 아니다. 성문에 있어서의
향도向道와 득과得果의 구별과 같은 것으로, 무애도無碍道 중에 있을
때를 보살이라고 하고 해탈도解脫道 중에 있을 때를 불이라고 하는
구별에 지나지 않는다.

그러나 그렇게 되면 이번은 또 그에 관련하여 구별의 문제가 나온다.
일체법은 자상공自相空이라고 이제까지 설해 왔지만 자상공이라고
하는 것에 지옥·아귀·축생·천·인의 5도를 비롯하여 성지性地의 인人·
팔인지八人地의 인·수다원의 인·사다함·아나함·아라한의 인·벽지
불·보살·불이라고 하듯이 많은 차별이 있다고 하는 것은 어떻게 된

것인가. 일체법공이라고 하는 이상, 제인諸人이 같지 않음은 있을
수 없을 것이고, 업·인연이라고 하는 것도 또한 그 과보라고 하는
것도 공空이고 불가득이 되지 않으면 안 될 것이다. 이 점은 어떻게
이해하면 좋을 것인가. 이것이 문제로 되는 것이다. 업의 것이 여기에서
약간 논급論及되게 된 것이다. 지금 위에서 살펴본 의문은 어떻게
이해되고 있는지를 보니 거기에서는 다음과 같이 답하고 있다.

분명히 일체법은 자상공自相空이기 때문에 그 관점에서 보면 중생도
없고 업인연業因緣도 없고 과보도 없는 것이 된다. 그런데 중생은
그러한 제법자상공인 것을 알지 못한다. 그와 같은 제법자상공인
것을 알지 못한다고 하는 그것(無明)이 중생으로 하여금 업을 짓게
하는 인연으로 되는 것이고, 죄업이라든지 복업福業이라든지 무동업無
動業이라든지 하는 여러 가지 업의 차별이 그곳으로부터 발생해 온다.
죄업의 자는 삼악도로 떨어지고, 복업의 자는 인人·천天 중에 태어나
고, 무동업의 자는 색계든지 무색계로 태어난다. 이에 대해 보살은
6바라밀 내지 18불공법을 행할 때에 금강삼매와 같이 이 조도助道의
법을 모두 수행하기 때문에 아뇩다라삼먁삼보리를 얻어 중생요익衆生
饒益하기를 계속하고 육도생사에 떨어지는 일이 없다. 요컨대 업을
지어 여러 가지 과보를 받는다고 하는 것은 자상공의 반야바라밀을
배우지 않은 자에게 일어나는 것이고, 보살에 있어서는 그러한 일은
전혀 일을 수 없다고 하는 것이다.

3) 붓다와 생사문제

그러나 여기에서 아직 문제가 모두 해결된 것은 아니다. 왜냐하면

보살은 업을 짓고 과보를 받는다고 하는 일이 없다고 해도 붓다는 육도의 중생을 구하기 위해서 육도생사六道生死 중에 나아가시는 것이 아닌가. 그렇다면 붓다와 육도생사의 관계를 보다 확실히 해둘 필요가 있다. 이에 이번은 논의가 다음과 같이 진행된다. 붓다는 아뇩다라삼먁삼보리를 얻었기 때문에 그 경지의 붓다에게 육도생사 등이 있을 수가 없다. 또 업에 대해서도 흑업黑業이건 백업白業이건, 흑백업黑白業이건 불흑불백업不黑不白業이건 어떤 업도 있을 수가 없다. 그런데 현실에 있어서는 지옥·아귀·축생으로부터 아라한·벽지불·보살·제불이라고 하는 많은 구별이 있는 것도 부정할 수 없다. 그렇게 보면 붓다가 육도의 생사를 인정하고 그 가운데서 중생을 구제하려고 하신 것과, 붓다가 육도생사 및 그 인연으로 되는 업의 차별을 넘어서 있다고 하는 것의, 이 두 가지는 그 사이에 모순이 느껴지는 것 같지만, 어쨌든 경전에서는 여기에서 이 점을 다음과 같이 해명하고 있는 것 같다.

　중생은 생각하기를, '제법이 자상공自相空이라고 한다면 보살이 아뇩다라삼먁삼보리를 구한다고 하는 일은 없을 것이다. 그리고 또 중생을 삼악도로부터 빼내기 위해서 육도생사의 속을 왕래한다고 하는 일도 없을 것이다'라고 생각한다. 그러나 만약 그와 같이 생각했다면 그것은 정말로 제법자상공諸法自相空이라고 하는 것을 안 것이 되지 못한다. 실은 알고 있지 못한 것이다. 그러므로 육도생사를 자기 자신이 벗어날 수 없는 입장에서 그와 같이 판단하고 있음에 지나지 않는다. 보살이 붓다에게서 제법자상공을 들었다면 아뇩다라삼먁삼보리를 구하려고 하는 마음을 낸다. 범인은 무소유법 가운데 전도망상하여 법이 있는 것처럼 분별하고, 중생이 없는데 중생이 있다고 생각하며, 색수상행식色受相行識은 없는데 색수상행식이 있다고 생각하고, 모두 그러한 유위법은 무소유인데 전도망상의 마음을 가지고 신구의身口意의 업을 짓는다. 그러한 인연에 의해서 육도생사 중에 왕래하게 된다. 그렇기 때문에 육도로부터 벗어날 수가 없게 되는 것이다. 이에 반해 보살은 일체 선법의 내의 반야바라밀 가운데 보살도를 행하기 때문에 아뇩다라삼먁삼보리를 얻게 되는 것이고, 또 아뇩다라삼먁삼보리를 얻은 후에 중생을 위해서 사성제를 설한다고 하게 된다. 그리고 그 때문에 불법승의 삼보를 말하게 된 것이다. 따라서 삼보를 믿는다면 육도생사를 벗어날 수가 있겠지만, 반대로 믿지 않고 거절하는 것 같은 생각으로는 육도생사를 벗어날 수는 도저히 없는 것이다.

개략적인 취지는 이상과 같은 해설적으로 소개한 것과 같다. 그렇게 보면 결국 반야경의 입장은 보살은 올바로 반야바라밀에 의해 자상공自相空을 행하는 한 업인연業因緣에 의해 스스로 육도六道 중에 떨어진다고 하는 일은 없다. 그 위에 참으로 자상공을 안다고 하는 것은 공空이기 때문에 구해야 할 보리도 없고 구제해야 할 중생도 없다고 하는 것과 같은 그러한 얽매인 견지에서의 것은 아니기 때문에, 반야바라밀에 입각하여 공에도 집착되지 않는 바의 보살행 가운데서만 자연히 아뇩다라삼먁삼보리가 얻어지고 나아가 중생을 위한 사제 설법도 할 수 있게 되는 것이다. 그와 같은 자세야말로 실은 참으로 자상공을 올바로 배우고 행하는 것이라고 볼 수 있다 할 것이다. 경전의 주장은 대체로 이와 같은 것이다.[24]

2. 반야경에 있어서 성불의 길

1) 불국정토의 길

『마하반야바라밀경』권26에서 수보리와 부처님은 수행과정에 대해 다음과 같이 문답하고 있다. 그 요지를 소개한다.

한때 수보리는 이렇게 생각하였다. '어떠한 것이 보살마하살의 도道 이기에 보살은 이 도에 머물러서 능히 그와 같은 큰 서원으로써 장엄을 할까?' 부처님께서는 수보리가 마음속으로 사념하는 바를 아시고 수보리에게 말씀하셨다.

"여섯 바라밀다가 보살마하살의 도이고, 삼십칠조도법三十七助道法이 보살마하살의 도이며, 십팔공十八空이 보살마하살의 도이고, 팔해탈과 구차제정九次第定이 보살마하살의 도이다. 부처님의 십력十力 내지 십팔불공법十八不共法이 보살마하살의 도이고, 일체법도 보살마하살의 도이다. …… 수보리야, 법으로써 보살이 배우지 못하는 것은 없는 것이다. 왜냐하면 만일 보살이 일체법을 배우지 못한다면 일체종지를 얻을 수 없기 때문이다."

수보리가 부처님께 아뢰었다. "세존이시여, 만일 일체법이 공성空性이라면 어떻게 보살이 일체법을 배운다고 말합니까? ……."

부처님께서 수보리에게 말씀하셨다. "그러하다, 그러하다. 일체법은 실로 공성이다. 수보리야, 만일 일체법이 공성이 아니라면 보살마하

---

24 『佛教學セミナ-』第20號, 大谷大學佛教學會, 1974. 10, pp.230~235 참조

살은 아뇩다라삼먁삼보리를 얻지 못한다. 수보리야, 지금 일체법이 실로 공성인 까닭에 보살마하살은 실로 아뇩다라삼먁삼보리를 얻는 것이다. …….

수보리야, 이 보살의 도에 있어서는 처음부터 줄곧 마땅히 이와 같이 사유해야 한다. '일체의 제법 가운데 정해진 성품은 얻을 수가 없으니, 단지 인연의 화합에 의해서 제법이 생한 까닭에 제법은 이름만 있을 뿐이다. 내 마땅히 제법의 참된 성품으로서는 주착할 바가 없으니, 이른바 여섯 바라밀다의 성품이나 삼십칠조도법 혹은 수다원과 내지 아라한과 혹은 벽지불도 또는 아뇩다라삼먁삼보리는 없다'라고. 왜냐하면 일체법은 일체법의 성품이 공성이어서 공성은 공성에 집착하지 않기 때문이다. 공성도 또한 얻을 수가 없는데, 하물며 어찌 공성 가운데 주착함이 있겠는가? 수보리야, 보살마하살은 이와 같이 사유하고 일체법에 주착함이 없이 일체법을 배우고, 이렇게 배우는 가운데에 머물러서 중생의 마음 움직임을 관찰하는 것이다. …… 이때 보살마하살은 반야바라밀다 가운데 머물러 방편의 힘을 가지는 까닭에 중생을 교화하여 다시 이렇게 말한다.

'그대 여러 중생들이여, 마땅히 보시를 행하여 재물을 풍부히 얻더라도 보시의 과보에 기대어 스스로 높은 체하여 교만하지 말라. 왜냐하면 이 가운데는 견실한 법이 없기 때문이다. 지계·인욕·정진·선정·지혜도 이와 같다. 여러 중생들이여, 이 법을 행하여 수다원과 내지 아라한과 또는 벽지불도 또는 불도를 얻더라도 이러한 법이 있다고 생각하지 말라.' 이와 같이 교화하고 보살의 도를 행하지만 주착하는 바가 없는 것이다. 그 가운데 견실함이 있을 수 없는 까닭에, 만일 그와 같이 교화하면 이것을 보살의 도를 행한다고 말하니 제법에 있어서 주착하는 바가 없기 때문이다. 왜냐하면 일체법은 주착할 바 모습이 없기 때문이다. 성품이 없는 까닭이고 성품이 공한 까닭이다.

수보리야, 이 보살마하살은 그와 같이 보살의 도를 행할 때에 머무는 바가 없다. 이 보살은 머물지 않는 법을 가지는 까닭에 보시바라밀다를 향하여 가지만 그 가운데 머물지 않고, 지계바라밀다를 향하여 가지만 그 가운데 머물지 않는다. 인욕바라밀다를 향하여 가지만 그 가운데 머물지 않고, 정진바라밀다를 향하여 가지만 그 가운데 머물지 않는다. 선정바라밀다를 향하여 가지만 그 가운데 머물지 않고, 반야바라밀다를 향하여 가지만 그 가운데 머물지 않는다.

첫 번째 선정을 행하지만 그 가운데 머물지 않는다. 왜냐하면 이 첫 번째 선정은 첫 번째 선정의 모습도 공성이고, 선정을 행하는 자도 공성이며, 소용되는 법도 공성이기 때문이다. 두 번째 선정·세 번째 선정·네 번째 선정도 그와 같다. 우정(慈)·슬픔(悲)·기쁨(喜)·평정(捨) 또는 사무색정·팔배사·구차제정도 그와 같다. 수다원과를 얻지만 그 가운데 머물지 않고, 사다함과·아나함과·아라한과를 얻지만 그 가운데 머물지 않고, 벽지불도를 얻지만 그 가운데 머물지 않는 것이다. …….

수보리야, 보살은 일심으로 아뇩다라삼먁삼보리 속으로 향하되 다른 마음을 멀리 떠난다. 그리고 몸과 말과 뜻의 업을 짓되 모두 아뇩다라삼먁삼보리에 상응하게 한다. 수보리야, 이 보살마하살은 이 일심에 머물러서 능히 깨달음의 도를 일으키는 것이다. …… 수보리야, 이 보살마하살은 여섯 바라밀다와 삼십칠조도법을 구족하고, 부처

님의 십력·삼무소외·사무애지·십팔불공법을 구족한다. 그리고 여금
강삼매를 구족하여 머물고 일념에 상응하는 지혜로써 아뇩다라삼먁삼
보리를 얻은 것이다. 이때를 이름하여 부처님이라고 하니, 일체법
가운데 있어서 자재를 얻은 것이다."

수보리가 부처님께 아뢰었다. "세존이시여, 보살마하살은 어떻게
부처님 국토를 정화하는 것입니까?"

부처님께서 말씀하셨다. "보살이 초발의 때부터 줄곧 스스로 몸의
거친 업을 없애고, 말의 거친 업을 없애고, 뜻의 거친 업을 없애고,
또한 타인의 몸과 말과 뜻의 거친 업을 정화하는 것이다."

"세존이시여, 무엇을 보살마하살의 몸의 거친 업·말의 거친 업·뜻의
거친 업이라고 합니까?"

부처님께서 수보리에게 말씀하셨다. "선하지 않은 업인 살생 내지
사견邪見을 보살마하살의 몸과 말과 뜻의 거친 업이라고 이름한다.
또 수보리야, 아끼고 탐내는 마음·파계의 마음·화내는 마음·나태한
마음·산란한 마음·어리석은 마음을 보살의 뜻의 거친 업이라고 이름
한다. 또한 계를 정화하지 않는 것을 보살의 몸과 말의 거친 업이라고
이름한다. 또 수보리야, 만일 보살이 사념처의 행을 멀리 떠나면 이것을
보살의 거친 업이라고 이름한다. 사정근·사여의족·오근·오력·칠각
지·팔정도·공삼매·무상·무작삼매를 멀리 떠나도 보살의 거친 업이
라고 이름한다.

또 수보리야, 보살마하살이 수다원과에 탐착하고 나아가 아라한과
까지도 탐착하고 벽지불도를 증득함도 보살마하살의 거친 업이라고
이름한다. 또 수보리야, 보살이 색·수·상·행·식의 모습, 또는 눈·귀·

코·혀·몸·뜻의 모습, 색·소리·냄새·맛·촉감·법의 모습을 취하는 것을 거친 업이라고 이름한다. 남자의 모습·여자의 모습·욕계의 모습·색계의 모습·무색계의 모습·선한 법의 모습·선하지 않은 법의 모습, 또는 유위법의 모습·무위법의 모습을 취하는 이것을 보살의 거친 업이라고 이름한다. 보살마하살은 그와 같은 모든 거친 업의 모습을 멀리 떠나 스스로 보시하고 타인을 가르쳐서 보시하게 한다. …….

이 복덕을 가지고 일체중생과 함께 이것을 공유하니, 부처님의 국토를 정화하는 것으로 회향하기 때문이다. 지계·인욕·정진·선정·지혜도 그와 같다. …….

부처님이 계시든 부처님이 계시지 않든 일체 제법은 일체법의 모습에 있어 공성이다. 제법이 공성인 가운데서는 모습이 있을 수 없고, 모습이 없는 가운데서는 곧 짓거나 나타나는 것이 없다. 그와 같은 법의 음성이 있게 된다. 그리하여 밤이나 낮 혹은 앉거나 눕거나 서 있거나 가거나 항상 이 법을 듣는 것이다. 이 보살이 아뇩다라삼먁삼보리를 얻을 때에는 시방 국토 가운데의 여러 부처님이 찬탄하시니, 중생은 이 부처님의 명호를 듣고 반드시 아뇩다라삼먁삼보리에 도달한다. …….

모든 부처님은 아뇩다라삼먁삼보리를 얻을 때에 이 중생이 다섯 갈래 윤회의 길을 왕래하는 것을 보시고는 사정취邪定聚에서 구출하여 정정취正定聚 가운데 세워서 다시는 나쁜 길에 떨어지지 않게 하신다. 그와 같이 수보리야, 보살마하살이 부처님의 국토를 정화하는 가운데에는 그때의 중생에게는 잡되고 더러운 마음이란 없다. 곧 세간법·출세간의 법 또는 유루·무루 또는 유위·무위가 없고, 나아가 이 국토

가운데의 중생은 반드시 아뇩다라삼먁삼보리에 이른다. 수보리야,
이것을 보살마하살이 부처님의 국토를 정화한다고 하는 것이다."[25]

2) 해탈의 길

그러면 붓다의 가르침에 어떻게 따라가면 번뇌의 사슬을 끊어 버린다
고 하는 어려운 일에 희망을 가질 수가 있게 되는 것일까.『반야경』에
의하면 공空과 상응하는 공행空行의 보살로서 능히 불국토를 청정케
하고 중생을 성취하고 속히 아뇩다라삼먁삼보리를 얻을 수가 있다고
설한다.(「習應品」 제3) 또 반야바라밀을 행할 때 행行·불행不行·행불행
行不行·비행비불행非行非不行의 어떠한 상념想念도 갖지 않고, 상념을
갖지 않는다고 하는 상념도 갖지 않는 그와 같은 제법무소수諸法無所受
의 삼매에 있어 비로소 아뇩다라삼먁삼보리를 속히 얻게 된다고도
설한다.(『行相品』 제10) 여기에서는 번뇌의 단불단斷不斷에 대해서는
언급하고 있지 않지만, 아뇩다라삼먁삼보리를 얻는다고 하는 것은
인생의 진실에 달하여 완전히 고로부터 해탈한 경지에 도달하는 것에
다름 아니기 때문에, 여기에서 반야바라밀을 올바로 행하는 보살이
속히 아뇩다라삼먁삼보리를 얻게 된다고 설하고 있는 것으로 보아
일체법공一切法空을 여실하게 관하는 수행이야말로 번뇌·업·고의 유
전으로부터 해탈하는 확실한 길이라고 할 수가 있다.

　반야바라밀을 행할 때 보살은 자신이 행하고 있다고 하는 의식을
갖지 않는다. 행하고 있다고 하는 의식을 갖지 않는다고 하는 것이기

---

25 한글대장경, 『마하반야바라밀경』②, 동국역경원, 1997, pp.143~150 발췌.

때문에 행하고 있지 않다고 하는 것도 행하고도 있고, 행하고 있지 않는 것에서도 행하고 있다고 하는 그러한 일체의 분별심을 전혀 갖고 있지 않는 것이다. 도대체 분별심·상념이라고 하는 것은 스스로 의식하든 안하든 관계없이 모두 자아라고 하는 잠재적인 아집의 바탕 위에서 발동한다. 그러므로 반야바라밀을 행한다고 하는 것은 완전한 무아의 입장에 서는 것이라고 보아도 좋다.

고를 초래하는 번뇌는 어떤가. 그것은 모두 아집 위에서 성립한다. 번뇌가 고의 근원이라고 하는 것은 아집에 서 있는 일체의 자기본위(煩惱)로 자기중심적인 행위(業)가 인간에게 있어서 모든 고뇌의 종극적 원인이라고 하는 것이다. 거기에서 이와 같이 보아가면 반야바라밀을 행할 때에 번뇌나 업으로부터 고苦가 도출된다고 하는 확실한 철칙은 그대로 철칙으로서 인정하면서, 그렇기 때문에 번뇌 대치·고뇌 제거를 문제로 하지 않은 채로 자연히 번뇌가 없고, 번뇌에 기초한 업業이 없고, 당연히 거기에 일어나는 고뇌로부터도 완전히 해탈한 참 열반이 약속된다고 볼 수 있는 것이다.

관련 용어 해설

1. 가명(假名, prajñapti)

가설假設, 시설施設로도 번역한다. 사물이 가장 진실한 도리(勝義)로서는 공空이지만, 세간의 통속적인 관용으로서는 인연에 의해 임시로 생겨나게 되어 있는 것을 말한다. 즉 가명假名이라고 하는 번역어는 임시로 이름 지운 것, 또는 다른 것을 빌려 이름을 얻은 것이라는 뜻이다.

2. 비유비공非有非空과 비유비무非有非無

유도 아니고 공도 아니라는 말. 중도中道를 나타내는 형식으로 널리 쓰이는 말 중 하나이다. 비유비무非有非無 등과 같은 맥락이다. 『인왕호국반야경소』 권5[1]에 "환색을 유로 삼고 공을 진으로 보면, 유도 아니고

308

공도 아닌 것이 제일의가 된다(以幻色爲有 見空爲眞 非有非空 爲第一義)"
라고 하고, 『중관론소』 권10²에 "인연으로 발생한 법은 자성이 없으므
로 공이니 이런 이유로 유가 아니며, 유가 아닌 이상 또한 공도 아니다.
이처럼 유도 아니고 공도 아니므로 중도라 한다(因緣生法 無有自性故空
所以非有 旣其非有 亦復非空 非有非空 故名中道)"라고 하며, 『십이문론종
치의기』 권상³에 "환幻 중의 비유와 진眞 중의 비공이 융합하여 두
가지가 아니므로 중도라 한다(幻中非有 與眞中非空 融無二故 名爲中道
此是非有非空之中道)"라고 하였다.

그리고 비유비무란 있는 것도 아니고 없는 것도 아닌 이치. 곧
연기법을 나타내는 중도中道의 형식 중 하나이다. 비유비공非有非空과
같은 맥락이다. 주관의 인식으로 본다면 유라고도 생각하지 않고
무라고도 생각하지 않아서 양자에 모두 집착하지 않는 것이며, 객관의
존재로 본다면 연기緣起상의 유는 유에 머물지 않고 무도 무에 머물지
않아서 상호 의존하는 관계이기 때문에 비유와 비무라는 부정을 거쳐
고양된 형식의 존재가 된다. 다양한 인연에 의존하여 생멸하는 존재이
면서 결정된 본질을 지닌 자성自性의 유가 아니므로 비유라 하고,
항상 인연을 통하여 생멸하면서 완전히 사라지는 것은 아니므로 비무
라 한다. 따라서 이 비유비무는 연기법으로서 묘유묘무妙有妙無와
통하고, 공空이면서 중도의 지표가 된다.

『대반열반경의기』 권8⁴에 "두 번째는 아我에 대한 분별을 논파한다.

1 대정장 33, p.284.
2 대정장 42, p.152.
3 대정장 42, p.215.

인연의 법에는 나도 없고 남도 없다. 아我가 없기 때문에 인연의 법에는 아소我所도 없다. 곧 있는 것이 아니지만 인연에 따라 서로 발생하기 때문에 또한 없는 것도 아니다. 이렇게 있는 것도 아니고 없는 것도 아닌 이치를 중도라 한다(二 破我分別 因緣法中 無我無人 以無我故 因緣之法 亦非我所 則爲非有 因緣相生 故復非無 非有非無 名爲中道)"라고 하고, 『무량의경』에 이르기를, "법성法性은 인연을 따르므로 있는 것도 아니고 없는 것도 아니다. 있는 것도 아니고 없는 것도 아닌 것에 대한 사려분별을 잊고 도리로써 하나라고 비춰보는 것을 해공解空이라 한다. 있는 것도 아니고 없는 것도 아닌 것에 마음을 두어 대상경계와 그것을 파악하는 지혜가 여전히 둘로 나누어진다면 유有를 벗어나지 못하고, 유에 굴복하여 결박된다(法性從緣 非有非無 忘慮於非有非無 理照斯一者 乃曰解空 存心於非有非無 境智猶二者 未免於有 有中伏結)"라고 하였다.

또 『백론』권하 「파상품破常品」[5]에서는 "열반이란 모든 집착에서 벗어나고 모든 생각이 사라진 것으로, 있는 것도 아니고 없는 것도 아니며 존재도 아니고 비존재도 아니다. 비유하자면 등불이 꺼져 아무것도 보이지 않으면 방위를 말할 수 없는 것과 같다(涅槃名離一切著 滅一切憶想 非有非無 非物非非物 譬如燈滅 不可論說)"라고 하였다.

---

4 대정장 37, p.825.

5 대정장 30, p.180.

3. 사겁四劫

겁(劫, kalpa)이란 겁파劫波라 음사하며, 지극히 긴 시간을 뜻한다.
겁에 대한 설명도 많아서 개자겁과 반석겁 혹은 진점겁塵點劫과 미진겁
微塵劫 등의 비유가 있다. 4겁이란 성成·주住·괴壞·공空의 네 겁을
말한다. 세계가 이루어지고 있는 기간이 성겁이고, 세계가 이루어진
형태로 머물고 있는 기간이 주겁이며, 주겁의 다음에 세계가 파괴되어
가고 있는 기간이 괴겁이고, 다음에 공空의 상태로 계속되는 기간이
공겁이다. 그리고 다시 또 성겁이 이루어지고, 성주괴공은 영겁에
걸쳐 계속된다.

4. 삼계三界 구지九地

생사를 거듭하는 미망迷妄의 유정有情의 경계를 3단계로 구분한 것으
로, 욕계欲界·색계色界·무색계無色界를 말한다. 이 가운데 색계·무색
계는 욕계보다 우위에 있기 때문에 상계上界라고 부르고, 다만 욕계
중의 6욕천六欲天까지도 포함한 천상계 전체를 가리켜 상계라고 하는
경우도 있고, 이 경우 인간계는 하계下界라고 말한다. 욕계는 육도중생
의 세계를, 색계는 초선천初禪天으로부터 제4선천第四禪天까지의 넷
을, 무색계는 공무변처천空無邊處天으로부터 비상비비상처천非想非非
想處天까지의 넷을 삼계구지라고 말한다.

  (1) 욕계(kāma-dhātu)란 중생이 살고 있는 세계로 지옥·아귀·축생·
아수라·인간·육욕천六欲天을 합한 세계이다. 육욕천이란 4왕천·도

리천(三十三天)·야마천·도솔천·화락천·타화자재천의 육천六天이다.

이 세계의 중생들은 식욕·음욕·수면욕의 3욕이 있기 때문에 욕계라고 말한다. 욕계라고 하는 명칭은 색계와 무색계가 정심(定心: 禪定三昧에 들어 산만하지 않는 마음)의 지地인 데 대해, 산심(散心, 즉 산만하게 움직이는 통상적인 마음)의 지地이기 때문에 욕계 산지散地라고 말한다.

(2) 색계(rūpa-dhatu)란 정묘淨妙한 물질로 이루어진 세계로 4선(四禪: 四精慮)을 수행한 자가 사후에 태어나는 천계天界를 말한다. 욕계의 상방에 있고 수행의 과보果報의 우열에 따라 초선천으로부터 제2석천, 제3석천, 제4선천까지 4선천四禪天으로 크게 구분된다. 여기에는 17천天이 있다.

(3) 무색계(ārūpya-dhātu)란 물질을 초월한 세계로 4무색정四無色定을 수행한 자가 사후에 태어나는 천상계를 말한다. 물질이 없기 때문에 장처場處를 갖지 않고, 따라서 공간적인 고하의 차별은 없지만 수행의 과보의 우열에 따라 4계단으로 나눈다. 즉 수행된 사무색정에 대응하여 이것을 공무변처空無邊處, 식무변처識無邊處, 무소유처無所有處, 비상비비상처非想非非想處의 4무색계라고 한다. 이 가운데 비상비비상처천은 세계의 가장 높은 곳에 위치하기 때문에 유정천有頂天이라고 부른다. 무색계의 유정有情에는 남근男根은 없지만 모두 남성이고, 그 수량壽量은 순서대로 2, 4, 6, 8만겁이라고 한다.

이상의 삼계의 천(天, deva)이란 천상天上, 천유天有, 천취天趣, 천도天道, 천계天界, 천상계天上界라고 하는 것과 같은 의미이다. 천상에서의 유정 자체를 가리킬 때는 천인天人, 천부(天部: 복수), 천중(天衆: 복수)이라고도 하여 거의 신神의 개념에 해당된다. 사후에 천상계에 태어나는 원인으로는 수승한 십선十善, 사선四禪, 팔정八定을 설한다.

천인天人의 수명(命)이 끝나려고 할 때가 되면 신체에 다섯 가지 쇠해지는 모습이 나타난다. ①의복이 때로 더러워진다. ②머리에 쓰고 있는 화관이 시든다. ③신체에 냄새가 나게 된다. ④겨드랑이 아래에서 땀이 흐른다. ⑤자신의 위치가 즐겁지 않게 된다.

5. 삼명육통三明六通

붓다의 3종의 신통과 6종의 지혜를 말한다. 지혜를 가지고 미혹을 파하기 때문에 명明이라 하는데, 신통(abhijñā)이란 뛰어난 지혜의 뜻이다. 붓다의 수행에 의해 얻어진 무애자재하고 부사의한 지혜를 말하는 것으로, 이에 신족통神足通·천안통天眼通·천이통天耳通·타심통他心通·숙명통宿命通·누진통漏盡通의 6신통이 있고, 이 가운데 숙명지·천안지·누진지를 3명三明이라 하여 3명6통이라고 부른다.

①신족통: 생각하는 대로 가서 이를 수 있고 모습을 바꿀 수 있으며 외부의 경계(六境)를 생각대로 할 수 있다.

②천이통: 세간의 모든 소리를 들을 수 있는 지혜.

③타심통: 타인의 생각하는 선악의 모든 것을 알 수 있는 지혜.

④숙명통宿命通: 숙세宿世의 모습을 밝게 아는 지혜.

⑤천안통天眼通: 세간의 일과 미래의 중생의 생사의 모습을 밝게 아는 지혜.

⑥누진통漏盡通: 사제四諦의 진리를 밝게 깨우쳐 번뇌를 단멸하고 두 번 다시 미혹의 세계에 태어나지 않는 것을 아는 지혜.

숙명통·천안통·누진통의 3통은 특별히 뛰어난 밝은 지혜이기 때문에 3명三明이라 하고, 이 가운데 5신통은 사선四禪을 수행함으로써 얻을 수 있으므로 범부도 가능하지만, 누진통은 성자聖者만이 가능하다고 한다.

6. 아我와 무아無我

아我는 범어 ātmān의 번역어이다. 본래는 호흡의 뜻이었으나 생명, 자기, 신체, 타자에 대한 자아, 자아의 본질, 물질 일반의 본질자성, 모든 것의 근원에 내재하여 개체를 지배하고 통일하는 독립적이고 영원적인 주체를 의미한다. 불교에서는 영원히 존속하고(常), 자주독립하여 존재하고(一), 중심적인 소유주로서(主), 모두 지배하는(宰), 그와 같은 아我의 존재를 부정하고 무아無我를 세웠다.

①아함불교에서는 인간 개체의 전체가 아我이다(五蘊이 我이다)라고 하거나, 혹은 개체의 내에서 중심 생명이 되는 것을 아我라고 하거나, 혹은 우주원리를 아我라고 하거나, 혹은 존재 요소가 제각기 고유한 성질, 즉 자성自性을 가지고 있다고 하는 것과 같은 유아설有我說을 부정한다.

②부파불교에서는 전생轉生의 사死로 번갈아가는 윤회의 주체와 무아설無我說과의 관계 등과 관련하여 여러 가지 해석을 하였다. 유부有部에서는 인아人我와 법아法我의 2아二我를 세우고 개체의 중심 생명으로서의 아人我는 부정하지만, 존재의 구성요소의 실체로서의 아(法我)는 항상 실체로 있다고 하였다. 이와 같은 인아견人我見과 법아견法我見

을 2종아견二種我見이라고 한다.

　독자부犢子部나 정량부正量部에서는 비즉비리온非卽非離蘊의 아我라고 칭하는 아我가 있다고 하여 그것은 5온에 의해 임시로 구성된 생명을 갖는 개체 그 자체(卽蘊)도 아니고, 또 5온 이외에 따로 아我라고 칭할 것이 있는 것(離蘊)도 아니며, 5온과 붙지도 않고 떨어지지도 않게 있는 것이라고 한다. 또 경량부經量部에는 승의勝義 보특가라補特伽羅의 설이 있다. 『성유식론』 권1에는 불교 이외 및 부파의 아我에 대한 설을 즉온아(卽蘊我: 세간 일반의 설), 이온아(離蘊我: 數論, 勝論, 經量部), 비즉비리온아(非卽非離蘊我: 犢子部, 正量部 등)의 3종의 아我로 분류하여 비판하고 있다.

　③대승불교에서는 개체로서의 아(人我)를 부정할 뿐 아니라 부파불교에서 존재를 인정하고 있던 법아(존재를 구성하고 있는 요소의 실체)까지도 부정하여 인법2무아人法二無我를 설하여 모든 것이 무자성공無自性空이라고 한다. 또 부파불교에서는 모든 것이 무상無常이고 고苦이고 무아無我이고 부정不淨이라고 깨닫고 번뇌를 모두 멸한 경지를 궁극적인 열반이라고 하는 데 대하여, 대승불교에서는 모든 것은 본래 공空이기 때문에 그것을 깨달은 열반의 경지는 절대적인 자유의 경지로서 상常·락樂·아我·정淨의 덕德을 갖는다고 한다. 그 아는 범부의 생각하는 아(小我)와 구별되어 대아大我·진아眞我 등으로 불린다.

　④아我는 4종의 아我로도 분류된다. ㉠범부의 미혹으로부터 생긴 아我, ㉡불교 이외의 학파(외도)가 설하는 신아神我, ㉢실체實體가 없는 것에 임시로 이름지운 가아假我, 예컨대 5온으로 구성된 육체를 임시로 아我라고 부르는 것과 같은 경우, ㉣여래의 법신을 의미하는

진아眞我. 그 특성을 8대자재아八大自在我로서 설명하는 경우도 있다.

7. 아집我執과 법집法執

아我에 인아人我와 법아法我가 있다. 인아는 자기 자신의 주관의 중심으로서 지배능력을 갖고 항상 변하는 일이 없다고 생각된 것이고, 그 인아가 존재한다고 하는 생각에 얽매인 것이 아집我執이다. 그 가운데 인간이 본래 그 몸에 갖추어져 있는 선천적인 아집 즉 구생俱生의 아집(俱生起의 아집이라고도 말함)과, 잘못된 가르침 등에 의해 생겨나는 후천적인 아집 즉 분별의 아집(分別起의 아집이라고도 말함)의 둘로 나누어진다.

법집法執이란 법아法我, 즉 모든 존재에 그것 자체의 본질인 무엇인가 실체적인 것이 있다고 하는 생각에 사로잡히는 것을 말하고, 이것에도 똑같이 구생과 분별의 두 가지 구별을 한다. 또 아집과 법집을 합하여 아법2집二執이라고 말한다.

8. 일승一乘과 삼승三乘

승(乘, yāna)은 타는 것이라는 뜻으로 '운반하다, 건네주다'의 의미가 있다. 중생을 태워 깨달음의 피안彼岸으로 운반하는 것, 즉 붓다의 깨달음으로 인도하는 가르침을 말한다. 일승이란 불교의 참된 가르침은 유일하고, 그 가르침에 의해 모든 사람이 다 같이 부처가 된다고 설하는 가르침이고, 삼승이란 중생의 성질이나 능력에 따라서 성문·연각·보살에 고유한 3종의 깨달음의 길이 있다고 하는 것을 말한다. 또 삼승에는 일승에 대하여 말하는 외에 성문·연각을 이승二乘이라고 말하고, 유부有部 등에서는 성문·연각·보살은 각기 4제, 12인연, 6바라밀을 수행하여 해탈하지만 얻게 되는 열반에는 다름이 없다고 한다.

9. 제법실상諸法實相

모든 존재의 진실한 모습, 즉 모든 존재의 본래 있는 그대로의 모습 혹은 모든 것의 진실구극의 모습을 말한다. 『대품반야경』 권17, 『법화경』 권1 등에 의거한 말이다. 『지도론』 권18에는 제법실상은 반야바라밀이라고 한다. 『중론』에서는 가히 얻을 수 없는 공(不可得空)을 제법실상이라 하고, 그것은 긍정·부정의 것까지도 넘어선 절대부정으로서의 부사의한 원리라고 한다.

천태불교에서는 인연에 의해 생긴 모든 현상(諸法)은 인연에 의해 임시(假)로 나타난 것으로 실체가 없기 때문에 제법의 본질은 공리(空理: 實相)인 것을 제법실상이라고 한다. 선종禪宗에서는 제법실상이란 불조佛祖가 깨달음을 나타낸 본래의 면목 그것이라고 한다. 정토진종淨土眞宗에서는 제법실상이란 진여眞如의 원리이고, 구체적으로 그로부터 나타난 나무아미타불의 명호법을 실상법實相法이라고 한다.

10. 제행諸行

모든 유위법有爲法을 말한다. 행(行, saṁskāra)이란 어떤 요인들이

모여, 즉 인연 화합하여 만들어지는 것(有爲法)을 의미한다. 근본불교
에서는 제행은 '일체'·'제법'과 같은 뜻이고, 부파불교에서는 '일체'·
'제법'은 무위법無爲法까지도 포함된다고 한다. 인연에 의존하여 성립
되어 있는 것(有爲法)은 영구불변이 아니라 항상 변화하고 유동하는
것(즉 無常)이기 때문에 제행무상諸行無常이라고 말한다.

11. 중도中道

범어 madhyamā-pratipad의 번역어로 이변二邊, 곧 양극단에 치우치
지 않는 중정中正의 길이라는 뜻이다. 중로中路 혹은 단순히 중中이라고
도 한다. 중도中道는 불교의 근본적 입장을 말하고 있어 대승·소승에
걸쳐서 중요시되고 있다. 따라서 그 뜻하는 바에도 깊고 낮음이 있지만
각 종파에서 이 어구語句를 가지고 교리의 핵심을 나타내고 있는 점에서
는 일치한다.

두 개의 것이 대립을 하지 않는 것, 즉 단상斷常의 2견二見 또는
유무의 2변二邊을 떠난 치우치지 않는 비단비상·비유비무의 중정中正
의 도를 말한다. 초기불교에서는 주로 불고불락不苦不樂의 중도를
의미했다. 고행과 쾌락의 양극단을 배척하는 것이다. 그러나 용수의
『중론』에서는 연기·공·가명과 동일한 의미로 쓰였다. 법상종에서는
유에도 공에도 치우치지 않는 비유비공非有非空을 중도라고 하고,
삼론종에서는 팔불八不에 의하여 나타나는 불가득의 법을 중도라 하
며, 천태종은 실상實相을, 화엄종은 법계法界를 중도라고 하는 것이다.
또 중도는 우주만유의 진실상眞實相을 나타내므로 중도는 곧 실상이라

는 뜻에서 중도실상中道實相이라 한다.

①아함경의 중도: 팔성도八聖道의 실천은 쾌락주의와 고행주의로 치우친 생활태도를 버리고 중도에 의해 지혜를 완성하여 열반의 증득으로 가는 길이므로 팔성도를 중도라 한다(『중아함경』권56). 또 십이연기의 진리를 옳게 이해하는 것은 상견(常見: 중생의 생명 주체인 我는 영원히 존속한다는 생각)과 단견(斷見: 사후에는 아주 滅無로 돌아간다는 생각), 또 유견(有見: 자연적 입장, 世間의 상식)과 무견(無見: 虛無主義) 등과 같은 치우친 견해로부터 떠나는 것으로, 십이연기를 옳게 관하는 것이 중도의 정견에 머무는 것이라고 주장한다(『잡아함경』권12 등). 초륜법륜에서 석존이 설한 것으로, 전자는 실천상의 중도中道이며 후자는 사상상의 중도이다.

②부파불교의 중도: 『대비바사론』권49나 『성실론』권11 등에서 아함경의 교설을 받아들여 중도는 단斷·상常의 이견二見을 떠난 입장이라고 주장한다.

③대승의 중관파中觀派도 반야바라밀을 근본적인 조건이라 하고 모든 집착이나 분별의 경지를 떠난 무소득無所得의 상태에 있는 것을 중도라 한다. 『중론』권1 「관인연품觀因緣品」에 연기의 이법理法은 생生·멸滅·단斷·상常·일一·이異·거去·래來의 여덟 가지 잘못된 견해(見解: 팔사八邪), 팔미八迷·팔과八過·팔계八計·팔유八謬·팔사八事·팔미八迷의 희론戱論를 타파하여 공空의 진리를 밝힌 것이다. 만유萬有는 그 연기의 도리에 순응하여 존재하는 것이므로 원래 팔사八邪를 여의었으며 실체가 없어 집착의 대상이 될 수 없음을 밝힌다. 이와 같이 팔사가 떨어져 무득정관(無得正觀: 無所得의 바른 見解)에 주하는

것을 중도라 하고, 이것을 팔불중도八不中道·팔불정관八不正觀·무득중도無得中道·팔불중관八不中觀이라 한다. 여기에 팔불八不이란 생멸生滅 등의 팔사八邪를 부정하는 불생不生·불멸不滅·부단不斷·불상不常·불일不一·불이不異·불거不去·불래不來를 가리킨다. 이에 의하여 모든 사집邪執이 파멸되어 제법이 그대로 실상實相인 도리가 나타난다. 팔불八不 중에서도 불생·불멸이 그 근본이다. 특히 팔불은 모두 구극적으로는 불생이 팔불 속에 들어갈 수 있다고 한다.

삼론종三論宗은 팔불중도八不中道의 설에 입각하여 세 가지 중도를 주장한다. 즉『중론소中論疏』권1에는 팔불중도를 이제二諦에 관계시켜 설명한다. (1) 인연因緣에 의해 거짓 존재하는 현상면으로 말하면, 모든 사물은 실체가 아니고 공空이면서 거기다 거짓 현상으로 존재하므로 무생멸無生滅의 생멸이니, 생生이나 불생不生이라고 할 수 없다. 이것을 속제중도俗諦中道·세제중도世諦中道라고 일컫는다. (2) 사물의 진실한 실재의 측면, 곧 본체면으로부터 말하면 모든 사물은 거짓 현상으로 존재하면서 또 그 본체는 공空이기 때문에 생멸의 무생멸無生滅로서 불생不生이라고도 비불생非不生이라고도 할 수 없다고 하여 이것을 진제중도眞諦中道라고 한다. 이 두 가지를 이제각론중도二諦各論中道라고 한다. (3) 그렇지만 무생멸無生滅의 생멸, 생멸의 무생멸이란 실은 생멸도 아니고 무생멸도 아닌 언어와 사려를 여읜 구극적인 공空이라고 하여 이것을 이제합명중도二諦合明中道·비속비진중도非俗非眞中道라 일컫는다.

12. 진공묘유眞空妙有

진공은 허무(偏空)가 아니고, 공을 발견하는 것은 진실을 발견하는
것이다. 진공은 편공편유偏空偏有의 반대로, 즉 공空에도 유有에도
치우치지 않는 것이고, 따라서 진공眞空과 묘유妙有는 따로따로의
것이 아니다. 진실된 공은 묘하게 현상의 생성 전개가 되는 것임을
말한 것이다. 진공 속에 그대로 묘유이다. 이것을 진공묘유라고 한다.
모든 존재(五蘊)는 여러 가지 조건(因緣)에 의존하는 것이기 때문에
실체實體가 없고 자성이 없는 것이다. 그렇기 때문에 임시로 존재하는
것(有)이지만 세간적인 관용의 세계에서는 그 존재성을 인정하고 주장
하는 것이다.(진공 참조)

참고문헌

『대반야경』, 『마하반야바라밀경』, 『금강경』, 『능가경』, 『유마경』, 『설무구칭경』, 『승만경』, 『법화경』, 60권본『화엄경』, 80권본『화엄경』, 『인왕경』, 남본『열반경』 제36, 『보현보살행법경』, 『금강반야소』, 『금강반야경소론찬요』, 『금강경오가해설의』, 『대승보살장정법경』, 『선법요해』, 『수능엄삼매경』, 『좌선삼매경』, 『번역명의집』, 『이부종륜론』, 『이부종륜론술기』, 『중론』, 『백론』, 『십이문론』, 『대승의장』, 『대승법원의림장』, 『삼론현의』, 『백론소』, 『십이문론소』, 『성실론』, 『대지도론』, 『18공론』, 『인왕경소』, 『금광명경문구』, 『인왕호국반야바라밀다경소』, 『법화경론』, 『사리불아비담론』, 『현양성교론』, 『청정도론』, 『발지론』, 『삼미저부론』, 『대비바사론』, 『유가사지론』, 『잡집론』, 『십지론』, 『조론』, 『해탈도론』

동국대학교불교문화대학불교교재편찬위원회 편, 『불교사상의 이해』, 불교시대사, 2014.

오형근, 『인도불교의 선사상』, 한성, 1992.

이광준, 『반야심경 제대로 공부하기』, 운주사, 2021.

불광교학부 편, 『경전의 세계』, 불광출판부, 1990.

김승동 편저, 『불교·인도사상사전』, 부산대학교출판부, 2001.

전관응 감수, 『불교학대사전』, 홍법원, 1988년 → "弘法院"으로 약칭.

李智冠 편, 『伽山佛教大辭林』, 가산불교문화연구원, 1998~현재. → "伽山"으로 약칭.

한정섭 편역, 『학습팔만대장경』, 불교통신교육원, 1983.

한국불교전서 → "한불전"으로 약칭.

伊藤圓定, 『佛教全講』, 日本禪書刊行會, 昭和2年.

吉田龍英, 『佛教哲學入門』, 青梧堂, 昭和17.

福原亮嚴, 『成實論の研究』, 京都: 永田文昌堂, 1969.

平井俊榮, 『中國般若思想史研究』, 春秋社, 1976.

塚本啓祥 外 二人 編, 『梵語佛典の研究』, 論書編, 平樂寺書店, 1990.

大正新修大藏經 → "大正藏"으로 약칭.

卍續藏經 → "卍續藏"으로 약칭.

駒澤大學內禪學大辭典編纂所 編,『禪學大辭典』, 東京: 大修館書店, 昭和53(1978).

龍谷大學 編,『佛教大辭彙』, 富山房, 大正3年~11年 → "龍谷"으로 약칭.

望月信亨 編,『望月佛教大辭典』, 世界聖典刊行協會, 昭和8年~11年 → "望月"로
　　약칭.

多屋賴俊 外 2人 編,『佛教學辭典』, 法藏館, 昭和54. → "多屋"으로 약칭.

總合佛教大辭典編輯委員會 編,『總合佛教大辭典』, 法藏館, 2005年 → "總合"으로
　　약칭.

南伝大藏經 → "南伝"으로 약칭.

찾아보기

이광준

동국대학교 졸업, 고려대학교 석사, 일본 고마자와대학(駒澤大學)
심리학 박사. 전공은 카운슬링, 치료심리학, 선심리학.
백상창신경정신과 임상심리실장, 한림성심대학교 교수, 일본 국
제일본문화연구센터 외국인 연구원(교수), 하나조노대학(花園大
學) 국제선학연구소 연구원, 류코쿠대학(龍谷大學) 강사, 류코쿠
대학 세계불교문화연구센터 객원연구원 역임. 현재 서울불교대
학원 대학교 석좌교수.
저서로 『반야심경 제대로 공부하기』, 『붓다의 법담학 연구』, 『한
국적 치료심리학』, 『일본, 그 문화와 사회』, 『카운슬링과 심리치
료』, 『정신분석 해체와 선심리학』, 『漢方心理學』, 『佛教의 懺悔思
想史』, 『정토불교와 참회사상』, 『韓日佛教文化交流史』, 『法華思
想史』, 『카운슬링에 있어서의 선심리학적 연구』(日語), 『불교와 카
운슬링』(日語 공저), 『불교와 카운슬링의 이론과 실천』(日語 공저),
그 외에 다수의 논저와 역서가 있다.

반야경의 사상 개설

초판 1쇄 인쇄 2022년 8월 18일 | 초판 1쇄 발행 2022년 8월 26일
지은이 이광준 | 펴낸이 김시열
펴낸곳 도서출판 운주사
　　　(02832) 서울시 성북구 동소문로 67-1 성심빌딩 3층
　　　전화 (02) 926-8361 | 팩스 0505-115-8361
ISBN 978-89-5746-709-1 93220　값 20,000원
http://cafe.daum.net/unjubooks 〈다음카페: 도서출판 운주사〉